DIREITO de
AUTOR

O GEN | Grupo Editorial Nacional – maior plataforma editorial brasileira no segmento científico, técnico e profissional – publica conteúdos nas áreas de concursos, ciências jurídicas, humanas, exatas, da saúde e sociais aplicadas, além de prover serviços direcionados à educação continuada.

As editoras que integram o GEN, das mais respeitadas no mercado editorial, construíram catálogos inigualáveis, com obras decisivas para a formação acadêmica e o aperfeiçoamento de várias gerações de profissionais e estudantes, tendo se tornado sinônimo de qualidade e seriedade.

A missão do GEN e dos núcleos de conteúdo que o compõem é prover a melhor informação científica e distribuí-la de maneira flexível e conveniente, a preços justos, gerando benefícios e servindo a autores, docentes, livreiros, funcionários, colaboradores e acionistas.

Nosso comportamento ético incondicional e nossa responsabilidade social e ambiental são reforçados pela natureza educacional de nossa atividade e dão sustentabilidade ao crescimento contínuo e à rentabilidade do grupo.

Carlos Alberto Bittar

DIREITO de
AUTOR

8ª edição revista, atualizada e ampliada por
EDUARDO C. B. BITTAR

■ O autor deste livro e a editora empenharam seus melhores esforços para assegurar que as informações e os procedimentos apresentados no texto estejam em acordo com os padrões aceitos à época da publicação, e todos os dados foram atualizados pelo autor até a data de fechamento do livro. Entretanto, tendo em conta a evolução das ciências, as atualizações legislativas, as mudanças regulamentares governamentais e o constante fluxo de novas informações sobre os temas que constam do livro, recomendamos enfaticamente que os leitores consultem sempre outras fontes fidedignas, de modo a se certificarem de que as informações contidas no texto estão corretas e de que não houve alterações nas recomendações ou na legislação regulamentadora.

■ Fechamento desta edição: 29.03.2022

■ O Autor e a editora se empenharam para citar adequadamente e dar o devido crédito a todos os detentores de direitos autorais de qualquer material utilizado neste livro, dispondo-se a possíveis acertos posteriores caso, inadvertida e involuntariamente, a identificação de algum deles tenha sido omitida.

■ **Atendimento ao cliente:** (11) 5080-0751 | faleconosco@grupogen.com.br

■ Direitos exclusivos para a língua portuguesa
Copyright © 2022 by
Editora Forense Ltda.
Uma editora integrante do GEN | Grupo Editorial Nacional
Travessa do Ouvidor, 11 – Térreo e 6º andar
Rio de Janeiro – RJ – 20040-040
www.grupogen.com.br

■ Reservados todos os direitos. É proibida a duplicação ou reprodução deste volume, no todo ou em parte, em quaisquer formas ou por quaisquer meios (eletrônico, mecânico, gravação, fotocópia, distribuição pela Internet ou outros), sem permissão, por escrito, da Editora Forense Ltda.

■ Capa: Fabricio Vale

■ **CIP – BRASIL. CATALOGAÇÃO NA FONTE.
SINDICATO NACIONAL DOS EDITORES DE LIVROS, RJ.**

B535d

Bittar, Carlos Alberto, 1939-1997
Direito de autor / Carlos Alberto Bittar; revista, atualizada e ampliada por Eduardo C. B. Bittar. – 8. ed. – Rio de Janeiro: Forense, 2022.

Inclui bibliografia e índice
ISBN 978-65-5964-565-7

1. Direitos autorais - Brasil.. I. Bittar, Eduardo C. B. II. Título.

22-76940 CDU: 347.78(81)

Gabriela Faray Ferreira Lopes – Bibliotecária – CRB-7/6643

"(...) todo homem é projeto: criador, pois inventa o que já é, a partir do que ainda não é; sóbrio, pois não conseguirá se não determinar com certeza as possibilidades que permitem levar a bom termo o empreendimento (...)" – Jean-Paul Sartre. *Em defesa dos intelectuais*. São Paulo: Ática, 1994. p. 17.

APRESENTAÇÃO À 8.ª EDIÇÃO

Nesta 8.ª edição da obra *Direito de Autor*, avultou-se a necessidade de atualização da obra, especialmente conectada que está aos desenvolvimentos contemporâneos do mundo da tecnologia, dos avanços que a era digital traz, mas, também, dos desafios, riscos e comprometimentos para o exercício de direitos. Ademais, os últimos anos, especialmente os anos marcados pela pandemia da Covid-19 e seus efeitos, impuseram uma limitação ao convívio social que teve efeitos dramáticos na área da cultura do Brasil. A pandemia trouxe não somente a questão da redução das atividades e eventos culturais, que muito prejudicou o setor da cultura, mas também trouxe a percepção aguçada e generalizada da falta que as atividades culturais fazem para a vida em sociedade. Agora, mais do que nunca, se percebe a importância da arte e da cultura na troca simbólica entre as pessoas.

Mas, é fato que, desde a 5ª. edição, a obra *Direito de autor* não vem a público como simples atualização de edições anteriores. Ela importou na necessidade de incorporar um novo espírito trazido pelos debates públicos, pelas inovações legais e pela democratização dos bens culturais que avultam em nosso tempo, e que determinaram a forma como está se conduzindo a modernização da Lei de Direito de Autor no Brasil. Contando com algumas mudanças internas em seus capítulos, reunindo a atualização da legislação, preservando o espírito que inspirou o Autor da obra em todos os seus grandes lineamentos, é que a nova edição aparece significando um passo de continuação sobre uma obra clássica e consagrada entre nós.

Os tempos atuais são de vertiginosa transformação no contexto social brasileiro e, ao mesmo tempo, de profundas inovações na cultura do direito. Não pudera ser diferente. O Direito Privado vem se modificando com uma velocidade muito intensa nas últimas décadas. Não bastasse o Código Civil de 2002 revelar a integração entre o Direito Civil e o Direito Comercial, unificando as matérias e seus tratamentos, apesar de a legislação especial continuar gravitando em seu redor, o Direito de Família Pós-Moderno vem sendo profundamente afetado pelo impacto de maio de 1968 e suas revoluções morais e, também, pelas mais recentes transformações dos costumes, dos arranjos familiares, das formas de relação afetiva e dos modos e hábitos de vida marcados pelo individualismo e pela autonomia individuais no capitalismo avançado contemporâneo. Além disso, após a promulgação da Constituição Federal de 1988, o direito privado vem se contorcendo a uma nova dinâmica que envolve a hermenêutica sistemática, e não dicotômica, entre o público e o privado, e não somente de regras, mas também de princípios, que acabam por axiologizar os anteriores rígidos preceitos que regiam a vida privada.

Ademais, o país não é o mesmo. O Brasil da década de 1970, da Lei 5.988, bem como o Brasil dos anos 1990, da Lei 9.610, não é mais o país da dívida externa, da inflação, da oscilação de câmbio, da inferioridade do poder monetário, e isso influencia profundamente o âmbito da cultura. O país passa a ser visado como um potencial de investimento significativo, especialmente como praça de investimentos internacionais, e a moeda da cultura brasileira e de seus produtos está nesse jogo. O aumento do potencial de consumo das classes baixas e médias resolve-se no aumento ao acesso a bens antes considerados "dispensáveis", porque não estritamente ligados à sobrevivência, e o mercado das criações, das artes, do cinema, do teatro, da literatura, das ciências, da educação, da informação se expande, além de se pluralizar. No centro de todo esse jogo, que não deixa de revelar grandes e pequenos interesses, está a Lei de Direito de Autor, pois significa ou empecilho ou facilitação ao desenvolvimento econômico e à democratização da cultura. Uma democracia pujante e emergente não avança sem um marco regulatório firme e bem estruturado para a área.

Por isso, o Anteprojeto de reforma da LDA foi tão polêmico, e teve tramitação tão complexa, com idas e vindas, com avanços e recuos. As últimas gestões no Ministério da Cultura retratam a intensidade dessas contradições de visões de mundo, e as idas e vindas do documento, que viveu a possibilidade de sua promulgação, até uma versão mais recente, que resolve apenas avançar no campo da gestão coletiva dos direitos de autor.

Ainda, a revolução trazida de uma Era Digital, pelas novas tecnologias, a acomodação da sociedade sobre patamares nos quais os serviços e os bens de informação e comunicação têm grande relevo social, na assim chamada sociedade da informação, a luta pela ampliação da democracia digital e a virtualização das interações e do comércio eletrônico tornam necessários novos arranjos de perspectiva na forma como o direito de autor lida com a regulação da matéria. A convergência entre a nova redação dada à LDA e o Marco Civil para a Internet poderia ser o resultado de uma coerência mais forte da produção legislativa no campo. Mas parece que também esta oportunidade se perde. Essa tensão se exprime pela dicotomia entre a liberdade na internet, sem que isso signifique o fim do direito de autor, na forma como foi conhecido do século XVIII até os dias atuais, e significa um desses limites do processo de aculturação desse ramo do Direito Civil. Com isso, as fronteiras do Direito de Autor e do Direito Digital se aproximam.

Ademais, não se pode conceber que a sociedade amplificada pela vida virtual seja uma autorização em branco para a anarquia digital. Por isso, a defesa do Direito de Autor acompanha os esforços técnicos de especialistas no sentido de permitir que usos livres estejam andando *pari passu* com o respeito ao Direito de Autor. Quando as restrições ao Direito de Autor estão sendo ampliadas, capacita-se a sociedade a uma abertura nos cinturões da área, que permitem a legalização de inúmeras situações antes consideradas contrafações, ainda que ignoradas pela fiscalização e pela capacidade de repressão.

Esse dilema é vivo, nos debates hodiernos sobre o uso público da cultura, o acesso aos bens que compõem o patrimônio cultural de um país que já se orgulha de sua identidade, assim como é vivo também para autores e demais pessoas, físicas e jurídicas, envolvidas no circuito da cultura. Essas inquietações, no entanto, parece que carecerão de novos ventos normativos para serem mais profundamente enfrentadas.

São Paulo, 30 de março de 2022.

Eduardo C. B. Bittar
Professor Associado da Faculdade de Direito da USP

PREFÁCIO À 5.ª EDIÇÃO

Eduardo C. B. Bittar prossegue no propósito de manter viva esta obra de Carlos Alberto Bittar. Depois de uma 4.ª edição, em que a adaptara já ao Código Civil de 2002, lança agora uma 5.ª edição, em que a obra surge não apenas revista e atualizada, mas ampliada com novos capítulos e anexos.

É uma notícia importante. A obra de Carlos Alberto Bittar é de méritos consagrados. No entanto, o tempo a ia delindo. As mudanças da lei, da jurisprudência e mesmo a evolução doutrinária relegavam-na dia a dia mais para o passado.

A nova edição significa a recuperação da obra. E representa um esforço muito significativo, só por si: exige o domínio de um ramo do Direito na sua totalidade. A correção global, os anexos de legislação e jurisprudência e outras atualizações permitem que a obra surja agora rejuvenescida neste meio especializado.

Entretanto, o contributo não fica por aqui. O livro está enriquecido com novos capítulos e novos anexos, por isso dizemos que, substancialmente, Eduardo Bittar aparece agora como coautor da obra.

Este último aspecto deve ser acentuado, pelo que privilegiamos neste Prefácio a análise dos dois capítulos substantivos aditados à obra. Eles conjugam simultaneamente o respeito pela obra original e o contributo criativo próprio do autor da reedição.

Carlos Alberto Bittar tomava a posição (que não é a dominante) de que a obra tutelada pelo direito de autor teria como elemento fundamental a esteticidade:[1] o objeto do direito de autor seria a obra que desempenha uma função estética. Eduardo Bittar acolhe essa orientação, mas desenvolve-a num capítulo novo. Com base numa refinada cultura e em sólida formação filosófica, insere-a numa fundamentação do direito de autor em que o significado do elemento estético é aprofundado, apoiando-se também nos contributos do pensamento grego clássico. Podemos dizer que, perante a penúria das bases legislativas vigentes em matéria de sociedade de informação,

---

[1] Veja-se, por exemplo, na 4. ed., o n. 17. Essa posição é inteiramente mantida na 5. edição, no n. 24.

qualquer avanço deve ser saudado, desde que não faça olvidar a instante necessidade de uma revisão mais de fundo. Eduardo Bittar traz um novo subsídio nesse sentido.

É uma vertente importante que se abre. A afirmação da valia estética desafia pelo contraste a evolução neste setor: o tempo é hoje de banalização, porque cada vez mais o direito de autor é só dinheiro. A recondução da obra à estética dá impulso para que essa banalização seja reconsiderada. Pelo menos, para que se atribua à obra estética um estatuto de que a obra banal (ou até a tecnológica, como o programa de computador) não pode beneficiar. Só assim o direito de autor retoma a congruência mínima com o discurso legitimador corrente, de que o direito de autor tem função cultural, promove a criatividade, protege os criadores... E isto é conforme com as posições assumidas por Eduardo Bittar sobre a nova lógica de respeito à criação e o incentivo do direito à cultura na dinâmica da Lei dos Direitos Autorais (LDA).

O segundo capítulo novo introduzido tem por epígrafe "A modernização do direito de autor na sociedade da informação".

Toca-se aqui um ponto altamente sensível. A expressão imprecisa "sociedade da informação" cobre o fenômeno bem real da transformação da sociedade que nos rodeia, numa galopada que não parece ter fim à vista, em virtude da digitalização. A mudança radical das comunicações constitui o aspecto mais visível, mas o que é possível obter com o processamento de dados excede a imaginação mais fértil. A todo momento novas possibilidades nos são oferecidas, na cultura e na guerra, na genética e no comércio em linha... E, assim, a globalização torna-se coerciva. Por outro lado, a par dos êxitos, crescem assustadoramente as ameaças também.

Perante esse novo mundo, o Brasil encontra-se num desarmamento perigoso. Inexistem leis fundamentais reguladoras da internet. Trabalhos recentes pré-legislativos avançam lentamente e são, aparentemente, de insegura consagração. Seriam básicos o "marco civil da internet" e a disciplina mais avançada da sociedade da informação na LDA. Esses projetos estão realmente em pauta, mas, ao que saibamos, com escassa coordenação entre si. Quanto ao comércio eletrônico, vegetam há longos anos no Congresso projetos pouco convincentes. Assim, em domínio tão relevante e inovador, o público brasileiro vê-se abandonado, sem guia para se defender dos alçapões que a competição internacional em rede esconde.

O capítulo do presente livro sobre a modernização oferece, pelo prisma do direito de autor, um contributo para este debate. Descreve a situação pré-legislativa no domínio dos trabalhos de reforma da LDA e aborda alguns aspectos relevantes. Tira consequências dos princípios constitucionais, que são incompatíveis com uma "propriedade" absoluta dos direitos de autor; acentua a restrição do faccioso princípio do art. 4.º da LDA,[2] até pelo acréscimo ao artigo da frase "visando ao atendimento do seu objeto"; aponta o significado de ter sido retirado caráter absoluto

---

[2] De que se interpretam restritivamente os negócios jurídicos sobre direitos autorais.

à autorização prévia do autor, bem como a não excepcionalidade das chamadas "licenças não voluntárias". Mais próximo ainda do tema da sociedade da informação, refere a introdução da compensação por reprografia. Esta vale de fato como símbolo da modernização, embora a disciplina proposta deixe muito a desejar.

Podemos dizer que, perante a penúria das bases legislativas vigentes em matéria de sociedade de informação, qualquer avanço deve ser saudado, desde que não faça olvidar a instante necessidade de uma revisão mais a fundo. Eduardo Bittar traz um novo subsídio nesse sentido.

Em resumo: Eduardo Bittar brinda-nos com um contributo importante ao Direito de Autor brasileiro, rejuvenescendo uma obra básica e abrindo novos horizontes, com clareza e profundidade. Faz jus ao nosso reconhecimento por esta participação no diálogo cultural.

José de Oliveira Ascensão
Professor Catedrático da Universidade de Lisboa.

PREFÁCIO À 3.ª EDIÇÃO

    Sinto-me honrada e homenageada pelo convite da família de Carlos Alberto Bittar para prefaciar esta obra cuja criação acompanhei desde o início, na qualidade de colaboradora do renomado e saudoso professor, mestre e amigo, no Curso de Bacharelado e de Pós-Graduação da Faculdade de Direito da Universidade de São Paulo.

    Ter sido aluna e colaboradora do professor Carlos Bittar é motivo de grande honra para mim, pois pude receber suas lições doutrinárias fundadas em ampla cultura jurídica e sólidas opiniões pessoais, bem como testemunhar a generosidade com que se doou aos alunos e os incentivou ao desenvolvimento científico. Muitos deles são, hoje, escritores e professores consagrados, que iniciaram sua carreira com o mestre Bittar.

    A preocupação didática aliada à riqueza de informação técnica é uma das características marcantes das várias obras do autor em sua breve, mas rica, profícua e marcante passagem pela Terra.

    Na qualidade de professora doutora, regente da disciplina Direito de Autor, na Faculdade de Direito da Universidade de São Paulo, posso afiançar que a obra que ora apresento tem ambas as características – tarefa difícil para os autores, aqui plenamente alcançada.

    Por tal razão ela tem sido indicada aos alunos de bacharelado e de pós-graduação como a obra que reúne conteúdos científico e didático que permitem ao leitor – estudante ou profissional das várias carreiras jurídicas – ter visão panorâmica e sistemática do Direito de Autor, por uma das maiores autoridades no assunto, com reconhecimento e prestígio nacional e internacional.

    É mister salientar que, além de professor titular de Direito de Autor na nossa velha e sempre nova Academia – na qual cursou o bacharelado e a pós-graduação e obteve todos os títulos acadêmicos, do mestrado à titularidade –, Carlos Alberto Bittar foi advogado, consultor jurídico, conselheiro do Conselho Nacional de Direito Autoral (de 1980 a 1984), membro do Instituto Interamericano de Direito de Autor, juiz do Tribunal de Alçada de São Paulo, conferencista no Brasil e no exterior.

    Todas essas múltiplas experiências que contribuíram para sua formação profissional e científica estão presentes na obra *Direito de Autor*, que considero indispensável a quem queira conhecer o assunto.

A oportuna e necessária atualização da obra, à luz da nova Lei 9.610, de 19 de fevereiro de 1998, feita por um de seus filhos, Eduardo Carlos Bianca Bittar, advogado e doutorando do Curso de Pós-Graduação da Faculdade de Direito da Universidade de São Paulo e ex-bolsista da Fapesp junto à Université de Lyon e à Université de Paris II e IV, demonstra que o autor transmitiu-lhe a seriedade que o marcou em sua vida pessoal e profissional.

Atualizar a obra de um grande autor é tarefa de grande responsabilidade, cumprida com zelo, rigor e minúcia pelo atualizador.

Os diversos projetos de lei que embasaram a nova Lei de Direitos Autorais foram analisados por Carlos Alberto Bittar em artigos, palestras e estudos, que enriqueceram a atualização da obra.

Cumpre ela as diretrizes que nortearam as obras do autor, resumidas por ele, com modéstia e humildade, próprias dos sábios, em entrevista ao conceituado jornal paulista *Tribuna do Direito*, em novembro de 1995:

> "Gratificante é poder colaborar com a sociedade, é dar de si, para que outros possam aproveitar as boas experiências que acumulamos. É, no campo do Direito, contribuir para a evolução do pensamento humano e para o aperfeiçoamento da vida em sociedade. Graças a Deus, creio que, como escritor, me tem sido possível, inspirado nos valores que cultuo, transmitir noções básicas, sobre as matérias versadas: como professor, preparar e estimular os alunos para as várias tarefas que os esperam na sociedade".

São Paulo, 11 de agosto de 1999

Silmara Juny de Abreu Chinelato e Almeida

Professora doutora do Departamento de
Direito Civil da Faculdade de Direito da
Universidade de São Paulo, regente da
disciplina Direito de Autor.

NOTA DO AUTOR

A longa experiência obtida no tratamento da matéria, no exercício profissional da advocacia, do magistério superior e das funções de membro efetivo do Conselho Nacional de Direito Autoral (1980 a 1984) mostrou-nos a necessidade de compendiar, para efeitos didáticos e de assentamento de conceitos, a matéria referente a direitos de autor e conexos, especialmente na sistematização de sua textura, à luz da evolução alcançada, a fim de propiciar aos interessados visão segura de seus contornos na esteira básica de nossa legislação especializada.

A tanto nos propusemos, à medida que sentíamos, com a inexistência de manual específico, as dificuldades com que se defrontavam, na prática, os intérpretes, os aplicadores e os destinatários das respectivas normas, perante o hermetismo em que, inobstante o progresso alcançado nas comunicações, se encontram muitos de seus elementos estruturais.

Animou-nos a perspectiva de contribuir, com a iniciativa tomada, para o aperfeiçoamento de seus estudos em nosso país, incentivando ulteriores pesquisas e reflexões no setor, que possam vir a enfocar temas e questões que, desenvolvidas cientificamente, permitam que esse importante campo do Direito responda sempre com precisão aos anseios da intelectualidade, diante do extraordinário avanço tecnológico de nosso tempo.

Eminentemente didático, o presente livro visa, pois, oferecer aos interessados as vias básicas por onde penetrar, em suas incursões, pelos excitantes e envolventes meandros do Direito de Autor.

ÍNDICE SISTEMÁTICO

CAPÍTULO I – OS DIREITOS INTELECTUAIS 1
  1. Os direitos privados na classificação tradicional 1
  2. A inserção dos direitos da personalidade e dos direitos intelectuais .. 1
  3. A textura dos direitos intelectuais 2
  4. A bipartição desses direitos: direitos industriais e direitos autorais ... 3
  5. Direitos autorais: relações com direitos afins 5

CAPÍTULO II – A FUNDAMENTAÇÃO DO DIREITO DE AUTOR 9
  6. A sensibilidade, a liberdade e o papel social da obra estética 9
  7. A criação intelectual, a cultura e a sociedade 13
  8. Indivíduo e sociedade na obra estética: os aspectos liberal e social do direito de autor 19
  9. O direito de autor, o direito à liberdade e à democracia 22

CAPÍTULO III – O DIREITO DE AUTOR 27
  10. O direito de autor: conceituação 27
  11. Sistemas legislativos existentes 27
  12. Denominações 28
  13. Natureza 29
  14. Características básicas 30
  15. Breve histórico 30
  16. Disciplinação legal 31
  17. Posição no Brasil 32
  18. Autonomia 36

CAPÍTULO IV – A MODERNIZAÇÃO DO DIREITO DE AUTOR NA SOCIEDADE DA INFORMAÇÃO 39
  19. O direito de autor na sociedade da informação 39
  20. Consulta pública, participação democrática e reforma da Lei de Direito de Autor 43

DIREITO DE AUTOR – *Carlos Alberto Bittar*

CAPÍTULO V – O OBJETO 45
21. Criações regidas pelo direito de autor 45
22. Criações não alcançadas... 45
23. A esteticidade como elemento fundamental................................. 46
24. Diferença das obras utilitárias 47
25. A posição da obra de arte aplicada 47
26. A proteção da forma no direito de autor 48
27. A originalidade como requisito básico 49
28. A inserção em suporte 49
29. Obras protegidas: as obras originárias... 50
30. As obras derivadas... 51
31. Enunciação de obras protegidas: originárias e derivadas................. 52
32. A situação na jurisprudência... 53
33. Discussões quanto a novas criações 54
34. Orientações básicas na matéria 55

CAPÍTULO VI – OS TITULARES DE DIREITOS.............................. 57
35. A criação como título atributivo de direitos 57
36. Os titulares originários.. 57
37. Os titulares derivados.. 58
38. A pessoa jurídica como titular 59
39. Identificação do titular na prática.. 59
40. Casos particulares: as obras anônima, pseudônima e psicografada ... 59
41. As obras resultantes de vários elaboradores................................ 60
42. A obra em coautoria e suas diferentes modalidades.................... 60
43. A obra coletiva 62
44. Distinções dessas espécies quanto à obra composta 63
45. A obra sob encomenda: posição no sistema unionista.................. 63
46. A posição no Direito anglo-norte-americano............................... 63
47. A limitação dos direitos do encomendante no nosso sistema 64
48. Posição dos direitos na obra resultante de prestação de serviços 65
49. Posição dos direitos na obra nascida sob contrato de trabalho 65
50. Posição dos direitos na obra coletiva 66
51. Os direitos das partes em concreto 67

CAPÍTULO VII – O CONTEÚDO.. 69
52. Conteúdo dos direitos autorais: os direitos morais e patrimoniais 69
53. Integração desses direitos... 70
54. Os direitos morais 70
55. Características fundamentais dos direitos morais 71

PREFÁCIO À 3.ª EDIÇÃO | XXI

56.	Enumeração desses direitos	72
57.	Os direitos patrimoniais	73
58.	Características básicas dos direitos patrimoniais	73
59.	Enumeração desses direitos	74
60.	A comunicação da obra e o exercício dos direitos do autor	75
61.	A situação nas obras de autoria plúrima	76
62.	Relações jurídicas decorrentes da comunicação	76
63.	A posição das associações de titulares	77
64.	A posição do adquirente de original ou de exemplar	78
65.	A postura da coletividade	79
66.	A missão do Estado nesse contexto	79
67.	Casos especiais de exercício de direitos morais	80
68.	O direito de sequência	80

CAPÍTULO VIII – A REALIZAÇÃO DOS DIREITOS 83

69.	A utilização econômica como base para a incidência dos direitos	83
70.	As exceções à incidência	84
71.	A utilização consentida: sistemas de cobrança	84
72.	O sistema institucional	85
73.	Regime das obras teatrais	86
74.	Regime das obras musicais	87
75.	O sistema contratual	88
76.	Realização de direitos nesse sistema	89
77.	Identificação dos usos permitidos pelo contrato	90
78.	Usos não consentidos	91
79.	A reprografia e seu controle	92
80.	Usos livres: as limitações aos direitos autorais	93
81.	As hipóteses legais de uso livre	94
82.	A utilização econômica e os direitos das pessoas com deficiência	96

CAPÍTULO IX – OS REGIMES ESPECIAIS 99

83.	Regimes especiais de utilização	99
84.	A obra de arte plástica	99
85.	A obra fotográfica	100
86.	A obra fonográfica	102
87.	A obra cinematográfica	102
88.	A obra televisiva	105
89.	A obra videofonográfica	106
90.	A obra radiofônica	107
91.	A obra jornalística	107
92.	As obras arquitetônicas	108

93.	As obras publicitárias	108
94.	O *software*	110

CAPÍTULO X – A INSTRUMENTAÇÃO JURÍDICA ... 111

95.	Princípios que norteiam a contratação	111
96.	As orientações básicas no sistema unionista	112
97.	Posição das leis nacionais	113
98.	A exceção do sistema anglo-norte-americano	115
99.	O estatuto obrigacional básico	116
100.	Os contratos de direitos autorais	118
101.	O contrato de edição	118
102.	O contrato de cessão de direitos	120
103.	O contrato de obra futura	120
104.	O contrato de produção	121
105.	O contrato de encomenda	122
106.	Os contratos de representação e de execução	125
107.	Outros contratos	126

CAPÍTULO XI – A TRANSMISSÃO DE DIREITOS ... 127

108.	A transmissão contratual de direitos	127
109.	O ingresso dos direitos no circuito negocial	128
110.	Formalidades para a oneração	129
111.	A transmissão com multiplicidade de titulares	129
112.	Outras modalidades de despojamento de direitos	130
113.	O alcance da renúncia a exercício de direitos morais	130
114.	Hipóteses de renúncia admitidas	131
115.	A desapropriação de direitos	132
116.	A transmissão de direitos por sucessão	132
117.	A limitação temporal dos direitos patrimoniais	133
118.	Os prazos de proteção legal	133
119.	O ingresso da obra no domínio público	134
120.	A utilização da obra nessa fase	134
121.	O regime de licença legal	135
122.	A proteção de patrimônio artístico e cultural	135
123.	A proteção das expressões culturais tradicionais	138

CAPÍTULO XII – A ADMINISTRAÇÃO ... 141

124.	A estruturação administrativa do setor	141
125.	Origem do regime: as associações de titulares	142
126.	As associações de titulares no Brasil	143

PREFÁCIO À 3.ª EDIÇÃO | XXIII

127. Regime legal das associações 144
128. O Escritório Central de Arrecadação e Distribuição (ECAD) 146
129. O Conselho Nacional de Direito Autoral (CNDA) 147
130. Atribuições legais do CNDA 148
131. Atuação do CNDA 149
132. O Fundo de Direito Autoral 150
133. A autoridade policial 151

CAPÍTULO XIII – A TUTELA 153
134. As violações aos direitos autorais e a respectiva proteção 153
135. As formas de reação possíveis 154
136. Tutela no plano administrativo 155
137. O registro da obra 155
138. O depósito de exemplares e a menção de reserva 156
139. Os procedimentos administrativos para defesa dos direitos autorais ... 157
140. Tutela no plano civil 158
141. Os mecanismos civis de defesa dos direitos autorais 159
142. O elenco da lei autoral 159
143. As medidas concretas possíveis: as ações cautelares comuns 161
144. Outras medidas desse jaez 162
145. As ações de caráter cominatório e declaratório 162
146. A ação de reparação de danos 163
147. As ações de concorrência desleal 164
148. A orientação protetiva da jurisprudência 164
149. Tutela no plano penal 165
150. Os mecanismos penais de defesa dos direitos autorais 166
151. Caracterização dos delitos nesse campo 166
152. A enumeração legal dos delitos 167
153. Os delitos em nossa legislação 168
154. As figuras mais comuns: o plágio e a contrafação 168
155. Outras figuras possíveis 170

CAPÍTULO XIV – OS DIREITOS CONEXOS 171
156. Noção e disciplina jurídica dos direitos conexos ao de autor 171
157. Alcance 173
158. Disciplinação legal 173
159. Natureza 174
160. Regime jurídico 175
161. Obras protegidas 175
162. A textura da lei autoral 176

163. A situação da legislação especial anterior 177

164. A estruturação dos direitos conexos 178

165. Direitos reconhecidos aos titulares e sua realização 179

166. A posição dos organismos de radiodifusão e dos produtores de fonogramas 179

167. A posição dos artistas 181

168. O direito de arena 182

CAPÍTULO XV – CASOS POLÊMICOS E ATUAIS 185

169. O caso das biografias não autorizadas 185

170. O caso do direito de autor na internet 189

171. O caso polêmico do art. 13 da Diretiva Europeia sobre Direitos Autorais 193

172. O caso da Inteligência Artificial e da autoria robótica de obras artísticas, científicas e literárias.. 195

BIBLIOGRAFIA 203

APÊNDICE

JURISPRUDÊNCIA TEMÁTICA 215

173. Obra artística 215

174. Obra literária 219

175. Obra científica 220

176. Outros 221

177. Decisões do STF em matéria de direito de autor 223

178. Decisões do STJ em matéria de direito de autor 226

OS DIREITOS INTELECTUAIS

1. Os direitos privados na classificação tradicional

Na vida em sociedade, direitos vários são reconhecidos à pessoa humana, na proteção e na defesa de valores ínsitos em sua própria essencialidade.

Esquematizados, no sistema clássico, sob divisão tripartite (*ius in persona, adpersonam e in re*), em função dos diferentes níveis de relações jurídicas mantidas no convívio normal – ou seja: a) direitos pessoais, da pessoa em si e no meio familiar; b) direitos obrigacionais, da pessoa com outras pessoas, no circuito negocial; e c) direitos reais, da pessoa com a coletividade, em função das diferentes coisas (bens existentes) – esse elenco encontrou, à época das codificações, consagração universal, graças ao labor dos pensadores do denominado "Iluminismo". O Código Napoleônico é, nesse sentido, um paradigma da modernidade codificadora.

De acordo com a estruturação adotada, que advém, em suas linhas mestras, do Direito Romano, são direitos da pessoa (*jura in persona ipsa*) aqueles referentes à posição do ser humano na sociedade, compreendendo os relativos ao estado individual, ao estado familiar e ao estado político. Direitos obrigacionais (*jura in persona aliena*), por sua vez, são aqueles concernentes aos diversos vínculos, decorrentes da vontade, ou da lei, que unem as pessoas entre si, no comércio jurídico, em relações de índole contratual ou extracontratual. Direitos reais (*jura in re materiali*), por fim, são os correspondentes às relações das pessoas com respeito a coisas materiais existentes, consubstanciando-se em vínculos que as prendem a seus titulares perante a coletividade.

2. A inserção dos direitos da personalidade e dos direitos intelectuais

No entanto, em consonância com a evolução do pensamento jurídico, no século retrasado categorias outras de direitos vieram a ser incluídas em seu contexto, graças ao trabalho da doutrina e da jurisprudência, que detectaram a sua existência e edificaram os respectivos contornos, a saber: a) a dos direitos da personalidade; e b) a dos direitos intelectuais.

Para a afirmação dos direitos intelectuais, contribuiu decisivamente Edmond Picard, que, em tese lançada em 1877, defendeu a inserção dessa nova categoria.

Adotada na lei belga de 1886, encontrou consagração nas convenções internacionais e, posteriormente, nas leis internas dos diferentes países.

Para o assentamento dos direitos da personalidade (e, ao mesmo tempo, do aspecto moral do Direito de Autor), definitiva foi a jurisprudência francesa que, em caso célebre (arrêt Rosa Bonheur, de 04.07.1865), reconheceu como legítima a recusa de um pintor em entregar obra encomendada e paga (retrato de dama), decidindo, no conflito entre a obrigação precípua e o direito da personalidade, pela prevalência do segundo, sufragando, assim, a tese de que o direito do encomendante cedia à defesa do direito pessoal do artista, com a conversão da obrigação em perdas e danos (decisão logo seguida por outras: Whistler, Camoin Rouault, Bonnard e Picabia).

Em conformidade com a posição firmada, direitos da personalidade são aqueles que se referem às relações da pessoa consigo mesma, quanto a características extrínsecas do ser e a suas qualificações psíquicas e morais. Alcançam, portanto, o homem em si e em suas projeções para o exterior, por exemplo, os direitos à vida, à honra, à imagem, à intimidade e outros, discutidos em nosso livro *Direitos da personalidade*, editado em 1989, ora versados nos arts. 11 a 21 do Código Civil de 2002.

Direitos intelectuais (*jura in re intelectuali*) são, de outra parte, aqueles referentes às relações entre a pessoa e as coisas (bens) imateriais que criam e trazem a lume, vale dizer, entre os homens e os produtos de seu intelecto, expressos sob determinadas formas, como expressões do espírito criativo humano.

3. A textura dos direitos intelectuais

Ora, esses direitos incidem sobre as criações do gênio humano, manifestadas em formas sensíveis, estéticas ou utilitárias, ou seja, voltadas, de um lado, à sensibilização e à transmissão de conhecimentos e, de outro, à satisfação de interesses materiais do homem na vida diária.

No primeiro caso, cumprem-se finalidades estéticas (de deleite, de beleza, de sensibilização, de aperfeiçoamento intelectual, como nas obras de literatura, de arte e de ciência); no segundo, objetivos práticos (de uso econômico, ou doméstico, de bens finais resultantes da criação, como móveis, automóveis, máquinas, aparatos, obras de desenho industrial e outros), plasmando-se no mundo do Direito, em razão dessa diferenciação, dois sistemas jurídicos especiais, para a respectiva regência, a saber: o do Direito de Autor e o do Direito de Propriedade Industrial (ou Direito Industrial).

Assim, os direitos intelectuais encontram regulamentação diversa, perante as especificidades das criações, em dois ramos do Direito, cada qual sujeito, apartado o substrato comum, a regras próprias, edificadas, depois do trabalho científico, em duas Convenções Internacionais que, criando Uniões entre Estados para sua defesa, assentaram os respectivos princípios básicos, influenciando o Direito interno de todos os países do mundo, ou seja: a) a de Paris, de 1833, sobre direitos industriais; e b) a de Berna, de 1886, sobre direitos autorais.

Com base nessa estruturação, propiciou-se certa uniformidade na legislação interna dos países convenentes, inclusive o Brasil, sendo periodicamente revistos os textos das Convenções para sua adaptação à evolução tecnológica. Assim, em 1885 (Roma), 1891 (Madri), 1897 (Bruxelas), 1911 (Washington), 1925 (Haia), 1958 (Londres), 1967 (Estocolmo) foi revista a União de Paris; e, em Paris (1896), Berlim (1908), Roma (1928), Bruxelas (1948), Estocolmo (1967) e Paris (1971), a União de Berna, bem como o mais recente Acordo TRIPS.

Nesse contexto, reservou-se ao Direito de Autor a regência das relações jurídicas decorrentes da criação e da utilização de obras intelectuais estéticas, integrantes da literatura, das artes e das ciências. Ao Direito de Propriedade Industrial (ou Direito Industrial) conferiu-se a regulação das relações referentes às obras de cunho utilitário, consubstanciadas em bens materiais de uso empresarial, por meio de patentes (invenção, modelo de utilidade, modelo industrial e desenho industrial) e marcas (de indústrias, de comércio, ou de serviço e de expressão, ou sinal de propaganda). Em seu âmbito, ainda dentro da denominada teoria da concorrência desleal, são abarcados nomes comerciais, segredos industriais e outros bens de natureza incorpórea e de uso empresarial.

Destinados a proteger o homem como criador intelectual, esses direitos realizam a síntese entre a defesa dos vínculos de cunho pessoal e patrimonial do autor com sua obra e posterior regulação de sua circulação jurídica, em consonância com os diferentes interesses que envolve, desde os de seu explorador econômico aos do titular do respectivo suporte físico, e dos da coletividade aos do Estado, não se devendo olvidar a função social que exercem.

Com isso, preservam os interesses do criador em todas as relações jurídicas que envolvam a sua obra, consistindo, de um lado, em defesa dos liames pessoais que resultam do próprio ato criativo (chamados "direitos morais") e dos liames pecuniários (denominados "direitos patrimoniais"), advindos da utilização econômica da obra, para cuja consecução prática asseguram ao autor exclusividade para a exploração, dentro das limitações legais que daí decorrem.

4. A bipartição desses direitos: direitos industriais e direitos autorais

Ora, exatamente em função do grau de crise entre os direitos individuais do criador e os interesses gerais da coletividade é que se separaram as duas citadas ramificações, considerando-se que a exclusividade – em última análise, o ponto nodal da estrutura desses direitos – deve, ou não, ser mais longa em razão do interesse maior, ou menor, da sociedade, no aproveitamento da criação.

Portanto, bipartiram-se os direitos intelectuais, levando-se em conta que, como os bens de caráter utilitário são de interesse mais imediato para a vida comum, menor é o prazo monopolístico do criador, em comparação com os de cunho estético, em que de maior alcance são os seus direitos.

Isso se refletiu na definição do sistema normativo desses direitos – cada qual integrante de lei especial própria, no Brasil, Lei 9.610, de 19.02.1998, que, revogando a Lei 5.988, de 14.12.1973, entre outras leis, "altera, atualiza e consolida a legislação sobre direitos autorais, e dá outras providências", e Lei 9.279, de 14.05.1996, que, revogando a Lei 5.772, de 21.12.1971, entre outras leis, "regula direitos e obrigações relativos à propriedade industrial" – em que se encontram particularidades que os distinguem na respectiva textura. A tutela dos direitos intelectuais, além de disciplinada por textos normativos diversos e autônomos, insere-se na atualidade com nova roupagem, em razão da reelaboração legislativa operada nesse campo, inclusive adequando-se às novas investidas e à expansão da tecnologia nas áreas autoral e industrial.

Até 31.01.2019, quando foi arquivado pela Mesa Diretora, estava em tramitação na Câmara dos Deputados o Projeto de Lei 3.133/2012,[1] feito inclusive sob consulta pública e democrática, demonstrando o grande apelo que o tema tem, especialmente diante do desafio das novas tecnologias. Com a denominação de "uma lei com milhares de autores" (Ministro Juca Ferreira, em *Folha de S. Paulo*, Folha A3, 31 de agosto de 2010), recebeu 8.431 manifestações, opinando sobre a disciplina normativa da matéria. Essa é uma demonstração de como a sociedade civil está sensível ao tema e como o marco normativo está carente de renovação diante dos desafios das novas tecnologias. Também em 2012 foi apresentado no Senado Federal o Projeto de Lei 129, convertido na Lei 12.853/2013, que dispõe sobre a gestão coletiva de direitos autorais.

Na regulamentação dos direitos sobre a obra intelectual, o objetivo básico é proteger o autor e possibilitar-lhe, de um lado, a defesa da paternidade e da integridade de sua criação e, de outro, a fruição dos proventos econômicos, resultantes de sua utilização, dentro da linha dos mecanismos de tutela dos direitos individuais. Por isso é que se relaciona mais a interesses da personalidade (caráter subjetivista e privatista do Direito de Autor), agora também pensados sob os desafios da função social dos direitos culturais.

Na regulação dos direitos sobre a obra industrial, a proteção fixada objetivou a aplicação do produto final na consecução de utilidades, ou na solução de problemas técnicos, relacionando-se ao processo de produção e de expansão da economia, sob a égide de um regime de concorrência desleal. Vincula-se, pois, mais a interesses técnicos, econômicos e políticos, amparando, de um lado, o produto industrial (como nos inventos), e impedindo, de outro, a concorrência desleal (como nos sinais distintivos) (caráter objetivista e econômico do Direito Industrial).

---

[1] Apensado ao PL 6.117/2009.

Assim, na obra intelectual resguardam-se mais os interesses do autor, respeitados os interesses públicos sobre as obras de cultura, com os reflexos econômicos e sociais daí decorrentes, enquanto na obra industrial o objetivo último é o aproveitamento empresarial e imediato, pela coletividade, da utilidade resultante – por meio de sua multiplicação ou da inserção no processo produtivo – ou o impedimento da prática da concorrência desleal.

Além disso, no tocante às obras intelectuais, cumpre dissociar-se a criação do objeto em que se inscreve ou em que se concretiza. Ampara-se, pois, a forma literária ou artística realizada, que pode não ser concretizada em coisa material (*corpus mechanicum*).

As de cunho industrial consubstanciam-se, de regra, no produto final obtido, para a utilização correspondente.

Diferentes consequências decorrem dessa observação: no plano do Direito de Autor, o adquirente da *res* não tem senão direito sobre o *corpus*, continuando a obra sob a esfera de atuação do autor (a menos que haja cessão e, assim mesmo, entendida em termos, em face dos direitos morais do autor).

Já no Direito de Propriedade Industrial, uma vez produzida a *res* – geralmente em série – e vendida, passa a integrar o patrimônio do adquirente, que a utilizará como lhe entender, respeitados os direitos do titular, se e quando incidentes.

Frise-se, no entanto, que a concepção intelectual que a traz a lume pode constituir obra protegida pelo Direito de Autor, desde que preencha os requisitos; nesse caso, desfrutará da tutela desse Direito (tese da dupla incidência de direitos em obras de fins estéticos e utilitários).

Anote-se, ainda, que, à inexistência de registro – condicionante da proteção no plano do Direito Industrial –, pode a criação intelectual obter resguardo no âmbito da concorrência desleal, desde que usada no campo empresarial, por terceiro, concorrente do titular, dentro da respectiva área de atuação (por exemplo, uso de desenhos, figuras, publicidade, marcas, símbolos e outros, em produtos ou em estabelecimentos, que provoquem confusão na clientela).

5. Direitos autorais: relações com direitos afins

Entretanto, ainda em consonância com o progresso das comunicações e a evolução do pensamento científico, foram detectados, já no século XX, novos direitos de cunho intelectual, atribuídos a pessoas que contribuem, de um lado, para a vivificação de criações ou sua realização concreta e, de outro, para sua fixação e sua difusão, a saber, artistas, intérpretes, executantes e produtores de fonogramas e de filmes, direitos esses denominados conexos aos de autor.

Apartadas certas peculiaridades – que na legislação própria são identificadas –, seguem, de um modo geral, o regime autoral, gozando, no Brasil, desse *status* por força da própria Lei 9.610, de 19.02.1998 (arts. 1.º e 89 a 96), considerando as inovações trazidas pela Lei 12.853, de 14 de agosto de 2013, e também pelo Decreto 9.574/2018.

Extremando-se esses direitos, a fim de assentarem-se suas linhas divisórias, têm-se que: a) os direitos de autor respeitam à criação e à utilização de obras intelectuais estéticas, destinando-se a proteger o autor da obra e, por extensão, as categorias criadoras enumeradas; b) os direitos industriais referem-se a obras utilitárias, realizando, inobstante os respectivos pruridos individuais, objetivos marcadamente empresariais.

No primeiro, a obra é protegida, independentemente de formalidades, bastando a originalidade na forma, enquanto, no segundo, exige-se registro próprio condicionante e caráter de novidade da criação, junto ao INPI, em face do uso específico empresarial, com todas as consequências daí decorrentes, verificadas ao longo da correspondente legislação.

Separando-se, outrossim, os direitos autorais dos direitos da personalidade – que têm em comum a inserção, no contexto destes últimos, da faceta moral daqueles –, deve-se anotar que se distinguem em razão da especialização dos direitos sobre criações intelectuais humanas. De fato, diante dos vínculos entre o homem e sua obra, e desta com diferentes segmentos da sociedade – usuários, Estado, coletividade –, os direitos autorais gozam de estruturação em que se inserem caracteres reais, exatamente em sua face patrimonial. Já os direitos da personalidade se voltam para a pessoa em si, como essência inteligente e como forma plasmada pela natureza, em relação ao próprio ser e em sua exteriorização.

Existem, no entanto, pontos de atrito nessas qualificações, em especial quanto a certas posturas do homem na vida real e na vida artística profissional, por exemplo, a da distinção entre o direito de interpretação (Direito Autoral) e o direito à imagem (Direito da Personalidade), ambos referentes à figura humana. Considerando-se, para exemplificação, a atuação do artista, pode-se, conforme o caso, vislumbrar um ou outro direito, consoante esteja ou não caracterizado na interpretação de um determinado personagem.

Assim, a posição dos sambistas em desfile no carnaval tem suscitado debate nos nossos tribunais, que vêm inserindo no plano do Direito Autoral (como coreografia) a respectiva proteção, em usos não autorizados pelos titulares (porque caracterizados os participantes).

Em nosso regime, também tem sido discutida a questão da natureza do direito de arena, que outorga, à entidade a que esteja vinculado o participante, fixação, transmissão ou retransmissão de espetáculo público, com entrada paga (jogos de futebol), reservando parte do preço aos atletas. Incluído como direito conexo, pois assim já entendia a Lei 5.988/1973, no fundo, apresenta nuanças de Direito da Personalidade, em especial quanto à ação dos participantes, que, em verdade, se comportam como os artistas, em *shows* e espetáculos públicos.

Na Lei 5.988, de 14.12.1973, o Capítulo IV ("Do Direito de Arena") do Título V ("Dos Direitos Conexos"), que cuidava da tutela deste Direito peculiar, em dois artigos (arts. 100, "À entidade a que esteja vinculado o atleta, pertence o direito de autorizar, ou proibir, a fixação, transmissão ou retransmissão, por quaisquer meios ou processos, de espetáculo desportivo público, com entrada paga. Parágrafo único. Salvo convenção em contrário, 20% (vinte por cento) do preço da autorização serão distribuídos, em partes iguais, aos atletas participantes do espetáculo", e 101, "O disposto no artigo anterior não se aplica à fixação de partes do espetáculo, cuja duração, no conjunto, não exceda a 3 (três) minutos para fins exclusivamente informativos, na imprensa, cinema ou televisão"), nuançava os lindes da questão.

Por força da Lei 9.610, de 19.02.1998, tal capítulo foi excluído da textura legislativa, que abole, de uma vez por todas, a disciplina legal da matéria em meio aos direitos conexos. A inovação da Lei 5.988/1973, tão debatida pela doutrina nacional, ora se esvai ante a não previsão da matéria entre os direitos conexos. Dessa forma, a discussão encontra novo alento, em face das plúrimas possibilidades de assento prático da matéria, bem como em face da indiscutível questão dos direitos adquiridos outorgados pela Carta Magna (CF/1988, art. 5.º, inciso XXXVI).

II
A FUNDAMENTAÇÃO DO DIREITO DE AUTOR

6. A sensibilidade, a liberdade e o papel social da obra estética

A preocupação com o estético é uma preocupação com o sensível (*Sinnlichkeit*).[1] Seguindo Huisman, é possível dizer que: "(...) la Philosophie de l'artdesigne originellement la *sensibilité* (étymologiquement aisthésis veut dire en grec sensibilité) avec la double signification de connaissance sensible (perception) et d'aspect sensible de notre affectivité".[2] Os significados do belo e do feio são relativos, e povoam toda a história da humanidade, compondo um acervo impressionante de visões e múltiplas facetas, artimanhas mesmo da multiplicidade das culturas, pelas quais se expressam indivíduos e comunidades organizadas. Fato inconteste é o de que o homem é um *animal laborans*, sem dúvida, mas também um *animal simbolicus*.

Assim, por exemplo, o modo de habitar tem a ver com uma visão estética de mundo; a cultura atravessa, pois, a forma como humanos constroem sua relação com o ambiente. Por que em uma tribo indígena brasileira se distribuem as habitações de forma oval e, em outra tribo, elas se distribuem de maneira quadrangular? Então, a estética não é somente o adereço, mas aquilo que expressa a forma de constituição humana da própria identidade cultural. A questão da estética nos atravessa em nossa condição. Tomando-se o exemplo das artes literárias, em *Vários escritos*, no texto *O direito à literatura*, Antonio Cândido afirma, que, em seu sentido amplo, "(...) a literatura aparece claramente como manifestação universal de todos os homens em todos os tempos".[3] Somos, em nossa singularidade existencial, brasileiros, negros, libaneses, espíritas, jesuítas, africanos... Por isso, a questão do *gosto* é fundamental

---

[1] A esse respeito, consulte-se Bittar, *Democracia, justiça e direitos humanos*, 2011, p. 58-76.
[2] Huisman, 1961, p. 5. "... a Filosofia da arte designa originalmente a sensibilidade (originalmente, a palavra *aisthésis*, do grego, quer dizer sensibilidade) com a dupla significação de conhecimento sensível (percepção) e do aspecto sensível de nossa afetividade" (*tradução nossa*).
[3] Antonio Cândido, *Vários escritos*, 2004, p. 174.

para *a existência humana*, pois não ter *gosto* é já estar morto, ou seja, é *não existir*; a vida tem, portanto, muito do estético.

Em função disso, o fato de sermos seres estéticos não parece ser algo acidental, nem simplesmente construído pelas necessidades da vida contemporânea. É necessário transcender o tempo presente e as contingências de um gosto social hegemônico, profundamente marcado pela hostil presença do imperialismo da indústria cultural, para dar um grande salto e compreender que a estética nos acompanha desde sempre. Somente o olhar histórico-antropológico aberto nos permite tomar essa consciência. Nessa percepção, as categorias estéticas aparecem associadas a uma série de traçados socioantropológicos constitutivos dos hábitos de um povo, de suas convenções, de suas exigências sociais, de suas necessidades, de seu desenvolvimento histórico-tecnológico, e nada disso é acidental, senão produto da operosidade simbólico-transformadora humana, em seu longo percurso de transformações históricas.

Trata-se de uma espécie de linguagem universal de expressão do humano, como construtor de cultura, apesar de não poder existir um padrão universal artístico único, pois toda padronização da arte arrefece o espírito criador, e, exatamente por isso, estiola a capacidade de simbolização da arte pela renovação sempre contínua. É ela expressão da mais alta sabedoria, e para muitas culturas ela é considerada até os dias presentes uma sabedoria muito especial das coisas humanas e das coisas divinas. *Vakya Paidiya* afirma: "Não há concerto neste mundo que não seja transmitido pelos sons. O som impregna todo o conhecimento. Todo o universo repousa no som".[4] A arte, mais do que representar, exibe o homem a si mesmo; sua função é especular.

A dimensão da estética é bem compreendida exatamente quando é percebida como manifestação do que é *plurívoco* na própria humanidade. A *ambiguidade* e a *relatividade* também são aspectos determinantes da dimensão estética. O que se espera da exploração da dimensão do belo e do feio é encontrar-se no outro o lugar da alteridade, para ver-se melhor, a si mesmo, e enquanto sujeito de processos culturais. A autodescoberta é um fruto direto do desenvolvimento das sensibilidades e do olhar estético. Todo discurso sobre a arte, seja filosófico, seja crítico, deve ser um discurso voltado para a compreensão da diversidade semiológica que comporta em seu interior. A "obra estética" invoca o estudo da relação entre indivíduo e grupo, entre meio e cultura, momento e linguagens em ebulição na vida social. Por isso, as obras estéticas (científicas, artísticas e literárias) atendem a uma necessidade cultural dentro da textura do convívio social, e aqui o elemento cultura é definido em sua abrangente acepção, em conexão com o termo natureza, pois resulta de uma intervenção intelectiva e transformativa do homem sobre o espaço do que lhe é

---

[4] *Vide*, Roland de Candé, *História universal da música*, 1994, p. 15.

dado aos sentidos, abraçando em sua totalidade conceitual as construções estéticas, assim como as demais representativas de uma produção espiritual humana.

Se a obra estética desperta a sensibilidade, é porque esta conclama a outras coisas, pelas ciências, pelas artes e pela literatura, apelando a dimensões psiquicamente mais profundas do que a banalidade mecânica do cotidiano exige do senso humano. A arte produz emancipação, a emancipação da sensibilidade, como o afirma Marcuse: "A arte empenha-se na percepção do mundo que aliena os indivíduos da sua existência e atuação funcionais na sociedade – está comprometida numa emancipação da sensibilidade, da imaginação e da razão em todas as esferas da subjetividade e da objetividade".[5] Por isso, a valorização da sensibilidade, em suas diversas latitudes, implica um hiato com o tempo presente fundador de uma prática de resistência. Há sensibilidade onde há apreço pelo corpo, pela vida, pela existência. Onde há sensibilidade, há percepção, há intuição, caminhos vetados pelo racionalismo moderno, que dicotomiza pensamento e sentimento, mente e coração, verdade e paixão, conhecimento e sensibilidade, como constata Eric Fromm:

> Además de los rasgos patológicos arraigados en la disposición pasiva, existen otros que son importantes para comprender la patologia actual de la normalidad. Me refiero a la creciente separación de la función cerebrointelectual de la experiencia afectivo-emocional; a La escisión entre el pensamiento y el sentimiento, entre la mente y el corazón, entre la verdad y la pasión.[6]

Ao implicar certa recusa de mundo, ao relacionar-se de modo tenso com o mundo, a arte *inaceita a normação social predominante*. O esteta rompe com a realidade ao criar esse hiato entre o tempo da arte e o tempo da realidade, e desta fratura se nutre a significação do instante estético. Por fim, o universo da arte carece de fundar outra realidade, paralela a *esta* realidade, à realidade da qual se distancia para ganhar autonomia. Nesse sentido, o mundo da arte convive com o mundo objetivo, reproduzindo-o, mas também renuncia ao mundo objetivo, dele se distanciando. Assim, ao fundar a realidade estética, a arte renega o mundo e "(...) comunica verdades não comunicáveis noutra linguagem; contradiz".[7] Toda obra de arte é, nesse sentido, transgressora. Ao negar a pesada consistência da determinação das coisas pela realidade, a arte opera uma rebeldia contra a ordem do mundo. E,

---

[5] Herbert Marcuse, *A dimensão estética*, 2007, p. 19.

[6] Eric Fromm, *La revolución de la esperanza*, 2003, p. 49. "Ademais dos traços patológicos arraigados na disposição passiva, existem outros que são importantes para compreender a patologia atual da normalidade. Refiro-me à crescente separação da função cérebro--intelectual da experiência afetivo-emocional; à separação entre o pensamento e o sentimento, entre a mente e o coração, entre a verdade e a paixão" (*tradução nossa*).

[7] Herbert Marcuse, op. cit., 2007, p. 19.

a partir daí, ensina que é possível algo além do quotidiano. Ademais, com todas as suas características, "(...) a arte permanece uma força de resistência".[8]

A arte em si é uma subversão do princípio de realidade, e, por isso, é libertadora. Seu sentido se torna ainda mais profundo, e isto é certo, quanto mais a obra é capaz de protestar contra a ausência de liberdade, contra a reificação da existência. É na transcendência estética provocada pela arte que se esconde o seu perigo para o sistema da insensibilidade e da ignorância, estes que são os dois canais fundamentais para a indiferença e para a estruturação da própria barbárie. A barbárie, para se realizar, não demanda monstros, mas equipamentos conceituais e estratégias de articulação de poder que anestesiem as formas de reação pela criação de uma suficiente atmosfera de indiferença. Nestas, Marcuse quer ver os traços das obras revolucionárias, pois "(...) uma obra de arte pode denominar-se revolucionária se, em virtude da configuração estética, apresentar a ausência de liberdade do existente e as forças que se rebelam contra isso no destino exemplar do indivíduo, romper a realidade mistificada (e reificada) e der a ver o horizonte de uma transformação (libertação)".[9] Nessa perspectiva, a emancipação é absoluta.

Se essa força é insuficiente para a transformação completa da sociedade, talvez seja porque a transformação completa da sociedade nos seja de alguma forma negada. Senão, como após as vanguardas de Hieronymus Bosch, de *O jardim das delícias*, de Velázquez, de *Las meninas*, de Picasso, de *Guernica*, de Pollock, de *Um*, de Goya, de *Três de maio de 1808*, ou de Proust, de Baudelaire e de Sartre, de *A náusea*, o mundo ainda resiste ao terrorismo transformador da arte? Mas, ainda assim, os signos da arte têm a força necessária e suficiente para uma revolução pela cultura, essa que remexe os paradigmas profundos inconscientizados como formas de sedimentação da relação homem-natureza e homem-homem. Por isso, o valor da criação estética não se mede por sua impotência total-transformadora; seu valor se mede pela sua capacidade de manter acesa, ainda que pouco cintilante, a chama da esperança e a da luta pela liberdade.

Enfim, a estética luta contra a anestesia, como afirma Lyotard: "Uma estética do pós-Auschwitz e no mundo tecnocientífico. Por que uma estética? – perguntamo-nos. Inclinação singular para as artes, para a música? É que a questão do desastre é a do insensível, como disse: da anestesia".[10] No mesmo compasso, pode-se ler em Marcuse:

> Os Auschwitz e My Lai de todos os tempos, a tortura, a fome, a morte – poderá supor-se que todo este mundo não passe de mera ilusão e amarga decepção?

---

[8] Herbert Marcuse, op. cit., p. 19.

[9] Herbert Marcuse, op. cit., p. 10.

[10] Lyotard, *Heidegger e os judeus*, 1999, p. 75.

Persistem antes como a realidade amarga e inimaginável. A arte não pode representar este sofrimento sem o sujeitar à forma estética e assim à catarse mitigadora, à fruição. A arte está inexoravelmente infestada com esta culpa. No entanto, isto não liberta a arte da necessidade de evocar repetidamente o que pode sobreviver mesmo em Auschwitz, e que talvez um dia se torne impossível. Se mesmo esta memória houvesse de ser silenciada, então o fim da arte teria realmente chegado. A autêntica arte preserva esta recordação apesar de e contra Auschwitz; esta recordação é o solo onde a arte tem desde sempre a sua origem: na necessidade de a imaginação deixar aparecer o outro (possível) nesta realidade.[11]

7. A criação intelectual, a cultura e a sociedade

A criatividade humana é capaz de inventar, e é instigada pela busca de novos horizontes culturais, bem como pela necessidade de solução a demandas práticas da sobrevivência. Arte e técnica se alternam na realização da relação mediadora entre homem e natureza. O homem como um ser que modifica a natureza, mas como um ser determinado pela natureza e suas condições, e a natureza como o aspecto contrafactual da existência corpórea e intelectiva humanas. Por isso, o humano é capaz de artes, ciências, técnicas, conhecimento, cultura. Onde está o humano está a capacidade de conviver e reagir com os dados da natureza, por vezes sucumbindo a ela, por vezes, fazendo-a sucumbir. Nesta relação complexa, as polaridades entre a vida do espírito e o mundo da matéria são incindíveis. As conquistas do espírito dificilmente são propriamente somente do espírito, mas do trato do espírito com os desafios da existência, da sobrevivência, do estudo, da pesquisa e da ciência, enquanto desafios. Por isso, a obra tem sua genética, seja pelo conteúdo, seja pela forma.

A *natura* da humanidade se faz no atrito com a realidade orgânica e objetiva do mundo, e a cultura é um pouco a natureza que ela transforma, e um pouco a criação que ela opera. Desta lenta e gradativa maceração exsurge o patrimônio presente e incorporado pelas gerações subsequentes, como patrimônio herdado de cultura, algo que existe agora e que antes não existia sem a obra e o engenho de indivíduos. São as criações do espírito "bens" dos quais se pode servir o homem para a construção da realidade que o circunda de uma maneira racional. A capacidade de simbolização desenvolvida em alta escala pelo homem o distingue na rede do processo evolutivo entre as espécies, e, exatamente por isso, por ser capaz de pensar, agir e falar, o homem transforma o seu entorno, trazendo desse processo também o seu reverso, ou seja, a sua própria transformação.

---

[11] Herbert Marcuse, op. cit., p. 54.

DIREITO DE AUTOR – *Carlos Alberto Bittar*

Nesta dialética de negaceios entre a forma concebida e a forma plasmada, permanece em constante aflição a sensibilidade do agente criador. Os percalços do processo criativo indicam inexistir uma mera criação *ex macchina* da realidade criativa, pois realçam-se inclusive, neste ponto, todos os elementos de que dispõe o ser inventivo para a composição do produto final como "obra". Janson, neste ponto, afirma:

> Desta maneira, por um constante fluxo e refluxo de impulsos entre o seu espírito e o material, parcialmente configurado que tem diante de si, o artista define, a pouco e pouco, a imagem, até que ela ganhe forma visível. É claro que criação artística é uma experiência muito sutil e íntima, impossível de descrever, passo a passo. Só o artista pode observá-la plenamente, mas de tal modo fica absorvido por ela que tem muita dificuldade em explicá-la.[12]

Tal a natureza da atividade criativa, tal a complexidade do processo criativo. Tal, por isso, a necessidade de regulação e proteção das criações do espírito, salvaguardando-as do descaso (i), do abandono (ii), da anarquia (iii), da negligência (iv), do anonimato (v), do isolamento (vi), da insignificância (vii), da opressão (viii), da censura (ix) e da perda de memória (x), todos esses que são os aspectos contrafáticos – e aspectos manifestos de patologias sociais – que se devem ter presente ao pensar na *significação* da obra de espírito, da obra intelectual, na vida social.

O completo percurso somente se dará com a "obra" criada, exaurindo-se em corpo, que a ela passa a revestir. Este é o *totum* inventivo-criativo, ou seja, a expiração do sopro vital da "obra", em seu revestimento material, na singularidade que permite o filósofo alemão Walter Benjamin nelas procurar sua "aura", ou seja, aquilo que identifica na obra de arte o seu caráter genuíno, sua unicidade, ou aquilo mesmo que a qualifica pelo fato de ser absolutamente única e irrepetível, algo que a indústria cultural violou ao tornar a obra de arte mera mercadoria no fluxo das trocas capitalistas, reificando sua significação espiritual.

O processo de criação de algo único e inovador, porém não solitário nem genial, mas algo que é fruto da colaboração silenciosa entre a formação do intelectual (do artista, do cineasta, do diretor de teatro, do escritor, do poeta, do literato, do ator, do intérprete etc.), e a colaboração da sociedade na transmissão de empuxos educacionais e intelectivos permitem trazer à tona uma "obra", algo que aflora na superfície como uma rítmica sem par. Para isso, a obra de espírito, a criação intelectual, se nasce como centelha, se flameja no ar como ideia, precisa também de expressão material para se corporificar, no papel acetinado de uma bela edição de um livro, em uma pintura a óleo sobre tela, em uma representação em sessão

---

[12] Janson, 1992, p. 11.

aberta de teatro, em uma tela de um *blog*, no *design* de um *website* etc. Não importa o meio, se virtual, se duradouro, ou não, a obra se completa quando o circuito de criação encontra o seu reverso de mera ideia em representação, quando ganha seu *corpus mecchanicum* ou meio de transporte, uma vez que é, antes de tudo, um fluxo codificado em forma de linguagem de algum tipo de informação (artística, científica, literária, política etc.).

Palimpsestos, papiros, pergaminhos, tabuetas, monolitos, folhas vegetais, papel: estes formam, entre outros, os elementos naturais que abrigaram a cultura dos séculos em seu bojo. Copistas, escribas, homens incumbidos de talhar a cultura em meios *minerais, animais* ou *vegetais* cunharam a ciência do livro, manufatura artesanal indispensável para a celebração do casamento entre o pensamento e sua comunicação. Estes os agentes responsáveis pela instrumentalização da natureza em favor da corporização e eternização da cultura. Em suma, esta é a cultura da edição, a cultura do livro, quer ele seja mineral, vegetal, animal. Atualmente, esta cultura é também virtual. Então, *e-books, websites, bites, open source, codificações telemáticas* também são formas de expressão e preservação da informação, do conhecimento e da cultura, a tornar o preciosismo do bibliófilo um amor *insulado*, e a condenar a profissão do arquivista a tornar-se uma profissão *démodé*. A revolução digital chegou para ficar, e não há o que ceda neste movimento, em que os avanços da tecnologia determinam a condição humana. A laicização completa do saber operou-se, finalmente, e tão somente, com a integral libertação da arte da impressão. Esta, verdadeiramente, de seus estágios mais rústicos, partiu da manufatura, perfazendo ampla rota de percalços históricos, evoluindo e involuindo periodicamente, de modo a resultar-se no século XV na plena sagração dos instrumentos de impressão trazidos a lume por Guttemberg. Este o ponto representativo de uma ruptura histórica significativa; menos como invenção e mais como inovação cultural, a imprensa de Guttemberg tem sua estimativa como uma decorrência das consequências de sua introdução no contexto do amplexo cultural ocidental. Algo semelhante se processa hodiernamente, na medida em que a cultura digital substitui a cultura da impressão, permitindo que no anonimato gigantesco da rede *web* se multipliquem e se amplifiquem os espaços de aparição e de socialização cibernética livre e independente. A identidade virtual já é uma nova realidade depositária da fé de inúmeras redes de interesses, que vão da mera socialização ao comércio eletrônico e às eleições presidenciais.

Em resumo, sem concreção (ainda que a concreção se dê em meios virtuais, nos vapores e nuvens de teletransmissões de comunicação) não há propriamente "obra", apenas ideia. Por isso, a obra criada pode ser registrada, pois é capaz de fazer-se ver pela alteridade, e, por isso, ganhar significação social, na circulação que passa a admitir (controlada ou não) na vida social, e, portanto, na vida econômica, na comercial, na política, na cultural de uma comunidade de intérpretes e usuários. As diversas e múltiplas linguagens de que se reveste a obra estética permitem que

16 | DIREITO DE AUTOR – *Carlos Alberto Bittar*

ela exista e persista como um significado forte, de relevância não apenas cultural, mas também política. Daí a sua importância semiótica, ressaltada por Pignatari:

> A análise semiótica ajuda a compreender mais claramente por que a arte pode, eventualmente, ser um discurso do poder, mas nunca um discurso para o poder. O ícone é um signo de alguma coisa; o símbolo é um signo para alguma coisa. Mas o ícone, como diz Peirce, é um signo aberto: é o signo da criação, da espontaneidade, da liberdade. A semiótica acaba de vez por todas com a ideia de que as coisas só adquirem significado quando traduzidas sob a forma de palavras.[13]

As bombásticas notícias do polêmico *WikiLeaks* são uma demonstração de que *blogs* e *sites*, com furos jornalísticos e dados sigilosos, podem desestabilizar governos. Na sociedade da informação, o poder se deslocou para as fronteiras digitais, para o controle de dados e informações. O poder da informação é imenso; daí o interesse da cultura da informação, e na formação pela cultura. Nesse sentido, não importa se a obra é *oralizada, escrita, gesticulada, representada, figurada* ou mesmo *hibridamente constituída*. A poética da criação é um processo intelectual que conjuga fatores eidéticos com fatores semióticos e técnico-concretos. Por isso, não há "obra" sem linguagem. A expressão está determinada pelas condições culturais e sociais, econômicas e técnicas na qual se inserem indivíduos ou grupos. Por isso, ela encontrou, no curso dos séculos, veículos diversos, condicionados às condições técnicas e aos conhecimentos de época, para a materialização de suas expressões, e das suas criações estéticas, literárias, artísticas e científicas. Fica evidente que a história das ideias encontra relação direta e intestina com a própria evolução das formas de manifestação humana – e esta não se deu tão rapidamente quanto se possa imaginar, tendo-se presente que, para que se alcançasse o alfabeto, foram necessários *séculos* de conquistas técnicas, incluindo-se as manifestações pictográficas, ideográficas, hieroglíficas, bem como as cuneiformes –, o que não se separa em absoluto da própria superação dos meios técnicos dessa manifestação. A resistência das ideias, nesse sentido, acaba restando diretamente condicionada à persistência existencial de seu *corpus*; este acaba por representar a própria permanência do pensamento contra o *devir* da ignorância. Afirma Mello:

> A tipografia, sua razão de ser, foi sempre, desde os primórdios, arte recusada pela nobreza e os potentados. O livro devia continuar como um privilégio dos ricos, das Dinastias e da Igreja. Pressentiam ser demasiado perigoso, porque divulgava ideias, que poderiam ameaçar seus interesses. Na fase do manuscrito, o livro não preocupava, porque reservado às dinastias, à Igreja e aos potentados. Mas, diante da possibilidade de incontrolável divulgação, pela impressão

---

[13] Pignatari, 1987, p. 17.

em série, o livro começou a preocupar, como portador de ideias. E as *ideias* são sempre *diabólicas,* porque se chocam, às vezes violentamente, com os interesses retrógrados, luta que constitui a base do progresso social.[14]

O artista-criador, o cientista-criador, o literato-criador etc. agem por meio de uma *ars aedificandi,* de uma capacidade construtiva que permite operar linguagens e produzir, na medida em que

> (...) il radicale greco poie, da cui poesia, poema, poético, significa un fare, ma in senso più pregnante di quanto sia indicato dall'altra radice carica di vastissime responsabilità, *tech*; questultima, e il suo equivalente latino *art*, indicano il produrre con abilità e intelligenza sulla scorta di strumenti di varia natura; laddove il poiesin designa un costruire per eccelenza, connesso quindi con il privilegio tradizionalmente riconosciuto al materiale verbale (sonoro o grafico che sia).[15]

O autor é um agente do processo de *aisthesis,* de exercício da sensibilidade, que recolhe do acervo comum e sincretiza, com o empenho pessoal, aquilo que se torna fruto de sua atenção especial. Leonardo Da Vinci retira do legado greco-latino a forma-inspiração para uma revolução que haveria de demolir os edifícios fundantes da estética medieval; nesse sentido, nem Da Vinci, com toda a sua genial predisposição às artes e às invenções, é totalmente inovador.

No entanto, o exercício estético proporcionado pelo criador, pelo autor (ou, pelos autores, algo que está se tornando cada vez mais comum, no mundo contemporâneo, em função do aumento do complexo social e comunicativo), é capaz de produzir a sensação e de fazer com que esta seja participada aos seus fruidores, já transformada de seu estado bruto, do fato de ser pura natureza, agora para ser "natureza interpretada e trabalhada", ou seja, para ser cultura. Este potencial fruitivo que remanesce incorporado à obra está inserto em sua *mensagem* que vem transcrita em uma *linguagem*, em um espaço organizado de signos, em uma criptografia semiótica, por vezes somente decifrável pelo próprio autor (como sói ocorrer com a arte pós-moderna, em suas inúmeras correntes, tendo em vista o subjetivismo e o hermetismo no qual inserem suas linguagens), no *idioletto* interno, ressaltado por Umberto Eco, ao se reportar à obra como linguagem criada dentro de si mesma, para o próprio autor (e seus leitores), e para a alteridade, enquanto

---

[14] Mello, 1979, p. 135.

[15] Barilli, 1989, p. 94. "O radical grego *poie*, do qual resultam poesia, poema, poético, significa fazer, (...) *tech*, esta última, e o seu equivalente latino *art*, indicam o produzir com habilidade e inteligência sob instrumentos de várias naturezas; ali onde *poiesin* designa um construir por excelência, conexo então com o privilégio tradicional reconhecido ao material verbal (sonoro ou gráfico, que seja)" (*tradução nossa*).

aparição social do diverso e, portanto, da diferença. Por isso, a arte ainda é tão importante, pois faz a *diferença* ser *diferente*, enquanto expressão de controversa humanidade contida em nós.

Se ao *idioletto* da obra, ou seja, se à linguagem consignada no *corpus mechanicum* da obra, preexiste uma realidade semiótica, uma realidade de inúmeras linguagens, é, sobretudo, a partir deste arsenal semiológico que parte o criador para a efetuação de sua *intentio*. Desde sua fase conceptiva até sua fase executiva, labora o criador na tentativa da reificação de suas ideias por meio de um processo que envolve a transformação do imaterial em material. Será do repertório de linguagens existente que partirá o intérprete estético da realidade para a construção de seu idioma estético. O papel do construtor da linguagem artística, bem como o construtor da linguagem científica e literária, não como mero receptor das mensagens semiológicas contidas em um universo cultural. Seu papel a isto transcende, visto que não só como sujeito de percepção, mas como sujeito de elaboração, atua o criador. Das linguagens pré-constituídas parte o criador, o que não significa que a esta fique restrito, ou que a um ou a outro código deva estar adstrito. A linguagem da arte é, por excelência, a linguagem da liberdade, podendo o criador se valer das diversas perspectivas semiológicas para a arquitetura do seu construto criativo. Por isso, Pignatari afirma: "A arte é o oriente dos signos; quem não compreende o mundo icônico e indicial não compreende corretamente o mundo verbal, não compreende o Oriente, não compreende poesia e arte".[16]

Se, então, a eternidade é privilégio dos deuses, a *imortalidade é o ópio dos homens;* tornar-se imortal é menos fossilizar-se corporalmente entre homens, e mais perenizar-se por sua recorrente presença espiritual. A vontade de permanência do humano entre humanos conduz a humanidade a "obras faraônicas", a "suntuosos adornos em palácios", a "relicários religiosos", ou, simplesmente, à "dedicação à obra escrita". Nesse sentido, é lúcido o pensamento de Guérin:

> Dizer que a obra desenha um mundo é afirmar em primeiro lugar que ela deixa marcas, que ela é rastro. O trabalho, que nos obceca, não nos permite habitar o mundo. Habitar quer dizer marcar por meio de sinais, ir ao mundo sob a influência e a proteção de um cenário familiar; as obras nos orientam. À sua maneira, os rastros são imortais, pois, quanto mais se esmaece a materialidade, mais a inspiração é realçada.[17]

Esta presença é uma decorrência da lembrança, e a lembrança descola-se de um estímulo mnemônico da existência de um ser; este estímulo mnemônico quem o faz é o *corpus,* sinal ainda vivo e latejante de que um alguém no passado assim pensou, assim sentiu, isto disse ou aquilo fez. Entre a inalcançável eternidade do mito deídico

---

[16] Pignatari, op. cit., 1987, p. 17.
[17] Guérin, *O que é uma obra,* 1995, p. 26.

dos gregos e a possível eternidade do espírito criativo humano, resta a esperança de que todo criador possa estar *inter homines,* senão pessoalmente, e esta é a característica da eternidade, ao menos, *in memoriam.* A poética do *corpus* reside exatamente nesse dado peculiar, qual seja, facultar ao homem uma potência que não é de sua natureza, mas que talvez o seja de uma natureza divina: a imortalidade. Ela aqui é evocação, simbologia, representação. De geração a geração, como verifica Umberto Eco, a obra estética gera-se e regenera-se em um contínuo fluxo de "fazimento" semiótico, e de "desfazimento" semiótico, sofrendo novas investidas e remodelações simbólicas; de cada contato, de cada interpretação, de cada ato de fruição.

Toda essa reflexão reforça a importância do campo da *liberdade* instaurado pela *obra artística,* pela capacidade transformadora do *corpus.* Mas, para finalizar, é importante perceber que a conexão entre a perspectiva *imaterial* da obra estética e a perspectiva *material* de produtificação dos mercados capitalistas, no lugar de caminharem em oposição, ou ainda, no lugar de se negarem reciprocamente, ultimamente, vieram encontrando elos de conexão, e estreitando laços. De fato, com isso, se quer dizer que as exigências dos produtos, dos serviços, das arquitetônicas, das artes aplicadas, estão cada vez mais próximas, de forma a poder se dizer que o capitalismo de hoje é o *capitalismo estético,* na esteira da constatação sociológica de Gilles Lipovetsky e de Jean Serroy.[18] Isso significa que não somente o produto se aliou à *força simbólica da estética,* mas que a exigência dos mercados de consumo passa, crescentemente, pela dimensão do *uso estético* dos produtos. Isso torna o *valor estético agregado* das mercadorias ainda mais relevante, o que faz da estética não apenas uma dimensão de *fruição intelectual,* mas de crescente *sentido prático, produtivo, industrial e de mercado.* O impacto dessa readaptação dos mercados globais é a *padronização estética global,* sem dúvida alguma. O outro impacto desta readaptação, contudo, é também um reforço da importância e das aplicações do Direito de Autor, inserido em novo contexto de *utilidades aplicadas* à criação estética.

8. Indivíduo e sociedade na obra estética: os aspectos liberal e social do direito de autor

Existe uma relação dialética entre *espírito* e *natureza,* mas também uma dialética entre *indivíduo* e *sociedade,* entre *ego* e *alter.* Por isso, entre os espaços do *sujeito individual* e do *sujeito coletivo* está a obra estética. São pedaços de dotes de personalidade, esforço, suor e noites insones que fazem de um mero papel em branco uma obra poética clássica; um pedaço de mármore, uma escultura singular; um rebento de madeira, uma

---

[18] "É o que nós chamamos o *capitalismo artístico* ou *criativo transestético,* que se caracteriza pelo peso crescente dos mercados da sensibilidade e do *design process,* por um trabalho sistemático de estilização dos bens e dos lugares comerciais, de integração generalizada da arte, do *look* e do afeto no universo consumista" (Lipovetsky, Serroy, *O capitalismo estético na era da globalização,* 2014, p. 16).

formação folclórica única. Pode-se assinalar a complexidade da criação, em termos de uma psicologia da criação, ao se designar o autor como um *demiurgo* (*demiourgos*), mas não se pode esquecer que todo demiurgo está inserto numa rede de relações culturais prévias, antropológicas, e que são comunitárias, e, também numa rede de relações sociais que impõe valores, determinando o sentido e a própria posição ocupada na sociedade pelo sujeito detentor da capacidade de criação (o que muitas vezes determina se o indivíduo será um poeta renegado, um artista marginal, um literato desconhecido, ou mesmo um *star* ou uma obra *pop* para o seu contexto). Há arranjos individuais e sociais na constituição da tessitura mais fina da obra, e isso deve ser considerado um aspecto fundamental do caráter binário da obra estética, a conceder direitos (e deveres) à coletividade e a conceder direitos (e deveres) ao(s) autor(es).

A obra estética carece do *individual* – e individual aqui reflete necessariamente a ideia de inventividade e originalidade trazidas para o seio da cultura pelo autor – como carece do que precede ao autor, ou seja, do *coletivo*, pois todo autor, antes de ser autor, fala um idioma que foi socialmente aprendido, lê livros que foram criados por outros autores, é educado num tipo de cultura determinada, nasce dentro de um arranjo e contexto sociais particulares, é formado dentro do espírito de um tipo de formação familiar, para, então, tornar-se autor. Por isso, pode-se dizer, com Are: "Ogni produzione dell'intelletto si fonda sul preesistente patrimonio culturale".[19]

Ecce opus, ecce lux. Entretanto, há que se notar que a criação humana nunca é fruto exclusivo do indivíduo, tomado isoladamente. O pensamento liberal assim interpretou, na gênese da própria moderna ideia de autoria, noção esta desconhecida dos antigos e dos medievais, o sentido da propriedade individual que se passa a ter por um dom do espírito burilado em sociedade. Contudo, esta é apenas uma faceta da criação. A obra é, sim, fruto do espírito singular do autor que opera com qualidades pessoais o acervo de elementos que se encontram à disposição de todos por força das tradições e formas de transmissão da cultura, do conhecimento e dos legados socialmente compartilhados. Este processo, porém, se opera de maneira mais complexa do que o mero florescimento do gênio criativo individual, pois a obra é uma "criação-absorção" de valores culturais. De fato:

> (...) l'opera intelettuale non è pura creazione del suo autore, o almeno non è soltanto frutto dell'ingengno individuale, in quanto il patrimonio culturale preesistente, cui l'autore non può non aver attinto, confluisce nell'opera attraverso il filtro della conoscenza e dell'esperienza dell'autore medesimo.[20]

---

[19] Are, *L'oggetto del diritto di autore*, 1963, p. 38. "Cada produção do intelecto se funda sobre o patrimônio cultural preexistente" (*tradução nossa*).

[20] Bucci, *Interesse publico e interesse privato*, 1976, p. 62. "... a obra intelectual não é pura criação do seu autor, ou ao menos não é apenas fruto do intelecto individual, considerado

A *mímesis* implicada na obra estética (artística, literária e científica), como obra do espírito humano, antes de ser pura imitação, ao passar pelo crivo *noético--demiúrgico*, é *re-ativa* ao entorno, e, por isso, se torna *criativa, construtiva, formativa* daquilo que se pode chamar de "artifício humano". O ato de criação não parte do incriado, mas sedia processos de transformações demiurgicamente significativas. Em meio à caoticidade dos signos, que se encontram em estado potencial, atua o demiurgo na formação do sentido e na apropriação particular deste mesmo para expressar a *aisthesis*. O fruto do labor criativo, por consequência, é a obra, objeto demiúrgico e complexo que se associa a outros iguais na interação dos objetos culturais para formar a trama dos entendimentos humanos.

A obra estética é, por isso, um retículo significacional, por traduzir elementos de cultura que a vinculam a uma estreita e singular gama de valores, sentidos, anseios, perspectivas e inspirações que encontram sua síntese no espírito de determinado autor (*Tolstoi, Dostoiévski, Shakespeare, Casimiro de Abreu, Castro Alves, Alvares de Azevedo*). Janson afirma: "Toda arte implica autoexpressão".[21] A obra estética é personalidade humana feita obra. Aqui, ainda mais, releva-se o papel participativo do autor-criador na formação da obra reticular, ou seja, do instrumento de transmissão e de criação de dados culturais. A obra, nesta perspectiva, incorpora o espírito do autor traduzindo-lhe por meio da linguagem, aí incluídos o seu tempo e a sua história. Essa tradução engloba em seu âmago, no entanto, mais do que aquilo que o autor quis transmitir, bem como representa mais que aquilo que criou: a obra é uma soma de elementos preexistentes ao autor, assumindo um sentido que extravasa à sua possibilidade de calcular os resultados de sua participação na formação de dados culturais.

A relação *individual-coletivo* na produção criativa do espírito é de grande valor para a compreensão não só do ato criativo, como também de uma série de princípios que regem a própria legislação que se debruça sobre a área do direito de autor, em conexão com o direito à cultura,[22] na tentativa de construção de um sistema de normas que tutele de forma justa a esfera da produção autoral, sem desprover a sociedade de seu papel e sem desacreditar na capacidade de criação humana. Essa tutela deverá, no entanto, encontrar como ponto de equilíbrio o devido balanceamento entre o *coletivo* – representado pelo interesse público no

---

o patrimônio cultural preexistente, cujo autor não pode não haver retirado, conflui na obra pelo filtro do conhecimento e da experiência do autor mesmo" (*tradução nossa*).

[21] Janson, op. cit., 1992, p. 16.

[22] "A tutela do direito autoral deve ser percebida de forma mais ampla, como um amálgama da proteção e promoção da diversidade cultural" (Wachowicz, O Novo Direito Autoral na Sociedade Informacional. In: WOLKMER, Antonio Carlos; LEITE, José Rubens Morato (orgs.). *Os novos direitos no Brasil*: natureza e perspectivas – uma visão básica das novas conflituosidades jurídicas. 3. ed., 2016, p. 391).

fruto da criação humana – e o *individual* – representado pelo titular espiritual da criação. Relevante, portanto, o binômio *interesse público* e *interesse privado* na obra estética, de um lado, a mitigar o excesso de limitações decorrentes do direito sobre a propriedade intelectual, que decorreria da leitura liberal do gênio como criador singular, e a mitigar, por outro lado, o excesso de coletivismo amorfo, que decorreria da leitura socializante, que impediria a formação da autonomia necessária à expressão do espírito humano numa falsa igualdade que, em verdade, aplaina o espírito humano. O direito de autor se caracteriza, pois, pela fusão de ambas as faces: a face social e a face liberal da obra estética.

9. O direito de autor, o direito à liberdade e à democracia

Do texto constitucional podem-se destacar, como *direitos fundamentais da pessoa humana*, os direitos ligados ao processo de criação e produção de cultura, conforme se percebe a partir da leitura dos *direitos individuais do autor* (art. 5.º, incisos. IV, IX, XXVII e XXVIII) e dos *direitos sociais*, constantes do Capítulo III do Título VIII, relativos à *educação* (arts. 205 e seguintes), à *cultura* (arts. 215 e seguintes), ao *desporto* (arts. 217 e seguintes), e, no Capítulo IV, relativos à *ciência e tecnologia* (arts. 218 e seguintes), e à *comunicação social* (arts. 220 e seguintes). Aqui, portanto, em sede constitucional, encontram-se os subsídios básicos para sediar o campo de compreensão dos direitos intelectuais. Ora decorrem sobre sua natureza aspectos de interesse exclusivamente individual, ora aspectos de interesse social e coletivo. Portanto, e de acordo com a orientação vinda da Convenção de Berna, a obra de espírito recebe o tratamento que concilia aspectos liberais e sociais relativos à identidade da obra estética e, portanto, às criações literárias, artísticas e científicas, objetos do direito de autor (e direitos e conexos aos do autor).

A liberdade de manifestação de pensamento, a possibilidade de organização política, a vedação de censura, a democratização do acesso à informação, a liberdade de imprensa e comunicação social, a segurança jurídica do marco normativo relativo aos direitos autorais, entre outros aspectos, representam aspectos fundamentais de expressão de direitos que contribuem para a formação de uma esfera pública consolidada e democrática, ampla e comunicativa, nos termos do pensamento do filósofo frankfurtiano Jürgen Habermas. Nesse sentido, a preocupação de sociedades democráticas no sentido de que nenhuma forma de governo possa obnubilar a construção de uma sociedade livre, e democraticamente livre significa também comunicativamente capaz de operar linguagem em política, e política em capacidade de ação para a conquista de direitos é exatamente a de dar ampla proteção, e de revestir de todos os instrumentos jurídicos possíveis, aos criadores e às respectivas criações.

Nessa perspectiva, as oscilações históricas conduziram a diversas conjunturas sociopolíticas, ora favoráveis, ora desfavoráveis ao crescimento e ao florescimento do pensamento. O homem como gênio inato, criador criado, constantemente atrelado a circunstâncias as mais variegadas, viu-se, por vezes – e não foram tão raros estes momentos, o que se constata por um estudo pormenorizado do problema da dominação exercido *pelo* intelecto, *através* do intelecto, e *contra* o intelecto –, impedido de exercitar livremente a faculdade criadora que lhe é inerente. Daí colocar-se em questão, neste ponto, a importância do estudo do *corpus mecchanicum* como uma entidade merecedora de atenção específica, uma vez ter sido o condutor da cultura mundana *per secula seculorum*, sobretudo desde sociedades de remota antiguidade. Por vezes, proscrito como instrumento da vaidade intelectual, por vezes deificado como portador do saber, a polêmica em torno de sua existência estimula a presente análise.

Matéria dotada de espírito, a disputa em torno da criação fez-se, durante os séculos, sobretudo pela recriminação da circulação de seu *corpus*. Se o pensamento pode desaparecer com o desaparecimento de seu portador, a obra cristalizada sobre a matéria, no entanto, lhe resiste. Assim, mister, para que se detenha a propagação do pensamento, também a fulminação de sua estrutura corporal. A essência da querela em torno do *corpus* se resume a isto, ou seja, tornar imperceptível o advento de uma criação desenraizando-a em seu surgimento corpóreo. Sabendo-se que a tangibilidade da obra acaba por resumir seu conteúdo eidético, tem-se também por consequente que a presença do pensamento faz-se por meio dos vestígios que deixa no espaço da "consciência cultural coletiva".

O *corpus mecchanicum* de toda obra é a expressão corpórea do pensamento, porém não só isto. É este meio de conhecimento, um dos muitos existentes, canal de comunicação, onde o projetado pelo autor e inscrito sobre o *corpus* pode-se tornar realidade na mente do fruidor; os signos dele constantes *significam*. São, sobretudo, portadores de ideias, as mais das vezes, ideias não desejadas, ou não abraçadas pela potestade. A presença do *corpus* pode, assim, significar um constante incômodo ao assentamento de uma ideologia antidemocrática. Conscientes de que os signos significam, e que estes são fatores indispensáveis para a comunicação e perpetuação do pensamento, homens lutaram pela sua eliminação do seio social. No entanto, não obstante terem se orientado corretamente pela premissa declinada – o combate deve ser dirigido ao autor do pensamento ao lado do próprio comba- te às materializações dadas à sua criação intelectual –, estavam inconscientes de que o pensamento é potência que não se desmancha com a força e, muito menos, que não se orienta sob as estreitas rédeas do poder, resultando-se por baldados os inescrupulosos esforços, que, perante o luminar irromper da cultura livresca e sua radicação social, impôs, sobretudo, como valor humano, talvez um dos mais nobres.

Em tantos períodos signo de poder, de riqueza, de dominação, de sabedoria, de mecenatismo, o *corpus* sempre esteve presente entre aqueles que dele faziam o instrumento de um desejo ou de um anseio.

Esta é a prova mais concreta de que a corporificação do pensamento não se resume à mera coisificação das ideias; sua função traspassa aquela outra do-

24 DIREITO DE AUTOR – *Carlos Alberto Bittar*

cumental, incumbindo ao *corpus* a perpetuação do diálogo entre o criador e a humanidade.

O exemplo da manipulação do saber, portanto, faz-se por meio da posse do *corpus;* tê-lo é ainda mais que simplesmente estar investido da condição de possuidor legítimo do bem, pois tê-lo representa tocar de bem perto seu conteúdo, manusear a própria arte, a própria ciência, a própria potência do pensamento, reter a criação *inter manus,* cercar o saber entre os dedos, ter-se por *dominus* do conteúdo que se encerra em seu interior. Sua estrutura e sua função consentem a manipulação.[23]

Com o tempo, armou-se o homem contra o cataclismo operado pelos elementos da natureza sobre suas manifestações expressivas. A história da destruição dos objetos de cultura, dos livros e a perseguição ao *corpus* das obras estéticas fazem parte do que, como desafio, se põe à humanidade para os próximos séculos. Como evitar o bibliocausto, a que se refere Fernando Báez, numa narrativa sobre a história da destruição dos livros? O risco da recaída no *index librorum prohibitorum,* a exemplo da Igreja Medieval, é sempre atual. Nazistas também perseguiram livros e autores. Comunistas estalinistas, da mesma forma. O totalitarismo anda de mãos coladas com as expressões negadoras da liberdade intelectual, ideológica e política, e, portanto, cultural.

Por isso, democrática e livre é a sociedade que pode cultuar o lugar da cultura, sem sofrer pressões e intromissões que controlem e limitem, indevidamente, as liberdades de expressão, pensamento, comunicação e intersubjetiva interação com o outro. Afinal, é do encontro entre *ego* e *alter,* comunicativamente, que se dão as condições de construção de relações racionais e processos de socialização bem-sucedidos. Uma vez que os homens são por natureza seres de linguagem – e assim os definamos com vistas à sua capacidade sígnico-logística de construção do pensamento e de expressão do mesmo –, estes empreendem seus ideais e realizam seus papéis dentro do tecido social a partir da constante e referente atividade de comunicação. A garantia de liberdade de comunicação, na comunicação, e por meio da comunicação, permite a exteriorização construtiva da razão (da razão comunicativa, da razão voltada ao recíproco entendimento), e os processos de racionalização da vida são fundamentais como expressão de cultura, conhecimento e conscientização. Na visão de Are:

> Dato che l'unico modo di agire dell'intelletto nel campo dei rapporti inter-subiettivi è costituito dalla sua comunicazione, esso verrà in considerazione, quanto meno ai fini della sua tutela, nel momento della sua espressione.[24]

---

[23] A respeito, *vide* Duby; Ariès, 1992, v. III, p. 126-131.

[24] Are, op. cit., 1963, p. 25. "Dado que o único modo de agir do intelecto no campo dos relacionamentos intersubjetivos é constituído de sua comunicação, isso virá em consideração, senão para fins de sua tutela, ao menos no momento de sua expressão" (*tradução nossa*).

As trocas simbólicas operam em níveis de necessidades simbólicas para a organização social.

Uma sociedade democrática se constrói pela maior comunicabilidade, que se perfaz, sim, mediante a atividade intelectual de todos e de cada um. A garantia de autorrealização da sociedade relaciona-se diretamente com a manutenção de um sistema aberto de comunicação entre seus membros. A supressão deste é a aniquilação, ainda que momentânea, da espontaneidade relacional intersubjetiva, e, por isso, expressão antidemocrática de controle e poder sobre a esfera da produção comunicativa humana. É lição corrente que a supressão do pensamento representa uma forma de controle, alienação e comando sobre os homens. Os súditos tornam-se alvo de uma manipulação flagrantemente simplista exercida pelas ideologias (realidades falseadas), ou pela ignorância (pura insapiência das condições históricas). A supressão da liberdade de manifestação e de expressão do pensamento é o instrumental de dominação mais amplamente eficaz que se pode lançar para a cunhagem de uma sociedade de vassalos. Uma sociedade de cidadãos, por isso, defende e protege, no âmbito de certas restrições e limites, o poder de criação, na forma assumida de direito de autor, como modo de proteção ante os ditames do poder que cerceia as liberdades de pensamento, de ação, de linguagem, de espírito e de crítica.

Ali onde a liberdade se consagra, ela não quer dizer liberdade absoluta ou irresponsabilidade. Por isso, a noção de liberdade democrática se conjuga com outras liberdades, e tantos outros bens constitucionalmente protegidos. A liberdade de expressão e de pensamento, no entanto, não devem ser o esconderijo atrás do qual – especialmente na era digital – se colocam as versões perversas e desumanas de quantos querem apenas violentar, invadir a privacidade, exercer *cyberstalking*, agredir, injuriar e manipular outrem.[25] Então, a liberdade se conjuga com deveres e responsabilidades (considere-se o uso da *internet* pelo internauta), relativos aos direitos da personalidade,[26] relativos à dignidade humana e relativos à esfera das liberdades do outro.

---

[25] "Obviamente, a Internet é um campo extremamente facilitador de abusos a tais direitos e, sem sombra de dúvidas, um catalizador de ofensas graves ou mentiras. Interessante que uma notícia que nasce como uma 'meia verdade', vai criando pernas e braços até se tornar uma história nova, impulsionada pela facilidade de comentários em 'likes/ curtir', capazes de atingir a honra, a imagem e a reputação social da pessoa relatada" (Schaal, Caparelli, *Conteúdo ofensivo, liberdade de expressão e o mundo moderno digital.* In: SCHAAL, Flávia Mansur Murad (org.). *Propriedade intelectual, internet e o marco civil*, 2016, p. 54).

[26] A esse respeito, consulte-se estudo mais detido sobre a violação dos direitos da personalidade em ambiente virtual, Bittar *Internet, cyberbullying e lesão a direitos da personalidade: o alcance atual da Teoria da Reparação Civil por Danos Morais. Homenagem a José de Oliveira Ascensão.* In: SIMÃO, José Fernando; BELTRÃO, Silvio Romero (coords.). *Direito Civil: estudos em homenagem a José de Oliveira Ascensão*, v. 1, 2015, p. 273-286.

III
O DIREITO DE AUTOR

10. O direito de autor: conceituação

Em breve noção, pode-se assentar que o Direito de Autor ou Direito Autoral é o ramo do Direito Privado que regula as relações jurídicas, advindas da criação e da utilização econômica de obras intelectuais estéticas e compreendidas na literatura, nas artes e nas ciências.

Como Direito subjetivista e privatista, recebeu consagração legislativa em função da doutrina dos direitos individuais, no século XVIII, que descende do jusnaturalismo liberal e do desenvolvimento da doutrina dos direitos fundamentais da pessoa humana. Inspirado por noções de defesa do homem enquanto criador, em suas relações com os frutos de seu intelecto, inscreve-se no âmbito do Direito Privado, embora entrecortado por normas de ordem pública exatamente para a obtenção de suas finalidades. Seu sentido mais atual impõe, cada vez mais, sua atualização diante das inovações tecnológicas e dos desafios do uso compartilhado do conhecimento.

As relações regidas por esse Direito nascem com a criação da obra, exsurgindo, do próprio ato criador, direitos respeitantes à sua face pessoal (como os direitos de paternidade, de nominação, de integridade da obra) e, de outro lado, com sua comunicação ao público, os direitos patrimoniais (distribuídos por dois grupos de processos, a saber, os de representação e os de reprodução da obra, por exemplo, para as músicas, os direitos de fixação gráfica, de gravação, de inserção em fita, de inserção em filme, de execução e outros).

As obras protegidas são as destinadas à sensibilização ou à transmissão de conhecimentos, a saber, as obras de caráter estético, que se inscrevem na literatura (escrito, poema, romance, conto), nas artes (pintura, escultura, projeto de arquitetura, filme cinematográfico, fotografia) ou nas ciências (relato, tese, descrição de pesquisa, demonstração escrita, bula medicinal).

11. Sistemas legislativos existentes

Perquirindo-se os diferentes regimes legislativos sobre direitos autorais, podem-se divisar, em especial por força de influências culturais e políticas, três grandes sistemas: o individual, o comercial e o coletivo.

O sistema individual (europeu ou francês) é o da Convenção de Berna, de caráter subjetivo, dirigido à proteção do autor e consubstanciado na exclusividade que se lhe outorga, permitindo-lhe a participação em todos os diversos meios de utilização econômica. Corolários desse regime são: o do alcance limitado das convenções celebradas pelo autor para a exploração da obra e o da interpretação estrita dessas convenções, em defesa dos interesses do criador. A proteção é conferida independentemente de registro da obra ou outra formalidade.

O sistema comercial é o desenvolvido nos Estados Unidos e na Inglaterra (e países que sofreram sua influência), relacionando-se com a proteção da cultura do país; daí por que se volta para a obra em si, em posição objetiva. O *copyright* é concedido ao titular, mas, para efeito de expansão da cultura e da ciência, exigindo-se formalidades para o gozo da exclusividade, conforme, inclusive, definido no contexto da Convenção de Genebra (1952).

O sistema coletivo era o da Rússia e dos países sob a sua égide, em que a proteção dos direitos se considerava elemento essencial para a expansão da cultura. A visão coletivista preponderava sobre a visão subjetivista. O Direito era reconhecido para o alcance do progresso do socialismo, ficando o respectivo regime jurídico sujeito à esquematização baseada na Convenção de Berna.

12. Denominações

Diferentes denominações recebeu ao longo dos tempos, em função da evolução experimentada ou em relação à posição doutrinária de seu propugnador, desde a expressão "propriedade literária, artística e científica", com que ingressou no cenário jurídico, a saber: "propriedade imaterial", "direitos intelectuais sobre as obras literárias e artísticas", "direitos imateriais", "direitos sobre bens imateriais", "direitos de criação" e, mais recentemente, "Direito Autoral", "direitos de autor" e "Direito de Autor". Fala-se, ainda, em "autoralismo".

Observa-se, atualmente, a preferência pelo nome "Direito de Autor", na doutrina, na jurisprudência e na legislação. As obras mais modernas já ostentam essa denominação, que os autores utilizam, aliás, indistintamente, ao lado da expressão "Direito Autoral" (neologismo introduzido por Tobias Barreto, em 1882). Assim, encontram-se os nomes *droit d'auteur, diritto di autore, Autorrecht, derecho de autor,* e equivalentes, mantendo-se, no entanto, no sistema anglo-norte-americano, em face de peculiaridades do regime, a designação de origem – *copyright* –, embora insuficiente para abranger todas as prerrogativas desse Direito.

Essa preferência denota a evolução que se processou na matéria, ditada, especialmente, pela ação dos estudiosos; pela celebração de tratados e convenções internacionais específicos; pela edição de leis próprias, destacadas da disciplinação dos Códigos; pela multiplicação das formas de utilização da obra intelectual, especialmente em ambiente virtual, que a tecnologia vem introduzindo; e a consequente especialização desse campo do Direito, como ressaltamos em nosso livro *Direito de Autor na obra feita sob encomenda*, editado em 1977 (em que apresentamos, na primeira parte, visão geral e atualizada do Direito de Autor, p. 1-25).

13. Natureza

Teorias várias foram oferecidas para explicar a natureza do Direito de Autor, em função do estágio de evolução em que se encontravam a matéria e a posição doutrinária de seu defensor, ora considerando-o como privilégio para incremento das letras e das artes, ora definindo-o como Direito de Propriedade, ora qualificando-o como Direito da Personalidade, além de inúmeras variações, combinações e certas posições singulares.

No entanto, em face de diferentes fatores e de elementos estruturais próprios, vem o Direito de Autor sendo considerado como um Direito Especial, *sui generis*, que não se insere dentro das colocações assinaladas, mas, ao revés, reclama a sua consideração como Direito Autônomo.

Com efeito, detendo-nos nas principais posições sustentadas, temos, de início, que a consideração como Direito de Propriedade está ligada ao próprio reconhecimento desse Direito e às dificuldades iniciais de categorização diversa, diante da então intangibilidade da classificação romana, que, aliás, embasou todo o trabalho de codificação. Como se tratava de Direito sobre coisa incorpórea, sua introdução no sistema codificado deu-se pela via dos direitos reais, como Direito de Propriedade imaterial. Entretanto, com isso, ganhou foros de Direito o então privilégio e, ademais, reconhecido ao autor da obra, a partir da observação de que a criação é o título atributivo dessa qualificação.

Mais tarde, com a evolução do aspecto pessoal, especialmente na jurisprudência, e a construção da teoria dos direitos da personalidade, arquitetou-se nova concepção para os direitos em tela, exatamente nesse campo. Defendeu-se, então, a posição de que, diante da ênfase conferida aos direitos morais, os direitos autorais consubstanciavam direitos sobre a própria pessoa. A defesa de aspectos personalíssimos, que a relação envolve, seria a razão própria do reconhecimento dos direitos.

Contudo, à medida que avançavam o progresso científico e o pensamento jurídico ao longo do século XX, foram aos poucos descartadas essas duas colocações, diante da respectiva insuficiência para explicar as diferentes nuanças dos direitos em causa, em especial quanto à convergência de direitos de órbitas diversas e o respectivo entrelaçamento no sistema autoral.

Com efeito, os Direitos Autorais não se cingem nem à categoria dos Direitos Reais, de que se revestem apenas os direitos denominados patrimoniais, nem à dos direitos pessoais, em que se alojam os direitos morais. Exatamente porque se bipartem nos dois citados feixes de direitos – mas que, em análise de fundo, estão, por sua natureza e sua finalidade, intimamente ligados, em conjunto incindível – não podem os direitos autorais se enquadrar nesta ou naquela das categorias citadas, mas constituem nova modalidade de direitos privados.

São direitos de cunho intelectual, que realizam a defesa dos vínculos, tanto pessoais quanto patrimoniais, do autor com sua obra, de índole especial, própria, ou *sui generis*, a justificar a regência específica que recebem nos ordenamentos jurídicos do mundo atual, também considerado o interesse cultural que se deposita sobre a obra de espírito.

14. Características básicas

O Direito de Autor, em consequência, é Direito especial, sujeito a disciplinação própria, apartada das codificações, perante princípios e regras consagradas, universalmente, em sua esquematização estrutural. Não é à toa que no Brasil, *à latere* do Código Civil de 2002, vige a Lei 9.610/98, a LDA

Com efeito, análise de sua conformação intrínseca demonstra, desde logo, a individualidade lógica e formal do Direito de Autor, na medida em que se reveste de características próprias, identificáveis na doutrina, na jurisprudência e na legislação, nacional e internacional.

Adentrando-se em sua ossatura, percebe-se, de fato, que se destacam certas particularidades, que o distinguem dos demais direitos privados e se acham cristalizadas no complexo normativo desse Direito, a saber: a) dualidade de aspectos em sua cunhagem, que, embora separáveis, para efeito de circulação jurídica, são incindíveis por natureza e por definição; b) perenidade e inalienabilidade dos direitos decorrentes do vínculo pessoal do autor com a obra, de que decorre a impossibilidade de transferência plena a terceiros, mesmo que o queira o criador; c) limitação dos direitos de cunho patrimonial; d) exclusividade do autor, pelo prazo definido em lei, para a exploração econômica da obra; e) integração, a seu contexto, de cada processo autônomo de comunicação da obra, correspondendo cada qual a um Direito Patrimonial; f) limitabilidade dos negócios jurídicos celebrados para a utilização econômica da obra; g) interpretação estrita das convenções firmadas pelo autor; h) licença não voluntária pelo interesse de acesso à cultura depositado na obra.

15. Breve histórico

Na Antiguidade, não se conheceu o Direito de Autor no sentido em que se expôs, embora alguns autores procurem vislumbrar a existência de um "direito moral" entre os romanos, em virtude da *actio injuriarum*, que admitiam para defesa dos interesses da personalidade. No entanto, esse direito situava-se, ainda, em plano abstrato, sem estruturação própria.

Os textos referem-se a duas orientações opostas, conforme se tratasse de obra escrita em pergaminho alheio ou de pintura executada em material de terceiro: no primeiro caso, a obra era havida como acessória do *corpus* e, portanto, propriedade do dono do pergaminho (Inst., Liv. 2, Tít. 1, § 33) e, no outro, a tábua era considerada *res extinta* (*D. de adqui domin.*, Liv. 9, § 2.°).

Na modernidade, com a descoberta da imprensa, por Gutemberg, nasceram os privilégios concedidos aos editores, pelos monarcas, para a exploração econômica da obra, por determinado tempo. Consistiam em monopólios de utilização econômica da obra, conferidos por dez anos.

A insuficiência do sistema e a necessidade de assegurar remuneração aos autores fizeram com que aparecesse o primeiro texto em que se reconhecia um direito, em 10.04.1710, por ato da Rainha Ana, da Inglaterra (*Copyright Act*) para incremento da cultura.

Seguiram-se a inserção de norma na Constituição dos EUA, de 1783, precedida de regras estaduais, e a edição *do Federal Copyright Act*, de 31.05.1790.

Decisões do Conselho do Rei, na França, começaram, outrossim, a assentar o Direito de Autor à sua produção, para garantir-lhe remuneração pelo seu trabalho, a partir de 1777, destacando-se, nessa fase, o advogado Héricourt. Vêm, em seguida, as leis de 13.07.1793 e de 19.07.1793, reconhecendo direitos exclusivos de permitir a execução de obras dramáticas e de propriedade dos escritos, de composições de músicas, de pinturas e de desenhos, em função da necessidade de reconhecimento da posição profissional do criador.

O aspecto moral manifestou-se, inicialmente, na concepção do delito de contrafação, independentemente do privilégio, na doutrina germânica. A noção foi sedimentada e burilada pela jurisprudência, principalmente na França.

Passou para os textos de Direito Positivo, depois da defesa feita por Hervieu, na Convenção de Berlim (1908), em que foi cogitado. Inúmeras leis referem-se hoje, por expresso, a esse Direito.

A unidade e a incindibilidade dos direitos autorais foram assentadas, por sua vez, graças à defesa de Piola Caselli, na Convenção de Roma de 1928.

16. Disciplinação legal

O Direito de Autor é disciplinado em nível internacional e no plano nacional, em constituições e em leis ordinárias.

No âmbito internacional, destaca-se o sistema instituído pelas Convenções de Berna ("União para a propriedade literária"), a primeira formalizada em 09.09.1886, que conta com a adesão de inúmeros países. Revisões foram levadas a efeito em Paris (de 15.04 a 04.04.1896), Berlim (de 14.10 a 14.11.1908), Roma (de 07.05 a 02.06.1928), Bruxelas (de 06.06 a 26.06.1948), Estocolmo (14.07.1967) e Paris (24.07.1971, modificado em 28.09.1979).

Além disso, existe o da Convenção Universal de Genebra (da UNESCO, de 06.09.1952), revista em Paris (1971). Outras convenções foram, ainda, realizadas,

32 DIREITO DE AUTOR – *Carlos Alberto Bittar*

como a de direitos conexos, de Roma (26.10.1961) e a de Genebra (29.10.1971). O Acordo TRIPS inova nas leis do Comércio Internacional.

Nesses conclaves, têm sido firmados princípios e orientações que imprimem certa uniformização à legislação interna dos países participantes.

No continente americano, o primeiro esforço deu-se no Congresso de Direito Internacional Privado de Montevidéu (11.01.1889), revisto na mesma cidade (04.08.1939). Outras convenções foram realizadas no México (27.01.1902), no Rio de Janeiro (23.08.1906), em Buenos Aires (11.08.1910), em Caracas (17.07.1911, regional), em Havana (18.02.1928, para revisão da de Buenos Aires) e em Washington (22.06.1946, que substituiu as demais).

O Brasil aprovou, em seu Direito interno, vários textos das convenções internacionais citadas, dentre as quais, as de Berlim (Decreto 15.330, de 21.06.1922), Roma (Decreto 23.270, de 24.10.1933), Bruxelas (Decreto 34.954, de 18.01.1954), Roma (Decreto 57.125, de 19.10.1965, de direitos conexos) e Paris (Decreto 79.905, de 24.12.1975), além das de Genebra (Decreto 48.458, de 04.07.1960), Convenção Universal, revisão de Paris (Decreto 76.905, de 24.12.1975, e Decreto 76.906, de 24.12.1975, de direitos conexos), e interamericanas, do Rio de Janeiro (Decreto 9.190, de 06.12.1911), Buenos Aires (Decreto 11.588, de 19.05.1915) e Washington (Decreto 26.675, de 18.05.1949). Aderiu, ainda, a outras convenções, como a que instituiu a Organização Mundial da Propriedade Intelectual (OMPI), de Paris, de 14.07.1971 (Decreto 75.541, de 31.05.1975), e a sobre sinais emitidos por satélites de comunicação, de Bruxelas, de 21.05.1974 (Decreto 74.130, de 28.05.1974).

17. Posição no Brasil

No Brasil, o aspecto moral foi reconhecido no Código Criminal de 16.12.1831 (art. 261), que instituiu o delito de contrafação, punido com a perda dos exemplares. Lei anterior, de 11.08.1827 – que criou os cursos jurídicos de São Paulo e de Olinda –, concedia privilégio exclusivo aos lentes sobre compêndio de suas lições (art. 7.°).

Inúmeros projetos foram oferecidos para a regulamentação do Direito de Autor (1856, 1875, 1861 e 1893), sem êxito. A edição de lei especial encontrava como óbice a influência da doutrina francesa, que sustentava que as ideias gerais não poderiam ser objeto de propriedade, e, como consequência, utópica seria a sua regulamentação.

Entretanto, em 01.08.1898, com fulcro na Constituição de 1891 – que o incluíra entre os direitos individuais (art. 72, § 26) –, surgiu a Lei 496, definindo o Direito Autoral sobre as obras literárias, científicas e artísticas, baseada no Projeto Medeiros e Albuquerque, que se abeberara na lei belga. A partir daí, extensa legislação foi expedida para reger esse Direito.

As demais Constituições mantiveram, à exceção da Carta de 1937, esse Direito, como um direito fundamental (Emenda de 1926, art. 72, § 26, Constituição de 1934, art. 113, inciso 20, Constituição de 1946, art. 150, § 25, Constituição de 1967, art. 153, § 25, Constituição de 1988, art. 5.º, XXVII e XXVIII).

O Código Civil de 1916 consagrou um capítulo especial à matéria, sob o título "Da Propriedade Literária, Científica e Artística" (arts. 649 a 673), no Direito de Propriedade, consoante a orientação que então prevalecia.

Os textos fundamentais no Brasil são os seguintes: Decreto 4.790, de 02.01.1924, que definiu os direitos autorais; Decreto 5.492, de 16.07.1928, que regulou a organização das empresas de diversões e a locação de serviços teatrais; Decreto 18.527, de 10.12.1928, que aprovou o regulamento do Decreto 5.492, de 1928; Decreto 20.493, de 24.01.1946, que aprovou o regulamento do Serviço de Censura de Diversões Públicas; Decreto 2.415, de 09.02.1955, que disciplinou a licença autoral para execuções públicas e transmissões pelo rádio e televisão; Decreto 1.023, de 17.05.1962, que alterou e revogou disposições do Decreto 18.627, de 1928; Lei 4.944, de 06.05.1966, que disciplinou os direitos conexos, e Decreto 61.123, de 02.05.1967, seu regulamento.

Em 14.12.1973, foi editada a Lei 5.988, regulando os direitos autorais em nosso país, em caráter sistemático e autônomo, seguindo-se os reclamos da doutrina, que, pela sua especificidade e pela multiplicidade de seus aspectos, desaconselhava a sua inclusão no Código Civil.

Após a lei, outros diplomas legais foram editados, regulamentando certas matérias, inclusive conexas, bem como modificando aspectos de sua regência, a saber: Lei 6.533, de 24.05.1978 (que regulamentou a profissão de artista e de técnico em espetáculos de diversões), Lei 6.615, de 16.12.1978 (que regulamentou a profissão de radialista), Lei 6.800, de 25.06.1980 (que introduziu modificações nos arts. 83 e 117 da Lei 5.988/1973, sobre discos, cassetes e cartuchos e sobre a inclusão de novas atribuições ao Conselho Nacional de Direito Autoral), Lei 6.895, de 17.12.1980 (que imprimiu nova redação aos arts. 184 e 186 do Código Penal) e Lei 7.123, de 12.09.1983 (que revogou o art. 93 e o inciso I do art. 120 da Lei 5.988/1973, extinguindo o denominado "domínio público remunerado").

O texto em matéria autoral (Lei 9.610, de 19.02.1998), que teve sua vigência procrastinada por uma ampla *vacatio legis* (120 dias da publicação), inaugura uma nova série de conquistas no plano dos direitos de autor. O caráter pioneiro dos institutos albergados no seio da Lei 5.988, de 14.12.1973, foi mantido, bem como o foi o direcionamento dos princípios constitucionais introduzidos com a Carta Magna de 1988. Alterações substanciais foram inseridas, e isto principalmente no que concerne ao aspecto tecnológico (como é exemplo o § 1.º do art. 7.º) e à abolição normativa do CNDA, mas a textura fundamental dos direitos em tela, patrimoniais e morais do autor, foi mantida.

34 | DIREITO DE AUTOR – *Carlos Alberto Bittar*

A preocupação com a manutenção da orientação perseguida desde a Convenção de Berna, de 9 de setembro de 1886, foi albergada pelo legislador que, consciente das modificações ocorridas no setor, houve por bem disciplinar a temática em texto normativo que, em sua base, é o texto revolucionário e unificador de 14.12.1973. As inovações introduzidas, a par das supressões operadas, resumem-se à: a) sistematização; b) unificação; c) atualização.

As disposições da Lei 9.610/1998 abrangem os direitos de autor e os direitos conexos aos do autor (art. 1.º) disciplinam o conceito e abrangência das obras protegidas (art. 7.º), conferem proteção ao autor que se identifica como tal por nome, pseudônimo ou sinal convencional (arts. 12 e 13), relacionam os direitos morais do autor (art. 24), disciplinam a utilização das obras e detalham normas a respeito dos direitos patrimoniais do autor (arts. 28 a 45), também descrevendo quais condutas não se constituem em ofensa a direitos autorais (arts. 46 a 48). Os direitos conexos vêm versados em espécie no Título V, bem como o associativismo e a proteção contra as violações de direitos autorais e conexos vêm dados nos Títulos VI e VII. Com previsão de vigência para 120 dias após sua publicação (art. 114), revoga a Lei 9.610, de 19.02.1998, expressamente, os arts. 649 a 673 e 1.346 a 1.362 do Código Civil de 1916, terminando com algumas querelas doutrinárias a respeito do Direito de Autor como Direito de Propriedade, o que de fato já vinha dado pelo texto do art. 134 da Lei 5.988, de 14.12.1973, e as Leis 4.944, de 06.04.1966 (que dispunha sobre a proteção a artistas, produtores de fonogramas e organismos de radiodifusão), excetuado o art. 17 e seus §§ 1.º e 2.º, 6.800, de 25.06.1980 (que dispunha sobre alteração da Lei 5.988, de 1973, quanto a dados em fonogramas e a competência do CNDA), 7.123, de 12.09.1983 (que dispunha sobre a extinção do denominado "domínio público remunerado", da Lei 5.988, de 1973), 9.045, de 18.05.1995 (que dispunha sobre a autorização do MED e do MC a disciplinarem a obrigatoriedade de reprodução, pelas editoras de todo o País, em regime de proporcionalidade de obras em caracteres braile, e a permitir a reprodução, sem finalidade lucrativa, de obras já divulgadas, para uso exclusivo de cegos), e, tacitamente, demais disposições em contrário, mantidas em vigor as Leis 6.533, de 24.05.1978 (que dispõe sobre os direitos dos artistas), e 6.615, de 16.12.1978 (que dispõe sobre os direitos dos radialistas).

Ficam, no entanto, ressalvadas a vigência e a aplicação das normas subsidiárias e complementares ao texto da Lei 9.610/1998, que não foram expressa ou tacitamente revogadas, sendo claro que a legislação civil codificada continua a representar o manancial básico de referência em matéria de direitos civis, quando inexistente regra específica para a disciplina de determinada questão de cunho prático. Neste sentido, a Lei 9.610/1998 exerce o mesmo papel anteriormente delegado à Lei 5.988/1973, o de regulamentar com caráter especial a matéria dos direitos autorais e conexos.

Inclusive, o Código Civil de 2002, não possuindo disposições específicas, delega à lei especial sobre a matéria (Lei 9.610/1998) a incumbência de regulamentar os direitos autorais.

Apesar de a Lei 9.610, de 19.02.1998 (agora reformada pela Lei 12.853/2013), cumprir a função de consolidar a legislação sobre direitos autorais, deve-se ressaltar a importância de sua leitura e interpretação conjugada, a cada caso com as seguintes e mais específicas normativas nacionais e internacionais, para a solução do caso concreto: Lei 9.279, de 24.05.1996, que regula direitos e obrigações relativos à propriedade industrial; Lei 8.685, de 20.07.1993, que dispõe sobre mecanismos de fomento à atividade audiovisual; Lei 4.680, de 18.06.1965, que dispõe sobre o exercício da profissão de publicitário de propaganda e dá outras providências; Decreto 57.690, de 1.º.02.1966, que aprova o regulamento para a execução da Lei 4.680, de 18.06.1965 – propaganda e relação agência e anunciante; Código de Autorregulamentação Publicitária; Lei 6.533, de 24.05.1978, dispõe sobre a regulamentação das profissões de artista e de técnico em espetáculos de diversões, e dá outras providências; Lei 6.615, de 16.12.1978, que dispõe sobre a profissão de radialista e dá outras providências; Decreto 84.134, de 30.10.1979; Lei 4.117, de 27.08.1962, que institui o Código Brasileiro de Telecomunicações, cuja matéria é hoje regulada pela Lei 9.472/1997; Decreto 26.675, de 18.05.1949, que promulga a Convenção Interamericana sobre os direitos de autor em obras literárias, científicas e artísticas, de 22.06.1946; Decreto 76.905, de 24.12.1975, que promulga a Convenção Universal sobre o Direito de Autor, revisão de Paris, 1971; Decreto 82.385, de 05.10.1978, que dispõe sobre as profissões de artista e técnico de espetáculos e diversões; Lei 8.977, de 06.01.1965, que dispõe sobre a TV a cabo; Convenção que institui a Organização Mundial da Propriedade Intelectual – OMPI, de 14.07.1967; Convenção de Berna para a Proteção das Obras Literárias e Artísticas, de 1886, atualizada em 1978; Convenção para a Salvaguarda do Patrimônio Imaterial, de 17.10.2003; Convenção Mundial para a Proteção do Patrimônio Mundial, Cultural e Natural, de 21.11.1972; Convenção sobre a Proteção e Promoção da Diversidade das Expressões Culturais, de 21.10.2005; Declaração sobre os Princípios Fundamentais relativos à Contribuição dos Meios de Comunicação de Massa para o Fortalecimento da Paz e da Compreensão Internacional para a Promoção dos Direitos Humanos e a Luta contra o Racismo, o *Apartheid* e o Incitamento à Guerra, de 28.11.1978; TRIPS – Acordo sobre aspectos dos direitos de propriedade intelectual relacionados ao comércio, de 1994. Eis os marcos normativos mais relevantes que se conjugam com o documento nacional, numa relação não exaustiva, mas ainda assim ampla para abarcar inúmeras específicas áreas de projeção do direito de autor.

As sucessivas e insistentes violações de direitos autorais pela reprografia ilegal, o avanço inusitado da pirataria, a avalanche de violações promovidas em ambiente virtual são desafios que colocam a Lei 9.610/1998 sob o exame da sociedade, interessada em melhor proteger o autor, mas empenhada também em adaptar seu

DIREITO DE AUTOR – *Carlos Alberto Bittar*

conteúdo à sociedade da informação, donde a necessidade dos estudos que motivam o Anteprojeto para a modernização da Lei 9.610/1998.

Se, na perspectiva do Anteprojeto, visa-se ampliar o alcance do direito de autor na perspectiva de sua conciliação com seu aspecto público e diante do direito de acesso à cultura, a reforma de fato consolidada, pela edição da Lei 12.853, de 14 de agosto de 2013, dedica-se apenas a modificar a LDA em alguns aspectos especialmente relativos à gestão coletiva dos direitos autorais, perdendo-se a oportunidade para um mais profundo e avançado trabalho de conciliação da Lei com a dinâmica da internet, bem como diante dos desafios decorrentes da inovação do conhecimento no século XXI. Assim, considerada uma reforma mais pontual e restrita, apesar de importante, a modificação da LDA promove alterações nos arts. 5.º, 68, 97, 98, 99 e 100 (art. 2.º da Lei 12.853/2013), e também promove acréscimos na teoria da Lei, a exemplo dos arts. 98-A, 98-B, 98-C, 99-A, 99-B, 100-A, 100-B e 109-A (art. 3.º da Lei 12.853/2013).

18. Autonomia

De há muito vem a doutrina defendendo o Direito de Autor como um Direito *sui generis*, integrado por componentes morais e patrimoniais, como um conjunto incindível, consoante assentou Piola Caselli na referida convenção.

Dentre nós, já sustentavam a posição singular do Direito de Autor: Lacerda de Almeida (*Direito Civil: direito das coisas,* v. 1, § 3.º) e Lafayette R. Pereira (*Direito das coisas,* 1943, § 24), entre outros autores. No Direito Comparado, também inúmeros escritores vêm pugnando por essa orientação (referidos em nosso citado trabalho).

No Brasil – como em todos os países que, a partir das convenções internacionais, reformularam o seu Direito Positivo, para editar normas especiais sobre a matéria, bem como aderiram ao sistema das organizações internacionais sobre os direitos intelectuais – a autonomia está consagrada no Direito Positivo: existe lei própria, com normas específicas sobre a disciplina em questão, que escapam ao Direito Comum.

A autonomia conceitual é inquestionável; os elementos apontados revelam a individualização desse Direito: a) dispõe de componentes próprios e bem definidos; b) princípios especiais existem à saciedade e enunciados desde as convenções internacionais, as quais lhe conferem certa uniformização legislativa; c) normas de índole particular são editadas continuamente.

Podemos, pois, sustentar, ao influxo dessas noções, que, no estágio atual da matéria, em decorrência das próprias necessidades práticas e dos negócios – que exigem crescente especialização –, o Direito de Autor já amadureceu suficientemente para vestir a roupagem de ramo autônomo do Direito.

Autonomia didática já possui, também, esse Direito: a disciplina é estudada, de forma independente e sistemática, em universidades de diferentes países: na

França, na Itália, na Alemanha, nos EUA e outros. No Brasil, na Universidade de São Paulo, a matéria consta do currículo de especialização (5.º ano do bacharelado) e do curso de pós-graduação, constituindo-se em área autônoma de estudos, no âmbito do Direito Privado. A matéria recebeu ainda maior incremento, quando, por ocasião de nosso concurso de titularidade, com a tese *Reparação civil por danos morais*, pudemos defender a autonomia científica deste ramo do Direito Civil, conferindo-lhe, inclusive, *status* de disciplina curricular autônoma nos quadros da Faculdade de Direito da Universidade de São Paulo, no Largo de São Francisco, tendo tido Antônio Chaves como predecessor, Fábio de Mattia e Rubens Limongi França como cultores, Carlos Alberto Bittar incentivou que este ramo mantivesse sua integridade, atualmente desenvolvido por Silmara Chinelato e pelos estudos de Antonio C. Morato.

IV

A MODERNIZAÇÃO DO DIREITO DE AUTOR NA SOCIEDADE DA INFORMAÇÃO

19. O direito de autor na sociedade da informação

Na sucessão de movimentos internos das fronteiras de modernização, a revolução provocada pela imprensa de tipos móveis do tipógrafo Johannes Gutemberg foi suficiente para constituir um enorme avanço da técnica e do conhecimento. A impressão de livros tornou possível a libertação dos limites do monopólio da palavra pela Igreja, no período medieval. Somado a esse avanço, a Revolução Antropocêntrica do Renascimento Cultural, a Reforma Protestante e a Revolução Francesa, constituirão novas configurações ao mundo moderno. No plano da produção, a Revolução Industrial irá ultimar estas transformações. É no albor destes processos que o Direito de Autor nasce como Direito liberal. No entanto, hodiernamente, o Direito de Autor se vê em profunda transformação, diante de uma nova onda de transformações, confrontando-se com a Revolução Digital. Trata-se, sem dúvida, de um processo de desmaterialização da vida, tal como constatado pelo sociólogo francês Gilles Lipovetsky,[1] em direção à nanotecnologia, à digitalização, à dimensão dos dados numéricos e das informações, período em que o Direito de Autor já se vê confrontado com concretos problemas técnicos e de eficácia de seus institutos,[2] mas também será desafiado a se reinventar, diante de novos desafios e perspectivas de atuação regulatória, com a necessidade de se adaptar a novas equações e exigências tecnológicas. Diante de intercâmbios comerciais digitais, transfronteiriços, velozes, invisíveis e totalmente convertidos na forma de dados, as fronteiras digitais desa-

---

[1] "Estamos agora em um cosmo dominado simultaneamente pela velocidade e pela corrida da miniaturização e da desmaterialização" (Lipovetsky, *Da leveza*, 2016, p. 112).

[2] "Atualmente, o arcabouço jurídico existente é revelador de uma falta crescente de efetiva proteção dos bens culturais existentes na Internet. Esses bens podem ser transmitidos, copiados, resumidos, permutados e até adulterados sem qualquer controle de seu legítimo titular e das autoridades estatais ou mesmo internacionais" (Wachowicz, O Novo Direito Autoral na Sociedade Informacional. In: WOLKMER, Antonio Carlos; LEITE, José Rubens Morato (orgs.). *Os novos direitos no Brasil*: natureza e perspectivas – uma visão básica das novas conflituosidades jurídicas. 3. ed., 2016, p. 379).

fiam os conhecimentos tradicionais a se adaptarem à Revolução Digital. Porém, fica evidente que há uma relativa desconexão da legislação autoral com certos desafios da tecnologia, isso não querendo significar que o Direito de Autor agora se tornou fronteira superada do Direito, pois acaba de receber especial centralidade, na medida em que a *estética* se tornou um elemento central da própria forma contemporânea de afirmação dos mercados.[3] E, nesse ponto, a exemplo do julgado do STJ (REsp 1.559.264-RJ, Rel. Min. Ricardo Villas Bôas Cueva, *DJe* 15/2/2017)[4] sobre tecnologia *streaming* (*simulcasting*; *webcasting*), o dinamismo do mundo digital deve ser objeto de atenta atualização e adaptação do Direito de Autor, por meio da atuação dos Tribunais. Por isso, é imperativo que a legislação da área (a exemplo da Lei de Proteção de Dados Pessoais, Lei 13.709/2018) acompanhe os novos fluxos de modernização e mudanças tecnológicas.

Os direitos autorais estão vivendo um processo de franco desenvolvimento, associado a uma grande dispersão e pulverização de seus aspectos mais centrais. Fundado na categoria do sujeito de direito, seja pessoa física, seja pessoa jurídica, o direito autoral vive um dilema histórico em sua transformação. Quando essas categorias não são mais suficientes para descrever o núcleo central das formas de exercício destes direitos, ou quando essas categorias se tornam impeditivas ao avanço da própria característica livre e criativa da área, afinal, envolvimento com o processo do desenvolvimento intelectual, cultural e tecnológico de um povo, então, impera a necessidade de revisão de seu marco normativo. É o que se vive atualmente no Brasil, sob a lógica, relevante e democrática, da participação da sociedade civil e do envolvimento das entidades ligadas ao setor, em torno de valores também democráticos, como o problema da ampliação do acesso à cultura, da derrubada das barreiras na esfera dos conhecimentos digitais, da transparência das deliberações relativas à distribuição dos recursos arrecadados por fundos de direitos autorais (como no caso do ECAD, tendo em vista o foco de modificação da LDA pela Lei 12.853/2013, entre outros), e questões desta natureza.

Na sociedade da informação, esta que pode ser definida como a sociedade em que a informação tem peso privilegiado no jogo dos interesses sociais, os direitos autorais não podem representar um empecilho ao desenvolvimento social e eco-

---

[3] "O estilo, a beleza, a mobilização dos gostos e das sensibilidades impõem-se cada vez mais como imperativos estratégicos das marcas: é um modo de produção estética que define o capitalismo do hiperconsumo. Nas indústrias do consumo, o *design*, a moda, a publicidade, a decoração, o cinema, o *show business* criam em massa produtos plenos de sedução, veiculam afetos e sensibilidade, construindo um universo estético prolífico e heterogéneo pelo ecletismo dos estilos que se desenvolvem" (Lipovetsky, Serroy, *O capitalismo estético na era da globalização*, 2014, p. 16).

[4] STJ. Disponível em: https://ww2.stj.jus.br/jurisprudencia. Acesso em: 16.01.2019.

nômico, mas, ao mesmo tempo, não podem representar uma forma tão flácida de regulação que deixe os próprios incentivadores da cultura, artistas, criadores, personalidades, músicos, escritores, redatores, tradutores, intérpretes, desprotegidos diante dos assédios da liberdade máxima das empresas e da fluidez completa do mundo digital. Sem dúvida, internet, redes sociais, Facebook, *blogs* e *chats,* portáteis, celulares e *laptops, iPods* e *iPads, gadgets,* HDs e *pen drives, e-books,* comunicação *on-line,* entre outros recursos que são fruto do desenvolvimento das telecomunicações e da informática, trazem estarrecimento e dificuldades regulatórias, uma vez que o próprio marco do direito nacional é posto em questão.

Há dificuldades regulatórias decorrentes de alguns fatores: a) a relação entre direito nacional e direito estrangeiro, e mesmo direito internacional, esfacelada pela violação que se opera sobrepondo-se à ideia de fronteiras físicas ou geopolíticas entre Estados-nação; b) transferência imediata de dados, independente de qualquer requisito formal, anuência do autor ou mediação e/ou conhecimento de instituições ou terceiros, facilitando violações, mas ampliando o horizonte de acessibilidade ao conhecimento, aos dados e às informações; c) diminuição sensível do nível de controle dos dados, da esfera da privacidade e da capacidade de controle da informação pelo autor ou possuidor de direitos sobre a propriedade intelectual. No mínimo, diante destas três questões, já se está diante de uma grande avalanche de transformações. No entanto, este é somente o começo de uma transformação mais profunda que deverá não somente colher os bens do espírito humano, mas deverá determinar de forma ainda mais grave a própria condição humana, com os avanços da cibernética e da genética intramolecular, por meio da nanotecnologia.

No entanto, no que se refere aos interesses envolvidos no desenvolvimento da área dos direitos de autor, deve-se considerar a privilegiada situação da legislação que neste âmbito atua como Lei Especial, diante da Lei Geral, que é o Código Civil. E, para tantos temas, a atual configuração da Lei 9.610/1998, mesmo com as alterações introduzidas pela Lei 12.853/2013, já se mostra insuficiente: para lidar com os usos privados de conteúdos de obras acessíveis pela internet, mediante *download,* para o que o *creative common* surge como uma reação espontânea, mas atual e necessária da própria sociedade; para lidar com a questão, mais do que complexa, da regulação da reprografia, e, principalmente, com a questão nela envolvida do direito ao acesso à cultura nas Universidades; a possibilidade de uso privado da obra autoral, sem que isto implique violação passível de reprovação cível e/ou criminal, perante a legislação; o desestímulo à pirataria, a partir dos esforços do Conselho Nacional de Combate à Pirataria e Delitos contra a Propriedade Intelectual (Decreto 5.244/2004), e ao comércio de baixo escalão, envolvendo a contrafação de obras, por meio de novas formas de autorização autoral e diminuição de custos para a circulação dos bens culturais como mercadorias; o acesso a obras que compõem um acervo que deve estar a salvo dos interesses meramente fisiológicos dos

42 | DIREITO DE AUTOR – *Carlos Alberto Bittar*

sucessores e herdeiros, quando se trata de priorizar o bem comum e o estímulo ao desenvolvimento da cultura de um povo e de um país, mediante as licenças obtidas por meio de recursos interventivos do próprio Estado.

Nesta agenda, está a confluência de interesses e ideologias liberais e sociais, e nenhuma das duas deve prevalecer sobre a outra, pois, em verdade, é da composição entre ambas que é possível a definição do direito de autor. Por isso, ainda que a nova legislação consiga avançar em muitos aspectos, considerando que a primeira década do século XXI promoveu grandes transformações nas práticas interativas, comunicativas e nas formas de preservação da informação, com a digitalização de acervos e a informatização de setores inteiros da sociedade (aí, inclusive, o Judiciário), não há como justificar que o marco regulatório se mantenha a distância dos mais dinâmicos influxos e transformações promovidos pela sociedade da informação.

À parte o desenvolvimento de legislação mais detalhista na regulação das *novas tecnologias*, e dos desafios que trazem, é também importante considerar o papel que novos projetos de lei que ainda estão em tramitação possuem no campo da atualização da legislação autoral para efeitos de adaptação às tecnologias digitais. Para situações de conflito entre normas, dever-se-ão observar as relações mais diretas entre a incidência de dispositivos do Marco Civil da Internet (Lei 12.965/2014), da Lei Geral de Proteção de Dados Pessoais – LGPD (Lei 13.709/2018), do Código Civil de 2002 e da Lei de Direitos Autorais (Lei 9.610/98). Para que se garanta a liberdade de expressão e a ampla disseminação de conteúdos, o provedor de conexão da internet somente poderá ser responsabilizado por danos, nos termos da Lei 12.965/2014 (Marco Civil da Internet), de acordo com o disposto no § 2º do art. 19. Neste tocante, não se pode olvidar de mencionar a nova redação que a Lei 10.695/2003 confere aos dispositivos do Código Penal, concernentes à proteção dos direitos autorais. Muito menos, se pode olvidar o teor do Projeto de Lei 5.675/2019, ainda em tramitação, que confere nova redação à Lei de Direitos Autorais, em particular incluindo o dispositivo 98-B (acréscimo do § 2.º), para prever o aperfeiçoamento dos sistemas de apuração administrados por associações de gestão coletiva de direitos autorais, principalmente diante do desafio da ampla difusão de conteúdos digitais, que se encontram fora de controle.

Por fim, e mais recente, deve-se mencionar a importante inovação trazida pela Emenda Constitucional 115, de 10 de fevereiro de 2022, por meio da qual o art. 5.º da Constituição Federal de 1988 foi alterado, para acrescentar o inciso LXXIX, que trata de uma nova modalidade de direito humano fundamental, a saber, o direito à proteção dos dados pessoais, nos seguintes termos: "é assegurado, nos termos da lei, o direito à proteção dos dados pessoais, inclusive nos meios digitais".

Assim, tem-se percebido que os usos digitais vêm facultando uma ampla gama de aplicações de músicas, imagens, conteúdos de obras literárias, artísticas e científicas, sem o necessário consentimento ou sem o necessário uso correto (referenciado) das obras. Se pessoas físicas ou jurídicas se apropriam de conteúdos

Cap. IV • A MODERNIZAÇÃO DO DIREITO DE AUTOR NA SOCIEDADE | 43

alheios estarão sujeitos aos efeitos de responsabilização civil ou criminal, inerentes à defesa dos direitos autorais. A *internet*, a cultura *digital*, a aceleração das trocas comunicativas em ambientes *on-line*, a ampla difusão *digital* de conteúdos, o uso de *imagens*, músicas, criações alheias em publicidades vêm permitindo a formação de uma cultura de que tudo é público e aberto, que é avessa à tradição de proteção dos direitos autorais. Assim, apesar da Lei de Direitos Autorais, em seu art. 18 ("A proteção aos direitos de que trata esta Lei independe de registro") prever que não haja a necessidade de *registro* para que se configure a existência do Direito de Autor (liame entre autor(a) e obra), vem-se recomendando cada vez mais, diante da profusão de situações de violação em ambiente digital, que o registro de obra autoral seja feito junto à Biblioteca Nacional, como aliás o site da instituição insiste em divulgar, como forma de *prevenção* e de *prova* de direitos.[5] As campanhas de disseminação da informação e de controle dos ambientes digitais, especialmente conduzidas pelas entidades de área (a exemplo, a campanha "O respeito ao direito autoral é fundamental para ampliar a cultura", levada adiante pela *Associação Brasileira de Direitos Reprográficos* – ABDR),[6] exercem um papel determinante nas tarefas de criação de uma cultura favorável ao respeito aos direitos autorais, pois a desinformação acaba permitindo uma ideia de franca abertura, que conduz a situações de exploração indevida de criação autoral, ou ainda, de lucro indireto por *sites* e *ambientes digitais* marcados pelo desrespeito aos direitos autorais.

20. Consulta pública, participação democrática e reforma da Lei de Direito de Autor

Quando a Lei 5.988/1973 foi editada, a área do direito de autor no Brasil sequer possuía marco normativo próprio. A regulamentação da área se fazia por meio de alguns dispositivos do Código Civil de 1916. A regulamentação da área era não somente precária, como a condição do desenvolvimento intelectual, cul-

---

[5] "Se você é o criador de uma **obra intelectual** (obra literária, artística, científica ou qualquer outra espécie de criação intelectual, nos termos da Lei 9.610/98) ou se você é titular de direitos autorais sobre uma obra intelectual, transferidos por contrato (cessão) ou herança, você pode solicitar o registro **para garantir maior segurança jurídica e evitar ou facilitar a resolução de conflitos judiciais e extrajudiciais futuros através da certificação pública de sua declaração de autoria ou titularidade sobre a obra intelectual**. O serviço possui como resultado o assentamento (registro) e a publicação das informações legais declaradas pelo autor/titular no requerimento de registro, conforme cópia da obra intelectual depositada. Além disso, é garantida a preservação da cópia da obra intelectual registrada, pelo prazo de duração dos direitos patrimoniais, para consulta e referência futura, ressalvadas as restrições de acesso às obras inéditas, em atenção aos direitos morais do autor" (Biblioteca Nacional, disponível em: https://www.bn.gov.br/servicos/direitos-autorais, consulta em 17.03.2022).

[6] Disponível em: http://www.abdr.org.br/site/. Acesso em 17.03.2022.

tural e mesmo da própria classe artística eram precários no País, que padecia seja de uma exploração mais intensa dos movimentos de criação intelectual, seja de maior proteção aos autores e criadores, artistas e intelectuais, que são os vetores do processo de criação autoral.

O País progrediu muito nas últimas décadas, e isto trouxe consigo a necessidade de modificação da legislação privada, com a unificação dos Códigos Civil e Comercial no Código Civil de 2002, mas também, um pouco antes, com a própria reforma da Lei de Direito de Autor, consolidada no texto da Lei 9.610/1998, que revogava a de 1973, modernizando as técnicas regulatórias para o setor. No entanto, os avanços não param por aí, e é por isso que a atual discussão pública em torno da Legislação Autoral registra uma história sem precedentes no País, ou seja, uma história de construção colaborativa e coordenada entre Estado e Sociedade Civil, do novo marco regulatório do setor.

A consulta pública aberta em 2010 pelo então existente Ministério da Cultura à sociedade civil (numa longa gestação que se estendeu de 2010 a 2013), envolvendo pessoas físicas, entidades representativas, ONGs e terceiro setor, além de empresas e interessados, estudiosos e acadêmicos, permitiu uma inusitada experiência de confluência democrática, nos interesses de modernização e consolidação de uma legislação que esteve de acordo com a sinergia do setor no mundo da informática e da pluralização dos canais de produção do conhecimento e de dispersão de informação. Este é um registro de amadurecimento da vida democrática no País e um forte indício da existência de uma esfera pública política não estatalizada, capaz de se mobilizar, participar e pressionar por decisões que estejam conformes aos mais contemporâneos interesses gestados pela área.

No entanto, apesar do processo de consulta à sociedade ter sido marcado por fortes inovações e transformações na concepção do marco normativo da LDA, o texto de Lei definitivamente aprovado (Lei 12.853/2013) apenas se restringe a modificar a gestão coletiva dos direitos autorais, especialmente considerada a franca defasagem e os reclamos mais ardentes da classe dos artistas diante do ECAD, perdendo-se a oportunidade de operar uma mais profunda renovação do conceito de direito de autor, e, ainda mais, de avançar diante dos desafios contidos na conciliação da legislação com a dinâmica do mundo virtual, que continuará a operar modificações na forma de interagirmos com o conhecimento, ainda que a despeito da legislação vigente.

V
O OBJETO

21. Criações regidas pelo direito de autor

Como a atuação do intelecto converge ou para a satisfação de objetivos estéticos, ou para a produção de bens materiais, de sua exteriorização resultam – conforme anotamos – duas espécies de obras: as de cunho estético e as de cunho utilitário, submetidas, as primeiras, ao regime do Direito de Autor e, as segundas, ao do Direito de Propriedade Industrial.

Isto significa que o objetivo do Direito de Autor é a disciplinação das relações jurídicas entre o criador e sua obra, desde que de caráter estético, em função, seja da criação (direitos morais), seja da respectiva inserção em circulação (direitos patrimoniais), e perante todos os que, no circuito correspondente, vierem a ingressar (o Estado, a coletividade como um todo, o explorador econômico, o usuário, o adquirente de exemplar).

Inúmeras expressões são utilizadas para designar a criação estética: "obra", "obra de engenho", "obra intelectual", "criação" ou "produção de espírito", "obra de espírito", e outras, inclusive com a especificação de seu conteúdo, a saber: "obra literária, artística e científica".

Com efeito, são as emanações do gênio humano das artes, da literatura, da ciência que recebem proteção no âmbito do Direito de Autor.

22. Criações não alcançadas

Com isso, pode-se verificar que nem todo produto de intelecto interessa ao campo desse Direito ou nem toda produção intelectual – apartadas já as obras "utilitárias" ou "industriais" – ingressa em seu esquema lógico (como as criações que respondem a considerações religiosas, políticas, de ofício público e outras).

Com efeito, para certas manifestações intelectuais, em função de razões ligadas a interesses coletivos, seja por sua natureza, origem ou destino, afasta-se, como exceção, a incidência do Direito de Autor (como nos atos oficiais diante do cumprimento de múnus público: textos de leis, regulamentos, de-

46 | DIREITO DE AUTOR – *Carlos Alberto Bittar*

cisões judiciais; nos formulários; nas notícias de jornais e de periódicos; nas notícias e informações em cartas missivas, perante o direito de informação e a comunicação pessoal).

Então, de acordo com a legislação em vigor, não são objeto de proteção como direitos autorais certas criações, quais sejam: "I – as ideias, procedimentos normativos, sistemas, métodos, projetos ou conceitos matemáticos como tais; II – os esquemas, planos ou regras para realizar atos mentais, jogos ou negócios; III – os formulários em branco para serem preenchidos por qualquer tipo de informação, científica ou não, e suas instruções; IV – os textos de tratados ou convenções, leis, decretos, regulamentos, decisões judiciais e demais atos oficiais; V – as informações de uso comum, tais como calendários, agendas, cadastros ou legendas; VI – os nomes e títulos isolados; VII – o aproveitamento industrial ou comercial das ideias contidas nas obras" (art. 8.º da Lei 9.610, de 19.02.1998).

Respeitam essas limitações a exigências da vida pública (como quanto aos discursos políticos, em assembleias e conclaves, a artigos de crítica e de polêmica), a conotações didáticas (caso das coletâneas, compilações, diante da necessidade de difusão de conhecimentos) ou científicas (caso das críticas, das citações, em função do interesse na divulgação, na aplicação e na evolução do pensamento e das artes). Incide aqui a imperiosidade do público sobre o privado.

Também no tocante à licitude, seja quanto a desrespeito ao Direito e mesmo à moral, sofre restrição a criação, como na obra retirada de circulação por decisão judicial irrecorrível, a que a lei obsta o exercício de direitos.

23. A esteticidade como elemento fundamental

De outro lado, considerados à luz do Direito de Autor, os conceitos de "obra literária, artística e científica" abarcam certas criações que, a rigor, não realizam objetivos estritamente identificáveis com essas noções (como as obras didáticas, as de fins recreativos e outras), especialmente as obras de caráter publicitário.

Por isso, em nosso livro *Direito de Autor na obra publicitária*, editado em 1981, e atualizado em 2010, realizamos longa investigação a respeito da matéria, procurando definir os respectivos contornos, para concluir que se insere como tal a obra que resulta de atividade intelectual do autor e objetivamente demonstra função estética, nos domínios literário, artístico e científico (p. 23 e seguintes), indicando os vários tipos já reconhecidos na experiência do setor.

Assim, as obras que por si realizam finalidades estéticas é que se incluem no âmbito do Direito de Autor. Delas separam-se, desde logo, as de cunho utilitário (produtos para aplicação industrial ou comercial: modelos, desenhos, inventos). A dimensão estética das criações do espírito é alvo da tutela especial do direito de autor, considerando a importância de proteção da originalidade do processo criativo, da contribuição personalíssima inserida por meio dos atos de cultura que são fruto das atividades culturais, literárias e científicas, o que justifica o destaque de tratamento conferido às obras utilitárias.

24. Diferença das obras utilitárias

As primeiras atendem a exigências puramente intelectuais (de esteticidade ou de conhecimento). Sabendo-se que é na modernidade que o termo estética ganha uso, surgiriam os direitos decorrentes das atividades estéticas. Possuem valor estético autônomo, independentemente de sua origem, de sua destinação ou de uso efetivo. O atributo encerra-se em si mesmo, nas formas criadas (romance, música, pintura, poesia).

As segundas têm por objetivo a consecução de utilidades materiais diretas. Apresentam apenas função utilitária. Materializam-se em objeto de aplicação técnica (móveis, máquinas, aparatos, inventos).

Não importam, nessa qualificação, os condicionantes fáticos e volitivos em sua exteriorização, revelando-se os atributos correspondentes em sua própria essência; assim, não se cogita da origem (pode a obra nascer no seio de atividade empresarial, sem alterar a sua substância, por exemplo, ocorre com a obra publicitária), nem do uso efetivo (assim, a obra artística utilizada em fim industrial: reprodução pictórica em embalagem, ou em produto industrial), nem de sua destinação (se a criação foi reservada para esse ou aquele fim: uma canção produzida especificamente para integrar *jingle* comercial, um desenho realizado para compor marca industrial, uma gravura para material escolar).

Isso porque são possíveis os usos industrial e comercial de obras estéticas – sem qualquer afetação à sua condição –, eis que suportam reproduções por meios os mais diversos (fotografia, xerografia, microfilmagem). De outro lado, a obra utilitária pode, por sua vez, servir a objetivos diversos, ou sequer ser utilizada para o fim visado, ou mesmo alcançar objetivo não cogitado (como fotografia em cartão, gravura em azulejo).

Com efeito, as obras intelectuais podem, ou não, atingir resultado material, conservando, todavia, o seu caráter intrínseco, conforme exista, ou não, concorrência de elementos criativos e funcionais (por exemplo, nos desenhos industriais e nos modelos ornamentais). Não havendo essa conjugação, mas somente elementos técnicos, não estará a obra sujeita ao regime do Direito de Autor.

25. A posição da obra de arte aplicada

Havendo a combinação, tem-se a denominada "obra de arte aplicada", criação intelectual que, apresentando, ao lado do caráter estético, conotações utilitárias, é usada em fins industriais ou comerciais.

48 DIREITO DE AUTOR – *Carlos Alberto Bittar*

Conjugando-se esses elementos, desde a criação, é a obra integrada ao processo econômico, possibilitando a consecução de melhores efeitos na comercialização, cada vez mais dominada pela sofisticação dos mercados. De outro lado, inseparáveis esses caracteres, opera-se a proteção da obra nos dois citados campos, reunidos os requisitos legais.

A simbiose natural na obra de arte aplicada (como na tapeçaria, onde artísticas e ornamentais são as criações; na denominada "arte postal", onde avultam cartões e catálogos artísticos, nos *designs*) pode também ocorrer por justaposição ou superposição (por exemplo, na estampagem, na embalagem de produtos, com uso de bonecos ou figuras estéticas, com a constante multiplicação de contratos de *merchandising*), dando ensejo à dupla proteção. A obra de arte aplicada, desde que exista dissociação do valor artístico do caráter industrial do objeto a que se sobreponha, sufraga, assim, a tese da autonomia estética da criação e, quanto à dissociação, a teoria abraçada na lei italiana.

26. A proteção da forma no direito de autor

Outrossim, para a proteção da obra, não se leva em conta o respectivo valor ou mérito. Daí entende-se que, para a incidência no sistema autoral, não se cogita de análise de seu valor intrínseco, em face da subjetividade que se instalaria na sua determinação em concreto. Não importa a sua tendência, a obra é sempre protegida.

Assim, mesmo as obras de mínimo valor intelectual encontram abrigo no plano autoral, desde que revelem criatividade, inclusive se o uso se não inserir no contexto das artes, ciências ou literatura (como ocorre, por exemplo, com manuais de culinária).

No entanto, para a integração ao respectivo sistema, a criação deve consubstanciar-se em uma concepção (ideação, plasmada sobre determinada forma). É esta que recebe, como exteriorização do pensamento ou da arte, a proteção do Direito de Autor, nela compreendendo-se a forma externa e interna (conteúdo intelectual).

Com efeito, esse Direito não alcança as ideias em si, senão enquanto inseridas e entrelaçadas em formas literárias (sonetos, poemas, cantos, romances, livros), artísticas (pinturas, esculturas, arquiteturas, filmes, dramas) e científicas (relatos de pesquisas, artigos científicos, estudos, livros arrazoados, pareceres, teses, monografias). Entende-se que, como produto do acervo comum da humanidade, as ideias são suscetíveis de uso livre, escapando ao regime protetivo autoral.

Assim, a obra protegida em seu contexto é aquela que constitui exteriorização de uma determinada expressão intelectual, inserida no mundo fático em forma ideada e materializada pelo autor.

A criatividade é, pois, elemento ínsito nessa qualificação: a obra deve resultar de esforço intelectual, ou seja, de atividade criadora do autor, com a qual introduz na realidade fática manifestação intelectual estética não existente (o *plus* que acresce ao acervo comum), e, com isso, aprimora o patrimônio cultural mundial.

27. A originalidade como requisito básico

Cumpre, a par disso, haver originalidade na obra, ou seja, deve ser integrada de componentes individualizadores, de tal sorte a não se confundir com outra preexistente. Há que ser, intrínseca e extrinsecamente, diferente de outras já materializadas. Deve revestir-se de traços ou de caracteres próprios, distintos de outros já componentes da realidade.

Entretanto, esse conceito deve ser entendido em termos objetivos: a identificação de elementos criativos próprios faz entender-se *original a obra*. A tendência, a propósito, é a da proteção de toda e qualquer obra estética, desde que individualizada por essência própria.

Ademais, apresenta a originalidade caráter relativo, não se exigindo, pois, novidade absoluta, eis que inexorável é, de um ou outro modo, o aproveitamento, *até inconsciente, do acervo cultural comum*. Basta a existência, pois, de contornos próprios, quanto à expressão e à composição, para que a forma literária, artística ou científica ingresse no circuito protetor do Direito de Autor.

Aliás, é nessa relatividade que as obras derivadas (adaptações, resumos, arranjos) encontram espaço nesse contexto, gozando de proteção semelhante às obras originárias, desde que autorizada pelo criador a sua consecução (embora aproveitem ideias da anterior, ou, mesmo, componentes outros). São os chamados direitos conexos do autor.

28. A inserção em suporte

Identificados esses pressupostos, cumpre anotar, em seguida, que, para receber o amparo legal, a criação deve ser exteriorizada e inserida em suporte.

Com efeito, enquanto na mente do autor, não se pode cogitar da proteção legal da obra, que somente passa ao mundo físico quando plasmada na forma possível.

A obra (*corpus misticum*) deve ser incluída em um suporte material (*corpus mechanicum*), salvo nos casos em que oral é a comunicação, quando se identifica e se exaure, no mesmo ato, a criação (aula, palestra, discurso, dança, mímica e outras). No entanto, se a manifestação oral for gravada, surgem direitos autorais e de imagem.

Cada manifestação estética tem sua forma de extrinsecação, coexistindo, muitas vezes, com respeito à mesma obra, por sua natureza, modos diferentes de comunicação (como um mesmo romance adaptado para o cinema, para a televisão, para o teatro, ou resumido, ou transformado em conto, e assim por diante).

São protegidas as obras que se exteriorizam pela palavra oral (discurso, conferência, aula, palestra) ou escrita (livro, artigo, verbete), gestos (mímica, pantomima, gesto, coreografia), sinais ou traços (desenho, mapa), sons (melodia, ópera, obra radiofônica), imagens (filme, videofilme, *show*, novela), figuras (pintura, escultura, arquitetura) e pela combinação de um ou mais meios de expressão (obra teatral, cinematográfica e radiofônica).

29. Obras protegidas: as obras originárias

Entretanto, as obras intelectuais ou são autônomas, nascidas sem qualquer vinculação a outra (obras originárias ou primígenas), ou dependem de outra, de que se originam, por vários processos, como os de transformação, de incorporação ou de adaptação (obras derivadas), ambas suscetíveis de proteção, mas com diferenças na respectiva regulamentação (art. 5.º, inciso VIII, alíneas *f* e *g*, da Lei 9.610/1998).

No âmbito das criações originárias ou primígenas encontram proteção todas as obras literárias, artísticas e científicas, identificáveis, doutrinariamente, pela esteticidade intrínseca e, legalmente, pela originalidade da forma.

Essa orientação advém da primeira Convenção de Berna (1886), quando, ao se proceder à enunciação das obras protegidas pelo Direito de Autor, se perfez enumeração exemplificativa, dada a dificuldade de catalogação definitiva, à qual foi ainda acrescida fórmula geral, ideada para abranger outras e futuras manifestações dos domínios citados, em razão, especialmente, da evolução tecnológica.

Com isso, tem-se tornado possível a contínua absorção de novas formas de expressão intelectual nesse campo, que o progresso tecnológico vem introduzindo ao longo dos tempos.

Na redação do texto, ainda, por assemelhação, previu-se a inserção dessas novas formas, em função inclusive de debate havido com respeito à exata qualificação da obra fotográfica: se técnica, apartável desse regime; ou estética, integrável ao sistema. Deixou-se então a cada país convenente a sua conceituação, tendo, mais tarde, por força da evolução da expressão estética, sido incluída, expressamente, no âmbito do regime. Com base na diretriz assumida, as leis internas dos países também adotaram a técnica da enumeração exemplificativa de obras protegidas, permitindo, pois, a integração de outras criações estéticas ao seu contexto (assim, entre nós, a Lei 9.610/1998, art. 7.º).

Nas revisões posteriores das Convenções, criações outras foram incluídas no rol, desde o texto inicial (art. 4.º) (atual art. 2.º na Convenção de Paris, de 1971, que estabelece, na redação vigente, que "os termos 'obras literárias e artísticas' compreendem todas as produções do domínio literário, científico e artístico, qualquer que seja o seu modo ou forma de expressão, tais como: os livros, folhetos e outros escritos; as conferências, alocuções, sermões e outras obras da mesma natureza; as obras dramáticas ou dramático-musicais; as obras coreográficas e as pantomimas; as composições musicais, com ou sem palavra; as obras cinematográficas às quais são assimiladas as obras expressas por processo análogo à cinematografia;

as obras de desenho, pintura, arquitetura, escultura, gravura e litografia; as obras fotográficas, às quais são assimiladas as obras expressas por um processo análogo ao da fotografia; as obras de artes aplicadas; as ilustrações e as cartas geográficas; os planos, esboços e obras plásticas relativas à geografia, à topografia, à arquitetura ou às ciências").

30. As obras derivadas

Derivadas, por sua vez, são as obras em que se retoma outra preexistente, em parte ou integralmente, por diferentes processos de elaboração intelectual (transformação, incorporação, complementação, redução, junção, reunião). Nasce, assim, outra criação que, se independente esteticamente (art. 5.º da Lei, inciso VIII, alínea g), também merecerá proteção no plano do Direito de Autor, a exemplo da obra originária, e sem prejuízo dos respectivos direitos.

No entanto, no estatuto das obras derivadas, duas ideias básicas devem ser assentadas, distinguindo o respectivo regime do daquelas: de início, como importam em uso de criação alheia, não prescindem de autorização do autor da obra originária (Lei 9.610/1998, art. 29), a menos que estejam no domínio público (ou comum, ou seja, quando não mais exista a exclusividade do autor) ou sejam alvo de licença obrigatória (Anteprojeto); ao depois, as elaborações consistentes em reunião de textos diversos devem, em concreto, evidenciar a existência de criação intelectual, pelos critérios de seleção e de organização (art. 7.º, inciso XIII, com a observação do § 2.º) (como nas coletâneas e coleções, seletas, antologias – onde deve haver linha diretiva própria – em dicionários, enciclopédias, periódicos, jornais e outras; assim, em uma seleta sobre determinado período literário, integrada por comentários e notas pessoais próprias; ao contrário, em coletânea de textos legislativos, com simples remissões, não se pode falar em obra passível de proteção).

Consistem, pois, em novas elaborações intelectuais sobre criações existentes, sem concurso direto dos respectivos titulares na sua realização. Geram novas obras que, obedecidos os pressupostos referidos, ingressam no âmbito do Direito de Autor (denominadas "de segundo grau", como as traduções, que são expressões novas, ou reproduções em línguas diferentes; as adaptações: transformações em gêneros diferentes, como do romance em novela, em filme, em peça teatral, inclusive com a adoção da linguagem própria; as antologias: reuniões de textos ou de partes de obras alheias, sob determinada orientação, por exemplo, de poesias de autores de determinada escola literária; as obras compostas, ou seja, obtidas pela incorporação de outra existente, material ou intelectual, como no comentário; na ilustração musical de poema, ou na adaptação; as compilações; os resumos; os arranjos; as variações e outras).

Nessas obras, inexiste participação do autor na consecução, que deve, no entanto, ser consultado para a respectiva autorização, salvo: a) quando declarada livre, pela lei, a utilização, pela natureza da obra, como acontece com as paráfrases: explicações desenvolvidas de uma obra, desenvolvimentos de textos; e as paródias: imitações ou deformações cômicas de obra existente, geralmente em tema diverso, mas, quanto a estas, observando-se o respeito à personalidade do criador da obra originária; ou b) por força de interesses de ordem pública, nas denominadas limitações aos direitos autorais (art. 46), como nas hipóteses de citação, de finalidade didática, científica, ou de crítica, e outras, observados, no entanto, os estritos termos de cada qual; c) nos casos de licença não voluntária.

No regime dessas obras, prospera o princípio de autonomia estética, de sorte que cada autor conserva o direito sobre a respectiva produção, podendo utilizá-la separadamente (art. 15, § 2.°).

Nas derivações decorrentes de obras caídas em domínio público, em que a lei assegura direitos ao respectivo elaborador (na tradução, adaptação, arranjo ou orquestração), não poderá, no entanto, o titular opor-se a novas criações, a menos que sejam simples reproduções de seu trabalho (art. 14) (princípio da liberdade de utilização na fase do domínio público).

31. Enunciação de obras protegidas: originárias e derivadas

Na enunciação das obras sujeitas ao regime autoral, a lei brasileira define obras intelectuais como "criações do espírito de qualquer modo exteriorizadas", tais como, em seu art. 7.°, "as criações do espírito, expressas por qualquer meio ou fixadas em qualquer suporte, tangível ou intangível, conhecido ou que se invente no futuro", listando-as, em seguida, conforme o que aqui se transcreve: "I – os textos de obras literárias, artísticas ou científicas; II – as conferências, alocuções, sermões e outras obras da mesma natureza; III – as obras dramáticas e dramático-musicais; IV – as obras coreográficas e pantomímicas, cuja execução cênica se fixe por escrito ou por outra qualquer forma; V – as composições musicais, tenham ou não letra; VI – as obras audiovisuais, sonorizadas ou não, inclusive as cinematográficas; VII – as obras fotográficas e as produzidas por qualquer processo análogo ao da fotografia; VIII – as obras de desenho, pintura, gravura, escultura, litografia e arte cinética; IX – as ilustrações, cartas geográficas e outras obras da mesma natureza; X – os projetos, esboços e obras plásticas concernentes à geografia, engenharia, topografia, arquitetura, paisagismo, cenografia e ciência; XI – as adaptações, traduções e outras transformações de obras originais, apresentadas como criação intelectual nova; XII – os programas de computador; XIII – *as coletâneas ou compilações, antologias, enciclopédias, dicionários, bases de dados e outras obras, que, por sua seleção, organização ou disposição de seu conteúdo, constituam uma criação intelectual*'". Ficam ressalvadas, também, as seguintes situações anteriormente não enunciadas pela Lei 5.988/1973: "§ 1.° Os programas de computador são objeto de legislação específica, observadas as disposições desta Lei que lhes sejam aplicáveis; § 2.º A proteção concedida no inciso XIII não abarca os dados ou materiais em si mesmos e se entende sem prejuízo de quaisquer direitos autorais que subsistam a respeito dos dados ou materiais contidos nas obras; § 3.º No domínio das ciências, a proteção recairá sobre a forma literária ou artística, não abrangendo o seu conteúdo científico ou técnico, sem prejuízo dos direitos que protegem os demais campos da propriedade imaterial".

A contrario sensu, não são objeto de proteção como direitos autorais as concepções e criações elencadas no art. 8.º. Cuida, ainda, em outras disposições, da adaptação, da tradução, do arranjo ou da orquestração de obra caída no domínio público (já mencionada); de cópia de arte plástica feita pelo próprio autor (art. 9.º) e de título original – desde que inconfundível – de obra (art. 10), declarando, outrossim, livres as paródias e paráfrases (art. 48, desde que não sejam simples reproduções da obra e que lhe não impliquem descrédito).

32. A situação na jurisprudência

Na jurisprudência, diante da orientação traçada nas convenções e leis, e mesmo ante colocações defendidas na doutrina, vem sendo enfatizado o caráter privativo da obra: a) pela inserção em determinada categoria de arte ou de cultura; e b) pelo implemento do requisito da originalidade, em concreto, para a abrangência no âmbito do Direito de Autor.

Assim, no exterior, têm sido considerados sob o amparo desse Direito: comentários e notas a obras; sistema e método científico; edição crítica; livro de história de instrução, antologia; almanaque; lições orais criativas; coletânea de jurisprudência; quadro sistemático de legislação; guias, anuários e catálogos; compilações; carta geográfica; título de canção; produções de moda; catálogos de livros; programação de teatro; *abstracts*; e até: notícia meteorológica, índices, inclusive de preços, e receitas gastronômicas.

Tem sido negada a proteção, pela ausência dos pressupostos citados, entre outras, a obras relativas a: atividades artesanais; sistema didático; composições e discursos religiosos; calendário esportivo; composição gráfica e desenho técnico; jogos e concursos; conteúdo topográfico e informativo de jornal e cartolina ilustrada.

Nossos tribunais vêm, também, se pronunciando sobre questões as mais curiosas, concedendo o amparo a método de piano, agenda com calendário, e negando-o a produção de moda, desenhos para agência e figuras artísticas para reprodução em azulejo. A proteção foi conferida, ainda, a modelos de velas ornamentais e a bulas medicinais, em interessantes colocações; boneco para publicidade; *software*; interpretação em escola de samba; microfotografia; desenhos e personagens; projeto arquitetônico e outras criações.

33. Discussões quanto a novas criações

Verifica-se, pois, de um lado, a constante absorção de novas formas que o progresso tecnológico vem acrescentando ao domínio da comunicação, e, de outro, o lançamento de novos desafios à argúcia dos estudiosos da matéria, diante de certas criações que do uso de máquinas e aparatos sequer podiam antes ser cogitadas.

A par disso, criações tradicionais da cultura popular, que integram o folclore, têm, também, sua situação debatida nesse plano, alcançando, já, em países em desenvolvimento, sagração legislativa.

Existe, a propósito, recomendação em lei-tipo, preparada pelas organizações internacionais do setor (OMPI e UNESCO), para absorção dessa criação – não obstante relacionada a uma comunidade e não identificado o autor – pelos mecanismos de direitos autorais, com certas especificações, em face das suas peculiaridades.

Alcançou-se, por outro lado, quanto a descobertas científicas (campo da "ciência pura"), apenas a instituição, por tratado, de registro internacional, com expedição de certificado em nome do autor, permanecendo, no entanto, livre o uso das ideias, perante o interesse maior da coletividade. Contudo, a expressão formal, se reunir os condicionamentos próprios, poderá ser incluída na proteção autoral.

Suscita-se, outrossim, no âmbito tecnológico, a questão de música composta pelos elaboradores, em função de programa preestabelecido. Cogitar-se-ia de Direito de Autor, se o programa constituísse forma artística pensada e não se resultasse, por acaso, a música na máquina, pois a criação intelectual está sempre ligada à atividade humana. Entretanto, são ora realidades as experiências com a denominada música de computador (música eletrônica, em processo denominado síntese musical, com o uso do computador como instrumento musical ou controlador de sons), e, em outros campos da arte (pintura, cinematografia, televisão, artes plásticas), a aplicação da tecnologia está suscitando interessantes discussões quanto ao conceito de criação, com clara definição de autoria do DJ.

Novas modalidades têm também surgido, quanto a formas de expressão de arte, acrescendo-se novas concepções ao mundo fático, ou instituindo-se novos usos para criações existentes (gravuras e desenhos em cartões-postais; ilustrações em livros e catálogos; a arte do cartunismo; a arte na computação; a denominada "videoarte", com a introdução de *clipes* etc.).

Outra criação, cuja inclusão se tem debatido, é a do *know-how* (conhecimento secreto de aplicação econômica), que, desde que se revista das formas protegíveis, pode ser integrado a esse campo.

Ainda, em relação às comunicações, inúmeros outros problemas têm surgido, por exemplo, com os satélites artificiais (televisão por cabo), que se tornaram uma realidade de grande consumo em nosso país, como se pode ver pelas redes a

Cap. V • O OBJETO | 55

cabo TVA, NET, entre outras, que, reproduzindo e definindo obras intelectuais, em dimensões extranacionais – e, no futuro, extraterrenas –, *ingressam* no circuito protetor do Direito de Autor.

Agora, a partir da legislação europeia, decorreram 300 anos (1710-2010) do reconhecimento e da autonomia normativa dos direitos de autor. No Brasil, passaram-se, desde a Lei 496, do início da República (1898), mais de 110 anos de evolução, que não podem ser ignorados, em termos de transformações sociais, econômicas e culturais da sociedade. Fica, pois, clara a necessidade de pensar o Direito de Autor na sociedade da informação, e os seus mais recentes desafios, consideradas especialmente as novas tecnologias (*internet, websites, blogs, chats, facebook*, celulares, portáteis, *i-pods, i-pads*, microcomputadores, entre outros).

Essas colocações demonstram como se tem ampliado o conceito de obra protegida no plano da aplicação do Direito, exatamente em razão da enumeração exemplificativa que os textos de Direito Positivo contêm.

34. Orientações básicas na matéria

No entanto, na análise das questões surgidas em concreto, deve-se observar a distinção conceitual entre as diferentes obras do intelecto. Outra não foi a intenção dos unionistas ao editar a referida disposição, senão a de abarcar as produções do espírito que se ajustassem aos domínios literário, artístico ou científico, nos termos já expostos, ligados à própria origem do Direito de Autor.

Pode-se então entender a inserção de algumas obras resultantes do referido progresso, como a obra fotográfica – que provocou acirrados debates –, a obra topográfica e o *software*, e a não inclusão de outras, como a de taquigrafia, de que se cogitou (esta, por ser mera técnica de reprodução gráfica).

Requer-se a existência de um senso estético, tanto assim que se exclui a fotografia que em si nada revele de arte, como se apartam as obras daqueles que desempenham funções puramente técnicas na obra cinematográfica ou teatral.

Esse mesmo senso estético é que embasa a inserção da obra publicitária no Direito de Autor, do *software* e de outras criações, mais recentemente integradas ao seu contexto (como a obra televisada), levando-se em conta, na área da *publicidade*, todos os tipos diferentes de criação (*jingles, outdoors, slides*, filmes, *filmlets, slogans*, anúncios, cartazes) (como no trabalho específico demonstramos).

Entretanto, novas inclusões são defendidas e sempre a demonstrar o extraordinário dinamismo e modernidade desse Direito e as garantias que o seu mecanismo proporciona, como as dos caracteres tipográficos, com respeito aos quais se sustenta a existência de conotações de criação intelectual, tendo sido alcançado acordo internacional.

A propósito, aliás, da escrita, paulatinamente, vem a informação eletrônica penetrando na vida negocial e doméstica, substituindo a comunicação tradicional e criando novas modalidades de transmissão de conhecimentos. As criações *common*, autorizado uso livre e protegido, a criptografia, substituindo a assinatura de punho, a digitalização, os documentos reais, a pesquisa Google, a pesquisa arquivista. As novas tecnologias, pois, levam os direitos autorais a novas fronteiras.

No plano atual, podemos, à luz das observações feitas, assentar as orientações básicas quanto à proteção de obras intelectuais: as exigências centrais, para a inclusão, são: a) a função estética da obra; e b) a sua originalidade, apartando-se, assim, de sua regência, as obras puramente técnicas e as despidas de características individualizadoras próprias (nesse sentido, o extenso elenco de decisões inseridas em nosso livro *A Lei de Direitos Autorais na jurisprudência*, editado em 1988).

OS TITULARES DE DIREITOS

35. A criação como título atributivo de direitos

Em função do sistema instituído para o Direito de Autor e na sagração de regra da própria natureza, é do fenômeno da criação que resulta a atribuição de direitos sobre obras intelectuais.

Trata-se, pois, de Direito inerente à criação, instituído para defesa dos aspectos apontados e que nasce com a inserção, no mundo material, de ideação sob determinada forma. Portanto, é com a ação do autor, ao plasmar no cenário fático a sua concepção – artística, literária ou científica –, que se manifesta o Direito em causa, revelando-se, de início, sob o aspecto pessoal do relacionamento criador-obra.

Originariamente, pois, o título jurídico que sustenta o Direito em causa é a criação, mas pode ocorrer, ainda, a assunção, por terceiros, de certos direitos, por vias derivadas, a saber, por lei (vínculo sucessório), ou por vontade do autor (vínculo contratual). Por princípio, pois, o suporte fático do Direito é a criação.

Ora, criação é atividade intelectual que acrescenta obra não existente ao acervo da humanidade. É o impulso psíquico que insere no mundo exterior forma original, geralmente pelo esforço intelectual e criativo, que se vale da cultura, por também criar cultura.

36. Os titulares originários

Daí, titular de direitos é o criador da forma protegida, a saber, a pessoa que concebe e materializa a obra de engenho, qualquer que seja sua idade, estado ou condição mentais, inclusive, pois, os incapazes, de todos os níveis.

Com efeito, pode ser criador o menor, o silvícola, o pródigo, o doente mental, como, aliás, no mundo fático, se constata em várias situações, ficando, naturalmente, o exercício correspondente submetido às regras protetivas do Direito Comum (sob assistência, ou representação, conforme o caso).

Referentemente à criação realizada por mulher casada, os direitos lhe pertencerão por inteiro, observadas sempre as regras do regime de casamento adotado,

58 | DIREITO DE AUTOR – *Carlos Alberto Bittar*

quanto à sua extensão, fixando-se, na lei, para os direitos patrimoniais (com exceção dos rendimentos da exploração), o princípio da incomunicabilidade, inclusive para os do marido, salvo se houver pacto antenupcial em contrário (art. 39).

Com relação ao autor estrangeiro e na linha adotada pela Convenção de Berna, o sistema nacional inclui os domiciliados no País, ficando os do exterior sujeitos à proteção prevista em acordos, convenções e tratados em vigor no Brasil, em que se observa a regra da reciprocidade de tratamento (art. 2.º e parágrafo único). Com isso, a extensão dos direitos dos estrangeiros depende da posição em que os nacionais em seu país desfrutem, havendo, a propósito, entre o Brasil e vários países, tratados referentes a direitos autorais, a regular essas relações.

Nesse passo, a preocupação maior tem sido a de manter nível elevado de amparo aos criadores intelectuais, na diretriz da Convenção de Berna, embora países existam que não se encartem no respectivo regime e em que, portanto, não se atinge a plenitude de direitos ali prevista.

Na linha mestra citada, tem-se, portanto, identificado que é em torno da defesa dos interesses do autor que foi edificado todo o regime do Direito de Autor, desde o seu ingresso ao âmbito da legislação, e em todos os países da Convenção (como o Brasil, em que a exclusividade lhe é assegurada na Constituição, dentre os direitos fundamentais, e na lei, em que todo o sistema gira em seu redor).

Isso decorre do fato de que a inspiração desse complexo normativo apresenta uma *ratio* especial: a proteção ao homem-criador de obras de engenho, na preservação dos liames que o unem à mais nobre manifestação de seu espírito.

37. Os titulares derivados

No entanto, também outras pessoas podem vir a encartar-se, por via derivada, no sistema autoral, seja na circulação jurídica da obra (por força de contratos próprios firmados pelo titular, como os de edição, em que se transferem os direitos de reprodução, divulgação e comercialização da obra; ou de cessão, em que podem ser transmitidos um, alguns ou todos os direitos patrimoniais), seja por vínculo sucessório (por laços de parentesco).

Anote-se, no entanto, que apenas para efeitos patrimoniais se opera a transmissão de direitos quanto aos diferentes concessionários (como o editor, o encomendante) ou cessionários. Derivação plena de direitos ocorre apenas no fenômeno natural da sucessão, respeitados sempre os vínculos morais personalíssimos do autor (art. 24, § 1.º, e art. 35), cabendo, outrossim, ao Estado, a defesa da integridade e da genuinidade da obra caída em domínio público (art. 24, § 2.º). Atente-se, por fim, que, na sucessão, somente as pessoas definidas na lei civil concorrem aos direitos em causa (art. 41).

38. A pessoa jurídica como titular

Própria, por natureza, de pessoas físicas, a criação de obras intelectuais nasce, também, no âmbito de pessoas jurídicas (inclusive do Estado), existindo, aliás, no setor de comunicações, empresas especializadas em idear e produzir obras de engenho, concebidas e materializadas sob sua direção, de sorte que também podem ser titulares de direitos autorais, tanto por via originária (pela criação), como derivada (pela transferência de direitos).

Isso significa que, com base no mesmo fenômeno da criação, eis que os executores agem sob direção da pessoa jurídica, é possível a atribuição a esta de direitos de autoria, como, aliás, a nossa lei o prevê, por expresso (art. 11, parágrafo único, e art. 5.º, inciso VIII, *h*), nos termos que adiante serão explicitados. É o caso da empresa que contrata funcionários para a tarefa de anúncios publicitários.

De fato, de há muito prospera a teoria realista na concepção da pessoa jurídica, que a entende, pois, como ator no cenário jurídico, e suscetível, em consequência, de ser titular de direitos e de obrigações na vida privada.

Ora, desses direitos são reconhecidos à pessoa jurídica – como, ademais, à pessoa natural – os de natureza incorpórea, como os direitos ao nome, à honra, à imagem; daí por que nenhum óbice se lhe pode antepor à sua titularidade no plano autoral, desde que concorram os pressupostos de Direito. Óbvio que o fenômeno físico da criação se plasmará sob a ação de executores (pessoas físicas), como, de resto, qualquer outra ação sua no mundo material, valendo essas observações – e todas as demais relativas à obra de encomenda – para o Estado e os entes públicos, que também vêm encomendando, criando, estimulando ou subvencionando obras intelectuais, no próprio interesse da cultura do País, ficando, pois, sujeitos à regência do sistema autoral.

39. Identificação do titular na prática

Em sua identificação, na prática, costuma o autor usar o próprio nome – o nome civil, o nome da instituição ou da entidade, ou da empresa, conforme o caso –, podendo ser abreviado com iniciais, e, para a pessoa natural, com pseudônimo ou qualquer sinal convencional (art. 12).

Normalmente, é o nome anunciado na comunicação da obra; daí por que milita, na hipótese, a presunção de que se considera criador, salvo prova em contrário, aquele que, por qualquer das modalidades de identificação possível, tiver essa qualidade indicada na utilização da obra e conforme o respectivo uso (art. 13) (por exemplo: no frontispício do livro, abaixo do título, em artigos, em selo próprio, no disco, abaixo dos nomes das músicas e assim por diante).

40. Casos particulares: as obras anônima, pseudônima e psicografada

Com respeito, ainda, à apresentação do autor, podem ocorrer situações particulares, em que, por questões de ordem pessoal, não queira, ou não possa, ter sua comunicação ao público (porque sua situação profissional não o aconselhe; inúmeras figuras de nossas letras e do cancioneiro popular se ocultaram, ou se ocultam, sob pseudônimo). Surgem, daí, as obras anônimas e pseudônimas.

Anônima é a obra em que não se indica o nome do autor, ou por sua determinação, ou por ser desconhecido (art. 5.º, inciso VIII, *b*). Pseudônima é aquela em que o autor se oculta sob nome suposto (art. 5.º, inciso VIII, *c*).

Isso em *nada altera os seus direitos autorais,* salvo quanto ao respectivo exercício, sob o aspecto patrimonial, que se confere a quem a publicar, por exemplo, o Estado, a título de incentivo à cultura e à divulgação do conhecimento. Se, todavia, o autor vier a dar-se a conhecer, assumirá o respectivo exercício, ressalvados os direitos adquiridos por terceiros (art. 40 e parágrafo único).

Situação especial decorre, ainda, da publicação da obra, após a morte do autor (obra póstuma, art. 5.º, inciso VIII, *e*), em que os direitos competirão a seus herdeiros, submetidas as contratações às limitações decorrentes dos direitos de cunho moral.

Outra questão particular nessa matéria é a da obra psicografada, que vem, com a evolução do espiritismo, formando literatura própria e com editoras especializadas. É a obra realizada por uma pessoa (médium) que a recebe de um espírito de luz, normalmente transformada aquela em veículo material. Contudo, como a questão envolve conotações metajurídicas e na comunicação da obra aparece o nome do elaborador material, a este compete o respectivo exercício, que, aliás, vem sendo efetivado, à generalidade, em prol de campanhas beneficentes promovidas pelas entidades espíritas, responsáveis quanto à publicação. Aliás, foi este tema alvo de grandes controvérsias jurídicas.

41. As obras resultantes de vários elaboradores

Entretanto, a criação pode ser resultante do trabalho intelectual de mais de um autor (autoria plúrima), vale dizer, advir de esforços criativos de mais de uma pessoa.

Além disso, o trabalho intelectual de cada elaborador pode, ou não, ser desenvolvido conjuntamente, mantendo, ou não, independência entre si. E mais: o resultado desses esforços pode, ou não, reunir-se em um só momento, ou, ainda, fundir-se, ou não, em uma só forma final.

Ora, desses diferentes fatores apontados surgem tipos vários de obras intelectuais: obra em colaboração (com independência, ou com fusão das contribuições individuais) e obra coletiva (com fusão entre todas as colaborações em obra final resultante, podendo, no entanto, conforme exista autonomia em relação ao conjunto, ser destacada essa ou aquela criação: música em filme, letra em música, ilustração em livro).

42. A obra em coautoria e suas diferentes modalidades

Obra em coautoria é aquela realizada em comum, por dois ou mais autores (art. 5.º, inciso VIII, alínea *a*), portanto com a conjugação simultânea de esforços,

Cap. VI • OS TITULARES DE DIREITOS | 61

podendo advir, em função do resultado final produzido, diferentes situações: a) divisibilidade absoluta entre as diferentes colaborações (em que cada qual conserva a sua individualidade, como em coletâneas de artigos); b) divisibilidade relativa (em que, embora individualizadas, as criações juntam-se intimamente para formar a obra final, como na composição musical, com letra e música de autores diferentes); e c) fusão das contribuições pessoais na obra resultante (como nas obras escritas ou compostas em comum: artigos, livros, composições musicais em parcerias; e dicionários, por pessoas diversas, em trabalho conjunto).

A coautoria pode dar-se em graus diferentes, mediante esforços criativos de autoria, ou mera contribuição individualizada para integrar obra maior.

Na apresentação prática, os nomes dos coautores aparecem na comunicação da obra, atribuindo-se, portanto, direitos àqueles em cujo nome, pseudônimo ou sinal convencional for utilizada (art. 15).

No entanto, nem toda participação de outras pessoas na realização de uma obra induz à coautoria, em face do respectivo vulto. Com efeito, não se considera coautor quem auxilia, simplesmente, o criador na realização da obra, com revisão ou atualização do seu contexto, ou com fiscalização ou direção da edição ou da apresentação no teatro, no cinema, na fotografia, na radiodifusão ou outro processo de comunicação (parágrafo único). Não se alçam, pois, essas ações à condição de criação para nivelar-se o partícipe ao autor.

No caso particular da obra audiovisual, que se considerou como complexa – em face da convergência de várias e diversas criações em sua realização –, são erigidos à condição de coautores o autor do assunto ou argumento literário, musical ou literomusical e o diretor (art. 16), qualificando-se, outrossim, na mesma linha de raciocínio, como coautores de desenhos animados, os que criam os desenhos nela utilizados (parágrafo único). Acompanhando-se, ainda, o que dispõe o art. 17, pode-se dizer que fica assegurada a proteção às participações individuais em obras coletivas, como o quer a própria Constituição Federal de 1988. Neste regime, qualquer dos participantes, no exercício de seus direitos morais, poderá proibir que se indique ou anuncie seu nome na obra coletiva, sem prejuízo do direito de haver a remuneração contratada (§ 1.º). No entanto, não se pode omitir que cabe ao organizador a titularidade dos direitos patrimoniais sobre o conjunto da obra coletiva (§ 2.º). A avença particular neste campo regerá a matéria de conformidade com o que vem ditado pela lei, ou seja, que o contrato com o organizador especificará a contribuição do participante, o prazo para entrega ou realização, a remuneração e demais condições para sua execução (§ 3.º).

Forma-se, na obra em colaboração, quanto aos coautores, uma comunhão de direitos, que obedece, pois, em suas linhas básicas, a regras extraídas do condomínio comum. Assim, o princípio básico é o de que, salvo convenção em contrário, os coautores exercerão, mediante acordo, seus direitos sobre a obra comum.

Com efeito, na coautoria em que a intimidade das contribuições conduz a resultado final incindível, instala-se verdadeiro condomínio, em que cada qual terá direito à parte ideal no conjunto, suprindo-se, pois, na forma indicada, as dissensões. Ademais, ao coautor, cuja contribuição possa ser utilizada separadamente, são asseguradas todas as faculdades inerentes à sua criação como obra individual, vedada, porém, a utilização que possa acarretar prejuízo à exploração da obra comum (art. 15, § 2.°).

Também na coautoria indivisível, o exercício dos direitos depende de acordo entre os interessados, não podendo nenhum deles, sem consentimento dos demais, publicar ou autorizar sua publicação, salvo na coleção de suas obras completas (reunião em coletânea de obras próprias, art. 32). A divergência neste campo será decidida entre os coautores por maioria. No entanto, ao coautor dissidente da maioria é assegurado o direito de não contribuir para as despesas de publicação, renunciando à sua parte nos lucros, e o de vedar que se inscreva seu nome na obra. Além disto, fica salvaguardada a esfera de liberdade de cada coautor, que pode, individualmente, e sem aquiescência dos outros, registrar a obra e defender os próprios direitos contra terceiros (art. 32, §§ 1.°, 2.° e 3.°).

Já na coautoria cindível (ou seja, separável, dentro do mesmo gênero, ou com gêneros diferentes, como poesia, música e poesia, texto e ilustração), em que se pode individualizar a criação de cada coautor, qualquer um poderá explorar a sua obra separadamente (por exemplo, reunindo-a a outra obra), desde que não haja prejuízo para a utilização econômica da obra comum (como no caso de composição musical, em que o uso da melodia em *jingle* publicitário pudesse vir a deslustrá-lo). A divisibilidade, perante existência de autonomia estética de cada elaboração, é que justifica essa orientação (como, ainda, no mesmo gênero, em livro sobre determinado tema, em que cada criador desenvolve certo aspecto; e na **Enciclopédia do direito** e no **Repertório**, os trabalhos assinados).

43. A obra coletiva

Obra coletiva é, por sua vez, aquela em cuja realização ingressam várias pessoas, cabendo a organização à pessoa natural ou jurídica, que em seu nome a utiliza posteriormente (art. 5.°, inciso VIII, *h*). Os esforços dos elaboradores são reunidos e remunerados pela pessoa coletiva, a quem compete a coordenação de suas atividades, às quais se fundem, ao depois, no resultado objetivado (a obra em si: filme, novela); daí por que se lhe reconhecem direitos originários plenos sobre a obra resultante.

A característica básica dessa espécie é a *incindibilidade* das diferentes elaborações (consoante princípio oriundo de decisão da jurisprudência no célebre caso da *Enciclopédia francesa*), que se justifica, quanto ao reconhecimento do trabalho criativo do organizador. Entretanto, sempre que, pela autonomia estética, for possível a dissociação, sem perda de sua individualidade, *haverá direito próprio para o respectivo criador* (por exemplo, quanto ao *texto na novela, a música no filme, o poema no anúncio*). Esse direito foi constitucionalmente assegurado na Carta de 1988 (art. 5.º, inciso XXVIII, alínea *a*).

44. Distinções dessas espécies quanto à obra composta

Distinguem-se as espécies em questão da obra composta, porque, na colaboração e na obra coletiva, existe congresso de vontades autônomas para o alcance do fim visado, enquanto na última não há concurso na realização da obra, eis que se parte de obra pronta e com o consentimento (licença para uso) do titular, de cuja criação se aproveita na composição (inclusão de texto em obra maior), originando-se, pois, direitos autorais próprios ao segundo elaborador, sem prejuízo dos do autor da obra primígena. Surgem, assim, criações outras, como em todos os casos de *obras derivadas* (adaptação, transformação, arranjo), com titulares autônomos de direitos sobre produções próprias e independentes entre si, desde que presentes os condicionantes já discutidos (dentro da regra do art. 8.º, os quais, por direito próprio, podem opor-se a reproduções que sejam cópias de suas criações).

Nas obras derivadas, há, pois, convergências de direitos próprios em cada uma, ou seja, os da obra originária e os da obra dela decorrente, de sorte que cada titular exerce direitos sobre sua criação, seguindo cada qual seus próprios destinos. Os direitos do autor da obra derivada restringem-se, quanto aos da obra originária, à modalidade e às condições ajustadas entre ambos (assim, o adaptador que obteve autorização para transformar romance em novela, somente esse direito adquire por derivação, permanecendo todos os demais na esfera do titular da obra primígena; por sua vez, recebida a remuneração, este não mais poderá interferir no curso do uso normal da obra adaptada).

45. A obra sob encomenda: posição no sistema unionista

Por outro lado, a criação pode surgir por iniciativa de terceiro, que contrata o autor ou o mantém sob vínculo empregatício, para a elaboração de obras intelectuais. Dá-se o nome de obra de encomenda à criação em que outra pessoa toma a iniciativa de sua concepção, solicitando ou dirigindo o trabalho do intelectual, com ou sem conjugação de esforços, a respeito da qual prospera, de um modo geral, o princípio da titularidade do criador, em cuja esfera, pois, permanecem os direitos autorais.

Assim, mesmo na iniciativa de terceiro e em qualquer das situações decorrentes da elaboração, com exceção de duas situações especiais, adiante discutidas, não se atingem os direitos decorrentes da criação.

46. A posição no Direito anglo-norte-americano

Isso significa que, ao contrário do sistema anglo-saxão – em que se reconhece, originariamente, ao encomendante, os direitos sobre a obra –, na obra sob encomenda persiste a criação como o único título atributivo, restando ao encomendante, nos países da União de Berna (como o Brasil), apenas para *efeitos patrimoniais*, certos direitos referentes à obra encomendada e nos limites definidos na lei, *ou na avença*, conforme o caso.

A orientação do regime anglo-norte-americano explica-se, no entanto, perante peculiaridades intrínsecas: o cunho objetivo de que se reveste; a exigência de registro, que imprime foros de propriedade aos direitos em causa; a não previsão do direito moral no estatuto, que apenas na jurisprudência encontrava amparo. Opera-se, com isso, verdadeira substituição na titularidade de direitos, que acaba por atingir a base do Direito de Autor, ou seja, o direito moral, inadmissível no regime unionista. Todavia, com a adesão dos Estados Unidos à União de Berna, passou o referido Direito a ser previsto na legislação subsequente.

47. A limitação dos direitos do encomendante no nosso sistema

Com efeito, a atribuição originária de direitos ao encomendante, como explicamos em nosso livro específico, à luz da melhor doutrina, acaba por negar a existência dos direitos de índole moral, desnaturando, pois, o seu significado.

De fato, a remuneração e a direção do trabalho intelectual não são títulos que possam modificar a substância dos direitos em causa que, *ab origine e in essentia*, são direitos ligados à intelectualidade e sufragados legislativamente nesse sentido. O *right of copy* (ou *copyright*) do Direito anglo-norte-americano tem, pois, significado diverso; daí a excepcionalidade da referida orientação, incompatível, ao revés, com o sistema unionista.

Pode o encomendante, em nível patrimonial, nesse último regime, adquirir certos direitos pecuniários por *força da encomenda* e em razão dos *elementos expostos*: circunstâncias da elaboração da obra, sua participação e resultado final do trabalho intelectual, respeitado, sempre, o vínculo existente entre ele e o elaborador intelectual e o uso que se fizer da criação.

Se, para uso próprio, adquire o encomendante apenas a propriedade do *corpus mechanicum*, podendo usar a obra (*corpus misticum*) na finalidade específica, salvo convenção em contrário entre as partes e os casos previstos em lei (assim, uma pintura, para ornar ambiente; uma música, para deleite) (como expresso, aliás, em nossa lei, art. 37). Se para usos outros, há que se atentar, em concreto, para os termos do respectivo ajuste (assim, se uma música foi contratada para integrar *jingle* publicitário de um produto, a essa finalidade se reduzirá o direito do encomendante; se um projeto arquitetônico foi encomendado para sede de um edifício, somente a esse fim se resumirá o direito do encomendante; se um desenho foi encomendado para figurar em um cartão, a tanto se circunscreverá o uso pelo encomendante), permanecendo, pois, no acervo patrimonial do autor outras modalidades de aproveitamento não contratadas (por exemplo, o uso da música em outra campanha publicitária, a repetição do projeto em outros prédios, o uso do desenho em catálogo, ou em livro, e assim por diante). Daí a interpretação destes tratos ser feita em sentido estrito e a favor da especificidade do uso.

Não pode o encomendante, pois, fazer *qualquer outra utilização, sem prévia consulta ao autor e a consequente remuneração específica, sob pena de violação, a menos que, por força de lei, de contrato próprio, ou das circunstâncias da elaboração, direitos outros lhe sejam imputados. Daí decorrem situações várias na prática.*

48. Posição dos direitos na obra resultante de prestação de serviços

Com efeito, na obra realizada sob prestação de serviços, ou o autor libera-se sozinho na consecução da obra (obra de produção livre ou independente em que o encomendante apenas sugere o tema ou solicita a criação), ou o encomendante colabora em sua consecução (obra em colaboração), ou ainda dirige o trabalho do elaborador (obra dirigida: o verdadeiro autor é o encomendante, de sorte que o trabalho mecânico do elaborador nenhum direito lhe traz, a não ser a remuneração ajustada).

No primeiro caso, ao criador pertencerão os direitos autorais de cunho moral, dependendo os patrimoniais dos termos do ajuste, entendendo-se o uso, em qualquer caso, restrito ao avençado, ou à finalidade precípua da obra. No segundo caso, os direitos pertencerão a ambos, em comunhão, enquanto, no último, o encomendante (que, na verdade, em casos raríssimos, pode reduzir a mero redator, ou executor mecânico, o elaborador) é o único titular dos direitos autorais.

49. Posição dos direitos na obra nascida sob contrato de trabalho

Em nada altera os princípios e orientações expostos a vinculação laboral do criador com o encomendante (empresa ou pessoa que dirige o seu serviço), preservando-se àquele, no regime unionista, os direitos morais sobre sua criação e transferindo-se, por força da remuneração do trabalho intelectual, direitos patrimoniais correspondentes à utilização consentânea com a finalidade de sua atividade (assim, a produtora de televisão adquire direitos pecuniários para a fixação e a transmissão de novela criada por *intelectual assalariado*; a empresa jornalística, sobre os artigos dos *criadores de sua equipe*; a empresa cinematográfica, sobre o *filme, compreendido como um conjunto,* envolvendo criações de todos os intelectuais que *nele participam e assim por diante*). Isso se deve ao fato de o criador ser remunerado exatamente para o objetivo final visado pelo encomendante (*nos casos, as empresas*), a que se relaciona por vínculo de subordinação. O poder patronal tem o alcance aqui definido.

No entanto, a partir dessa constatação, que decorre da situação especial da relação empregatícia, nenhum outro *direito adquire a empresa* nesse relacionamento. Assim, de um lado, remanescem na esfera do autor os direitos morais e todos os demais direitos patrimoniais não alcançados por sua atuação específica (dessa forma, *não pode a empresa de televisão, depois, sem autorização expressa, extrair novas cópias e locá-las ou vendê-las, ou, ainda, transferir a outras a exibição; não pode a empresa jornalística publicar depois, em outros veículos, os trabalhos feitos para jornal; ou a empresa cinematográfica dispor do filme para finalidades outras*), a menos que os transfira por meio de contratos adequados, que, de qualquer modo, serão sempre entendidos nos seus estritos limites, obedecidos *sempre os direitos morais*.

50. Posição dos direitos na obra coletiva

Observa-se, pois, que, apesar dos elásticos vínculos morais e patrimoniais que relacionam o criador à sua obra, *limitada* fica a transferência de direitos a terceiros, e com alcance apenas de direitos de ordem *patrimonial*, à exceção, na relação empregatícia, do caso especial de titularidade existente na obra coletiva (pois, como anotamos, a encomenda, a orientação, a direção e a remuneração do trabalho dos elaboradores, cujo resultado se funde no final, geram direitos até de *ordem moral* para o encomendante, mas, ainda, pelo fato da criação).

É que, nesse caso, verdadeiramente criativo e intelectual é o trabalho do dirigente, reduzindo-se, quase sempre, os elaboradores a executores de suas instruções, ou a realizadores materiais da obra por aquele concebida e coordenada. Isso acontecendo, os direitos pertencem somente ao encomendante, recebendo os assalariados a remuneração ajustada. E mais: essa concepção justifica duas posições básicas na estruturação do Direito de Autor, a saber: a) a de que a pessoa jurídica pode ser titular de direitos autorais – a exemplo, aliás, de qualquer outro Direito Privado – não encontrando apoio algum a orientação existente em certos setores que o negam; e b) a de que, na obra coletiva, e pelo próprio fenômeno da criação – que, no caso, é do encomendante (empresa que dirige e remunera os elaboradores) – os direitos pertencem, originariamente, ao coordenador, tanto no âmbito moral como patrimonial (a nossa lei é, como frisamos, expressa a respeito: art. 5.º, inciso VIII, *h*).

Para tanto, é necessária a reunião dos seguintes elementos: direção e coordenação do encomendante; trabalho intelectual remunerado de vários elaboradores, que produzem em equipe (assalariados, exatamente, para criar); fusão dos respectivos esforços na obra final encomendada (filme, *software,* novela, texto, música, reclame publicitário). Desse modo, se, no conjunto das elaborações, se puder destacar qualquer contribuição autônoma, os direitos próprios pertencerão ao respectivo titular, sem prejuízo dos direitos sobre o conjunto.

Daí decorre que não é da remuneração do intelectual que resulta o direito do encomendante: ao revés, desde o caso-padrão da jurisprudência francesa (cuja orientação está sagrada em nossa lei, no texto citado, a par da disposição do art. 6.º, que estabelece que pela subvenção de obras não adquirem domínio os entes públicos), a atribuição de direitos deflui do reconhecimento da existência de trabalho criativo na ação do coordenador (que, quando empresa, ademais, põe os meios técnicos e materiais à disposição dos elaboradores, que trabalham sob sua direção).

Com efeito, a remuneração, em qualquer trabalho intelectual, respeita apenas a contrapartida pelo esforço desenvolvido no fornecimento do serviço e pelo tempo que o trabalhador fica à disposição do contratante, remanescendo, portanto, em nível do Direito Comum, com a regência das respectivas relações jurídicas (prestação ou locação de serviços), ou trabalhista (disciplina celetista).

O uso da obra queda, ao revés, sob o império das normas autorais, submetido, pois, aos princípios e às regras especiais contidas em seu sistema, com o que se reduz, na obra sob encomenda, aos usos limitados à esfera de direitos do encomendante (com as ressalvas únicas decorrentes da direção absoluta do trabalho dos elaboradores, ou seja, na obra dirigida e na obra coletiva).

Anote-se, por fim, que na obra coletiva, como em qualquer caso de obra sob encomenda destinada à utilização econômica, é o encomendante quem cuida, normalmente, em consonância com a própria atividade (empresa de comunicação), da reprodução e da divulgação da obra, recebendo, pois, os proventos correspondentes, ficando a remuneração dos criadores (ou elaboradores) sujeita aos termos da respectiva vinculação.

51. Os direitos das partes em concreto

No entanto, a respeito da obra de encomenda, em cuja regência prosperam, universalmente, os princípios expostos, a lei brasileira, que anteriormente previa disciplina específica para a questão (art. 36, Lei 5.988/1973), ora especificamente omissa, trata desarticuladamente de enunciar algumas regras relevantes em seus arts. 46, inciso I, c, 51 e 54, o que não afasta, em absoluto, a existência do instituto, que se rege, na prática, de acordo com as circunstâncias do caso e do contrato existente (que debateremos oportunamente), que, em concreto, se poderão individualizar os direitos do elaborador e os do encomendante (conforme mostramos no citado trabalho, consideradas as pessoas jurídicas de toda ordem e o Estado).

Deverá o intérprete, de início, atentar para o vínculo entre as partes, analisando os respectivos contratos; depois, para o grau de participação de cada qual na elaboração e no resultado final obtido, e, por fim, atentar para a obra em si e suas partes correspondentes, a fim de precisar, com segurança, a posição jurídica de cada participante da criação, incluído o encomendante.

VII
O CONTEÚDO

52. Conteúdo dos direitos autorais: os direitos morais e patrimoniais

Na análise do conteúdo dos direitos autorais, observa-se a existência de dois distintos, mas integrados, conjuntos de prerrogativas que o compõem, relacionados aos vínculos morais e pecuniários do titular com sua obra, a saber: os *direitos morais* e os *direitos patrimoniais*.

Entrelaçados para a proteção do autor na concepção, na materialização e na circulação da obra, esses direitos surgiram, no entanto, e evoluíram, à luz de diferentes colocações, culminando com o reconhecimento definitivo de sua integração no nosso século. Assim, como direitos de ordem patrimonial, ingressaram no plano legislativo os direitos autorais, tendo esse aspecto sido depois constitucionalizado, como liberdade pública, em vários países, inclusive o nosso. Já o aspecto moral, divisado, de início, como bem passível de proteção na caracterização do delito da contrafação (sistema alemão), obteve na doutrina e na jurisprudência (francesa) do século passado o seu reconhecimento, vindo a compor o Direito legislativo, a partir da referida Convenção de Roma, de 1928, sagrando-se, então, a dualidade de perspectivas (Kohler, 1880), como da estrutura intrínseca dos direitos autorais.

São direitos unos e incindíveis quanto à respectiva textura, ou seja, enquanto componentes do acervo patrimonial do autor – caráter unitário do Direito de Autor –, podendo, no entanto, merecer divisão na medida do interesse do titular, sob o aspecto patrimonial, para efeito de possibilitar a circulação da obra e a percepção, por ele, dos proventos correspondentes, exatamente como se previu quando de sua consagração legislativa, como direito ligado à criação e não dependente de outorga da autoridade vigente no sistema dos privilégios. Daí por que da identificação do direito moral (expressão criada por Merillot, em 1872) é que se pode chegar ao reconhecimento do então privilégio como categoria jurídica própria.

Com efeito, cada bloco de direitos cumpre funções próprias: os direitos de cunho moral se relacionam à defesa da personalidade do criador, consistindo em verdadeiros óbices a qualquer ação de terceiros com respeito à sua criação; já os direitos de ordem patrimonial se referem à utilização econômica da obra, representando os meios pelos quais o autor dela pode retirar proventos pecuniários.

70 | DIREITO DE AUTOR – *Carlos Alberto Bittar*

Os direitos morais são reconhecidos em função do esforço e do resultado criativo, a saber, da operação psicológico-criativa, com a qual se materializa, a partir do nascimento da obra, verdadeira externação da personalidade do autor. A obra revela aquilo que somente aquela personalidade poderia sintetizar. Os direitos patrimoniais advêm, como resultado da utilização econômica da obra, da decisão do autor de comunicá-la ao público e sob os modos que melhor atendam ao seu interesse, e fazer circular a obra no comércio das relações jurídicas e econômicas.

53. Integração desses direitos

No entanto, são partes de um mesmo conjunto final, integrantes de mesmo complexo jurídico, intimamente ligados em qualquer utilização da obra, imprimindo, pois, essa noção a condição especial de que desfrutam os direitos autorais no âmbito dos direitos privados.

De fato, mesmo quando separados na utilização econômica da criação (por exemplo, no uso da obra em reprodução televisada e, depois, em videofonografia; ou no uso de melodia em *jingle* publicitário; ou de pintura, ou desenho, em cartão ou em embalagem de produto), esses direitos jamais veem rompidos os respectivos liames, na medida em que, sob o império do direito moral, nenhuma das prerrogativas dessa ordem pode ser desrespeitada, ou mesmo nenhum uso outro pode afetar o direito patrimonial (assim, para ilustração, o nome do autor sempre acompanhará a obra em todos os usos possíveis; se o contratante dispuser do direito de reprodução em televisão, não poderá ser usada a obra no cinema, e assim por diante). O uso restrito e limitado decorre da necessidade de proteção do autor.

Sob esse aspecto, fica a obra, indelével e inexoravelmente, ligada à pessoa do titular, mesmo depois de sua morte (e no domínio público), governando a respectiva trajetória, inobstante sob usos diferentes e diversa titularidade possam estar os vários direitos de ordem patrimonial (assim, por exemplo, em música editada por uma empresa, gravada por outra, inserida em filme, reproduzida em videofonograma).

Tem-se, portanto, que as duas facetas apontadas interpenetram-se, mesclam-se, completam-se, exatamente para constituir o conteúdo, uno e incindível, dos direitos autorais. O direito moral é a base e o limite do direito patrimonial que, por sua vez, é a tradução da expressão econômica do direito moral.

54. Os direitos morais

Os direitos morais são os vínculos perenes que unem o criador à sua obra, para a realização da defesa de sua personalidade. E isso, porque, toda obra é criação única do espírito e da cultura. Como os aspectos abrangidos se relacionam à própria natureza humana, e desde que a obra é emanação da personalidade do autor – que

Cap. VII • O CONTEÚDO | 71

nela cunha, pois, seus próprios dotes intelectuais –, esses direitos constituem a sagração, no ordenamento jurídico, da proteção dos mais íntimos componentes da estrutura psíquica do seu criador.

Esses direitos nascem com a criação da obra, manifestando-se alguns (como o direito ao inédito) com a simples materialização, ou seja, com a sua inserção na ordem fática, e produzindo efeitos por toda a existência daquela, na função básica que exerce de manter aceso o seu liame com o criador (e, enquanto a obra existir, mesmo falecido o seu autor), e isso, no sistema unionista, independentemente de qualquer formalidade: o direito flui do ato criativo.

Com a subsequente reprodução ou representação da obra, para comunicação ao público, outros direitos morais emergem, em função do modo correspondente, completando-se o extenso elenco de prerrogativas reconhecidas, na doutrina e na jurisprudência, a esse título, de sorte que, em uma primeira classificação, podemos enumerar direitos anteriores (de inédito, de paternidade, de nominação) e posteriores à colocação da obra para utilização econômica (à integridade, à modificação, à reivindicação).

55. Características fundamentais dos direitos morais

Características fundamentais desses direitos são: a *pessoalidade*; *a perpetuidade*; a *inalienabilidade*; a *imprescritibilidade*; e a *impenhorabilidade*. De início, são direitos de natureza pessoal, cabível a ideia para as pessoas jurídicas, inserindo-se nessa categoria direitos de ordem personalíssima; são também *perpétuos* ou *perenes*, não se extinguindo jamais; são *inalienáveis*, não podendo, pois, ingressar legitimamente no comércio jurídico, mesmo se o quiser o criador, pois deles não pode dispor; são *imprescritíveis*, comportando, pois, exigência por via judicial a qualquer tempo; e, por fim, são *impenhoráveis*, não suportando, pois, *constrição judicial* (a lei fala em inalienabilidade e irrenunciabilidade, art. 27, realçando, em outro passo, a inacessibilidade dos direitos – *art. 49, inciso I*).

Observa-se, pois, com a rígida qualificação dos direitos em causa, que, por toda a vida, a marca pessoal do autor acompanha a sua criação, persistindo *ad aeternitatem* com a sua morte, e mesmo depois de esgotada a exclusividade patrimonial, ou sofrida adaptação para outro gênero (que, por si, não afeta o direito moral, eis que importa em adoção de forma outra, com linguagem própria e concretizada em obra independente, como é o caso do direito conexo).

Portanto, eventuais contratos que envolvam esses direitos serão, por ofensa às normas de ordem pública que os regem, despidos de qualquer eficácia, submetida, então, à própria vontade do titular. Serão nulos.

Além disso, esses direitos são transmissíveis por sucessão, à exceção dos ligados à própria pessoa do titular (na lei, ficam compreendidos, dentre os últimos, os de modificação e de retirada de circulação).

A maior ameaça ao Direito de Autor pela *internet* não está propriamente nos direitos morais de Autor, mas nas formas de controle dos direitos patrimoniais do Autor e dos usos e aplicações possíveis dados à obra, sempre cabendo a possibilidade de os titulares (mediante os recursos de investigação digital e de prova digital já desenvolvidos atualmente) demonstrarem administrativa ou judicialmente eventuais lesões a direitos.

56. Enumeração desses direitos

Esses direitos consistem em faculdades positivas – de exercício pelo autor – e negativas – de respeito pela coletividade (atitude passiva) – desde o direito de inédito (de publicar, ou não, a obra) ao direito de arrependimento (com a retirada da obra de circulação), que têm sido enumeradas na doutrina.

Os principais direitos de autor compreendidos nessas classificações são, além dos citados, os de paternidade (de ligar o nome à obra), nominação (de dar nome à obra), integridade (de introduzir alterações na obra), retirada de circulação e outros (fazer correções ou emendas, acabar a obra).

Compõem esse conjunto, em nosso *sistema legal,* os direitos de: inédito (de não comunicar a obra), reivindicação de paternidade (a qualquer tempo), indicação do nome em qualquer utilização (ou pseudônimo ou sinal convencionado), integridade da obra (que possibilita a oposição a qualquer modificação, ou à prática de ato que, de qualquer forma, possa prejudicá-la ou atingir o autor em sua reputação ou honra), modificação da obra (antes ou depois da utilização), retirada de circulação da obra ou suspensão de qualquer forma de utilização já autorizada, quando a circulação ou utilização implicarem afronta à sua reputação e imagem (art. 24, inciso VI), ressalvadas, quando cabíveis, indenizações a terceiros (§ 3.º, nos casos de modificação e de retirada de circulação, por exemplo, com obra editada e não esgotada), bem como o direito de ter acesso a exemplar único e raro da obra, quando se encontre legitimamente em poder de outrem, para o fim de, por meio de processo fotográfico ou assemelhado, ou audiovisual, preservar sua memória, de forma que cause o menor inconveniente possível a seu detentor, que, em todo caso, será indenizado de qualquer dano ou prejuízo que lhe seja causado (art. 24, inciso VII, acrescido pela Lei 9.610/1998).

Saliente-se que, em consonância com o espírito dos direitos em causa, não é taxativa a relação legal, em função, ainda, da diretriz adotada na Convenção de Berna e da própria textura da lei (arts. 24 e 49, inciso I), referindo-se a doutrina a outros (como o de destruição da obra, ressalvados direitos de terceiros).

Pode-se, em síntese, assentar que os aspectos em tela se resumem no direito ao respeito, tanto à personalidade do autor quanto à intangibilidade da obra, assim como à própria criação cultural plasmada na obra, oponível *erga omnes*, e que, no fundo, sintetizam os objetivos centrais do Direito de Autor, operando a sujeição passiva da coletividade a seus ditames.

57. Os direitos patrimoniais

Direitos patrimoniais são aqueles referentes à *utilização econômica da obra*, por todos os processos técnicos possíveis. Consistem em um conjunto de prerrogativas de cunho pecuniário que, nascidas também com a criação da obra, se manifestam, em concreto, com a sua comunicação ao público, e o poder que o autor, ou os autores, tem de colocar a obra em circulação.

Em consonância com a respectiva textura, esses direitos decorrem da exclusividade outorgada ao autor para a exploração econômica de sua obra, submetendo à sua vontade qualquer modalidade possível.

Com isso, impõe-se a prévia consulta ao autor para qualquer uso econômico da obra, que só se legitimará sob sua autorização expressa. Isso significa, pois, que, pelos vínculos que o mantêm unido à obra, mesmo depois de comunicada sob qualquer forma, tem o direito de interferir em qualquer outra modalidade não contratada ou surgida depois com a evolução tecnológica (gravação de *show*, ou de novela, em fita cassete, para posterior venda ou locação ao público, em que a permissão para a realização da novela não possibilita, por si, o novo uso, que, ao revés, necessita estar autorizado por expresso no ajuste próprio).

Consubstancia-se, pois, o aspecto patrimonial fundamentalmente na faculdade de o autor usar, ou autorizar, a utilização da obra, no todo ou em parte; dispor desse direito a qualquer título; transmitir os direitos a outrem, total ou parcialmente, entre vivos ou por sucessão.

58. Características básicas dos direitos patrimoniais

Características básicas dos direitos patrimoniais são: o cunho real ou patrimonial (da relação direta com a obra); o caráter de bem móvel (art. 3.º), exatamente para efeito de disposição pelos meios possíveis; a alienabilidade, para permitir o seu ingresso no comércio jurídico (arts. 29 e 49), transmitindo-se por via contratual ou sucessória; a temporaneidade, ou seja, limitação no tempo (arts. 41 e seguintes, e 96), que confere ao Direito de Autor conotação especial dentre os direitos privados, ao lado das outras particularidades apontadas; a penhorabilidade, ou seja, a possibilidade de sofrer constrição judicial, em face da condição de direitos disponíveis, salvo o disposto no art. 76; a prescritibilidade, ou seja, a perda da ação por inércia, no lapso de tempo legal, que será, aplicando-se o princípio de que, inexistente norma especial a respeito, valer-se-á o aplicador daquela comum ou geral, o da lei civil comum (arts. 205 e 206 do Código Civil de 2002), em face do veto sofrido pelo art. 111 da Lei 9.610/1998, que deixou em aberto o Capítulo III do Título VII que trata da prescrição da ação.

74 | DIREITO DE AUTOR – *Carlos Alberto Bittar*

Ademais, os direitos patrimoniais são independentes entre si (princípio da divisibilidade dos direitos patrimoniais, art. 31), podendo cada qual ser utilizado à vontade do autor e negociado com pessoas diferentes (podendo, por exemplo, coexistir titulares derivados diversos para cada modalidade negociada). Observados as prescrições legais cabíveis e os contratos celebrados – comuns ou específicos –, interpretam-se todos, sempre, restritivamente (art. 4.º), permanecendo, pois, com o criador, os não expressamente transferidos, ou os novos usos não previstos, ou não existentes à ocasião da contratação.

Ora, é exatamente pela utilização da obra, pelos meios citados, que pode o autor receber os proventos pecuniários correspondentes, em última análise, o objetivo precípuo dos direitos em causa, estruturados para possibilitar a integração, a seu patrimônio, de todas as receitas produzidas pelo uso econômico da obra.

59. Enumeração desses direitos

Esses direitos estão, por sua natureza, relacionados, intrinsecamente, com os meios de comunicação, especialmente diante de seus rápidos movimentos com os quais se concretizam na prática, de sorte que a cada processo autônomo de utilização corresponde uma prerrogativa patrimonial.

Entende-se, pois, existente o direito em cada fase acabada de colocação da obra em contato com o público (uma melodia pode ser editada em partitura gravada inserida em disco ou fita executada em rádio, captada e difundida em alto-falante, ou captada em aparelho em quarto de hotel, divulgada na *internet*), representando cada qual desses usos um direito patrimonial.

Ora, como a comunicação pode se fazer diretamente (sob forma incorpórea ou imaterial, na terminologia da lei alemã), ou indiretamente (sob forma corpórea ou material), englobando meios os mais diferentes (cinema, televisão, radar, satélite e outros tantos), resumem-se, globalmente, nos direitos de representação e de reprodução da obra.

Os direitos de representação respeitam à comunicação direta da obra, especialmente pela recitação pública, execução lírica, representação dramática, apresentação pública, difusão por qualquer procedimento, de palavras, sons e imagens, projeções públicas, transmissão de obra radiodifundida por meio de alto-falante ou receptor de televisão colocado em local público (consoante enunciação da lei francesa, art. 27).

Os direitos de reprodução decorrem da comunicação indireta da obra, ou seja, de sua fixação material, principalmente por: impressão, desenho, gravação, fotografia, modelagem e qualquer processo das artes gráficas e plásticas, gravação mecânica, cinematográfica ou magnética, considerando-se, para as obras de arquitetura, a execução repetida de um plano ou projeto-tipo (lei francesa, art. 28).

Acrescem-se ao rol a reprodução pelos satélites de comunicação e outros meios possíveis, presentes ou futuros, em consonância com a diretriz apontada.

Podem coexistir os direitos em causa, ou separar-se, em diferentes usos, consoante o interesse do titular, ou do concessionário ou cessionário de direitos, sempre à luz das premissas expostas (assim, por exemplo, um *show* pode ser realizado ao vivo, transmitido pela televisão, reproduzido em satélite, gravado em videofita, vendido em cartuchos próprios ou locado, pelas entidades do setor; um romance pode ser adaptado para o cinema, o teatro e a televisão).

60. A comunicação da obra e o exercício dos direitos do autor

Embora possam existir manifestações intelectuais destinadas ao inédito (por força de razões pessoais do autor), ou de circulação restrita, de regra as obras intelectuais são criadas exatamente para comunicação ao público, pelos meios tecnológicos disponíveis no momento, em resposta aos anseios do criador e pela própria vocação natural dessas criações.

Nascendo para os sentidos, na eternização da arte ou do conhecimento, buscam, de um lado, loas e glórias e, de outro, recompensa financeira para o seu autor, e, quando por outrem comunicada, o retorno ao investimento feito.

A comunicação da obra depende da liberdade da vontade do titular, que elege a forma e o modo, podendo perfazer-se por si ou por intermédio de outras pessoas, normalmente empresas especializadas que necessitam de sua expressa autorização, podendo interferir também as associações de titulares, estas que devem proteger e efetivar os seus direitos, como é o caso do ECAD. Nesse campo, vale considerar a importância que a gestão coletiva dos direitos autorais possui, e o disposto nos arts. 97, 98, 99 e 100 da LDA, inclusive com as amplas alterações advindas da Lei 12.853/2013 (art. 2.º).

Definida a comunicação e tomadas as providências para tanto, segue-se a sua utilização na forma convencionada, de que depois poderão advir novas incursões da obra no mercado próprio. Com a comunicação, do anúncio do nome detecta-se o respectivo titular de direitos.

O princípio básico, nesse ponto, é o de que qualquer utilização fica, como salientamos, sob a exclusividade do autor, compreendidas as existentes e as que vierem a ser introduzidas pela técnica das comunicações.

Com efeito, competem ao autor, na linguagem legal, os direitos de utilizar, fruir e dispor da obra, ou autorizar sua utilização ou fruição por terceiros, no todo ou em parte (art. 28). A título de exemplo, a aula produzida pelo Professor, ainda que tenha conteúdo exclusivamente moral, não poderá ser arbitrariamente reproduzida, multiplicada e disseminada, sem prévia e específica autorização do Docente, conforme apontam os estudos atuais a este respeito.

Fica submetida, pois, à sua *licença*, ainda no sistema da lei, qualquer modalidade de *utilização*, como as de *edição*, *tradução* (em qualquer idioma), *adaptação*, *inclusão em fonograma ou película cinematográfica*, *comunicação* (direta ou indireta) ao público pelos processos possíveis, como *execução*, *representação*, *recitação*,

76 | DIREITO DE AUTOR – *Carlos Alberto Bittar*

declaração, radiodifusão sonora ou audiovisual (televisão), *emprego de alto-falante*, de telefonia, com ou sem fio, ou de aparelhos análogos e videofonografia (art. 29), ou por outros que se venham a inventar, entendendo-se que, autorizada a fixação, a execução pública por qualquer meio só se poderá fazer com a permissão prévia, para cada vez, do titular dos direitos.

Observe-se, no entanto, que, consoante as orientações já expostas, estão compreendidas nesse contexto todas e quaisquer outras utilizações, encerradas ou encerráveis, nos dois grupos de direitos econômicos (de representação e de execução), dado o transparente caráter exemplificativo da enumeração e sempre sob o domínio do autor.

61. A situação nas obras de autoria plúrima

Nas obras de autoria plúrima, prosperam, quanto à comunicação, as orientações já definidas, anotando-se, quanto à obra sob encomenda destinada à exploração econômica – pressuposto necessário na obra coletiva (art. 5.º, inciso VIII, *h*) –, o perfazimento por intermédio do encomendante, que, de regra, exerce os direitos sob o aspecto patrimonial, obedecidos os limites traçados.

Cabe dizer que ao *diretor* incumbe exclusivamente o exercício dos direitos morais sobre a obra audiovisual (art. 25).

Na obra em coautoria, dada a autonomia, cada qual comunica a sua obra independentemente, e nas modalidades que lhe aprouver, respeitado o ajuste feito. Não pode, todavia, ser reproduzida, a pretexto de anotação, comentário ou melhoria, obra alheia, sem permissão do autor, consentindo-se, outrossim, ao comentarista a comunicação de seu texto (comentário ou anotação), em face da autonomia (art. 33).

A propósito, é vedada também a comunicação de carta-missiva sem permissão do autor, em face da interferência com aspectos de sua personalidade, mas faculta--se a juntada, como documento, em autos oficiais, quando necessária (art. 34).

Além disso, não pode ser comunicada versão anterior de obra publicada, se, em revisão, o autor lhe houver imprimido nova contextura (art. 35).

62. Relações jurídicas decorrentes da comunicação

Comunicada a obra, extenso leque de direitos e de obrigações deflui no âmbito da coletividade, a par dos direitos do autor: ao Estado, na defesa do equilíbrio das relações sob sua égide; à comunidade, em especial, no aproveitamento intelectual da criação como dado da cultura; ao usuário, para a fruição da obra, nos limites legais e contratuais; e ao adquirente do suporte, para a correspondente utilidade intelectual e uso do suporte.

De início, ao criador – ator central do cenário das comunicações – cabem o uso e o gozo de todos os seus direitos, tanto morais quanto patrimoniais, respeitantes à obra comunicada e derivantes dos diferentes modos de utilização possíveis, que variam como natural, do gênero da criação e dos meios técnicos correspondentes e respectiva disponibilidade.

No exercício de seus direitos, o autor direciona o curso da obra, definindo o *iter* que perseguirá, em razão do modo eleito, podendo, no entanto, depois, outros vir a adicionar, em consonância com a sua repercussão junto ao público, o interesse dos entes de comunicação e sua disposição em estender o seu uso.

Ficam, pois, sob seu controle todas as relações jurídicas decorrentes da comunicação da obra.

63. A posição das associações de titulares

Muitas vezes, no entanto, a autorização para a utilização da obra fica a cargo de entidades mandatárias, que reúnem os criadores (as associações de titulares de direitos, arts. 97 e seguintes), exatamente para, sob a ideia associativa, exercer e defender mais cômoda e eficazmente os seus direitos, ante as infinitas potencialidades de uso que certas obras (como as musicais e as dramáticas) possuem e a atomização dos usuários. O Anteprojeto de reforma da Lei 9.610/1998 pretende exatamente modernizar esta forma de representação para oferecer, em novos moldes, maior transparência e acessibilidade dos autores aos proventos de suas obras, protegidas pelas entidades de representação, como tem sido o exemplo, no País, do ECAD. Aliás, superada a fase do Anteprojeto, o que acaba emergindo como reforma da LDA no país é uma profunda alteração da forma de gestão coletiva dos direitos autorais, com maiores subsídios de proventos aos artistas em direção ao valor de 85% como parcela de distribuição aos autores e titulares de direitos no que tange à administração do direito patrimonial do autor (§ 4.º do art. 99 da LDA, com redação dada pela Lei 12.853/2013).

A comunicação pelas associações de titulares – que congregam, na facilitação de sua consecução, extenso elenco de autores, em todo o mundo – gerou a instituição de mecanismos próprios de arrecadação e de distribuição, que, a um só tempo, suprem a autorização autoral, percebem os direitos de utilização e os distribuem aos titulares, controlando os usos da obra e colaborando, inclusive, para a defesa dos interesses de seus filiados no relacionamento com o público usuário.

E, de fato, neste tema, a reforma foi ampla, a verificar-se da leitura dos dispositivos a respeito do tema constantes da Lei 12.853/2013, especialmente os seis parágrafos do art. 97 e os dezesseis parágrafos do art. 98, exatamente por considerar-se que:

— as associações exercem atividade de interesse público, e que, no exercício de suas atribuições, devem atender a sua função social;

78 DIREITO DE AUTOR – *Carlos Alberto Bittar*

- os interessados não podem pertencer a mais de uma associação para a gestão coletiva de seus direitos, devendo manter fidelidade e continuidade a um quadro associativo, desde que a natureza do direito seja a mesma;

- as associações estrangeiras deverão se fazer representar por associações nacionais, criadas e constituídas de acordo com as exigências legais nacionais;

- o direito a voto nas associações é exclusivo dos titulares originários de direitos de autor ou de direitos conexos efetivamente filiados;

- o ato de filiação implica na transferência de poderes de representação *ad juditia et extra*, sabendo-se que as associações se tornam mandatárias de seus associados, considerados os atos necessários à defesa judicial ou extrajudicial dos direitos autorais e de sua cobrança;

- o tratamento dispensado pelas associações aos profissionais da área será sempre equitativo, e deverá respeitar as exigências de isonomia, garantindo-se que a prestação dos serviços de arrecadação e distribuição se dê de forma isonômica e republicana entre associados;

- o uso das tecnologias da informação deverá favorecer o processo de transparência e demonstração de arrecadação, bem como acessibilidade aos processos de distribuição e definição de quotas autorais.

Ademais, no que tange ao acréscimo do art. 98-B à LDA, deve-se grifar que as entidades representativas de gestão coletiva de direitos autorais deverão, no exercício de suas atribuições legais:

- dar publicidade e transparência às fórmulas de cálculo e critérios de cobrança, de modo contábil mais preciso, com ampla disponibilidade pelo aparato dos sítios eletrônicos;

- dar publicidade e transparência aos estatutos, regulamentos de arrecadação e distribuição, às atas de reuniões e aos cadastros das obras e titulares que representam, através dos sítios eletrônicos;

- realizar de modo eficaz a gestão dos recursos, seja do processo de arrecadação, seja do processo de distribuição e de satisfação de atendimento aos seus associados;

- aprimorar o sistema de prestação de contas e de informações, garantindo acessibilidade aos associados a dados que lhes sejam relevantes para o usufruto de seus direitos.

64. A posição do adquirente de original ou de exemplar

O princípio basilar, em tema de comunicação de criações intelectuais, é o de que o adquirente de original de obra ou de exemplar de seu instrumento ou

Cap. VII • O CONTEÚDO | 79

veículo material de utilização (suportes) não lhe confere direito algum de ordem patrimonial, em nível autoral (art. 37).

Com efeito, o adquirente integra a seu patrimônio, com a aquisição, apenas o corpo físico ou mecânico (o livro, a tela, a fita, o disco), e não a sua forma estética (corpo místico, ou a criação em si), de sorte que apenas lhe compete a respectiva fruição em seu âmbito privado, para os fins próprios (aquisição de conhecimentos, entretenimento, lazer, deleite).

Daí não pode fazer dela qualquer outro uso que importe em circulação econômica, sob pena de violação de direitos autorais (como, por exemplo, na reprodução em outro suporte, para posterior venda, ou locação), reservados que são ao respectivo titular, salvo aqueles expressamente previstos na lei, como limitações (como a reprodução, em um só exemplar, de pequenos trechos, sem intuito de lucro, para seu próprio uso, art. 46, inciso II).

65. A postura da coletividade

Essa é, aliás, a posição geral da coletividade, a quem cabe respeitar os direitos do criador, nos planos citados, não podendo extrair da obra senão os usos que de sua comunicação resultarem e na medida do respectivo alcance, à exceção dos casos de utilização livre, explicitamente contemplados na lei (art. 46). Podem, pois, fruir de sua esteticidade ou de suas luzes, de conformidade com o gênero correspondente, exatamente dentro do repositório legal excepcionado em função do interesse da difusão da cultura, da ciência, da censura e de outros valores ínsitos na comunidade, em razão de que o autor sempre se aproveita, na criação, de elementos do acervo comum da humanidade.

66. A missão do Estado nesse contexto

Ao Estado está reservada missão central na defesa do autor e da própria obra: do autor, pelos mecanismos de intervenção possíveis, administrativos e judiciais, no campo privado e penal (arts. 19, 101 e seguintes), postos à sua disposição, para as hipóteses de desrespeito ou violação de seus direitos; da obra, para a defesa de sua integridade e de sua genuinidade, quando cessada a exclusividade do autor (obra do domínio público, art. 24, § 2.°), especialmente considerada a ideia da licença compulsória ou não voluntária.

Estruturado para tanto, conta, em sua organização administrativa, nos diferentes países, com órgãos e entidades próprias para o registro da obra (destinado a dar segurança ao autor) e para a regência do setor, na resposta a questões administrativas e a consultas formuladas (entre nós, existe sistema próprio de registro, com várias entidades, conforme a obra, art. 19).

A participação do Estado na área era fundamentalmente exercida pelo Conselho Nacional de Direito Autoral (CNDA). A Lei 5.988, de 14.12.1973, previa e disciplinava a estrutura do Conselho Nacional de Direito Autoral (Título VII, arts. 116 a 119) como órgão central de proteção dos interesses dos autores. O Conselho foi abolido mesmo antes da vigência do novo texto legal, que, após o surgimento da Lei 9.610, de 19.02.1998, sequer foi mencionado textualmente, o que vem ratificar a desativação deste órgão administrativo federal que cumpriu importante função na regulamentação e orientação das desprotegidas práticas autorais.

O Estado capaz de preservar a memória, desenvolver a cultura, permitir o acesso ao conhecimento e proteger a relação autor/sociedade cumpre tarefa de significativa relevância social, que nenhum outro organismo pode desenvolver, nem mesmo o terceiro setor. Daí o papel do Plano Nacional de Cultura, instituído pela Lei 12.343/2010. Observa-se, pois, ante a posição do Estado, de um lado, verdadeiro direito-dever, na defesa da obra, exatamente para proteção de valores da cultura do país e, de outro, caso particular de exercício de direitos morais, por quem não detém a titularidade sobre a criação.

67. Casos especiais de exercício de direitos morais

Outra posição singular, quanto ao aspecto pessoal, diz respeito à obra cinematográfica, em que ao diretor compete o exercício dos direitos morais, e com exclusividade, mas sob a observação de que somente pode impedir a utilização da película após sentença judicial passada em julgado.

Também peculiar em tema de exercício de direitos morais é a situação da obra arquitetônica, eis que existe o direito do autor ao repúdio à paternidade, em caso de alteração na construção. Com efeito, a disciplina legal da matéria confere ao autor o direito de repudiar a autoria de projeto arquitetônico alterado sem o seu consentimento durante a execução ou após a conclusão da construção. O proprietário da construção responde pelos danos que causar ao autor sempre que, após o repúdio, der como sendo daquele a autoria do projeto repudiado (art. 26 e parágrafo único).

68. O direito de sequência

Outrossim, na alienação de obra de arte ou de manuscrito, sendo originais, ou de direitos patrimoniais sobre obra intelectual, o autor tem direito, irrenunciável e inalienável, de participar do aumento do preço que, em favor do vendedor, a eles advierem, em cada nova alienação (art. 38).

A participação consiste em 5% (cinco por cento) sobre o aumento de preço, em cada alienação, diante do valor da anterior, e tem por objetivo contemplar o autor, em especial nas obras artísticas (pinturas), em face da valorização que, depois de vendida, possa alcançar sua criação no mercado. Em caso de desrespeito ao direito de sequência do autor no ato da revenda, o vendedor é considerado depositário da quantia a ele devida (na porcentagem legal de 5% (cinco por cento) sobre o valor da venda), salvo se a operação for realizada por leiloeiro, quando será este o depositário, e não o vendedor. A Lei 9.610/1998 é expressa quanto a este importante direito, e confere-lhe novo mecanismo de tutela, uma vez que, feito o vendedor ou o leiloeiro depositário, se infiel, poderá a ele ser aplicada a forte sanção de cunho constitucional prevista em nosso sistema (CF/1988, art. 5.º, inciso LXVII).

O fundamento reside na distinção que se impõe entre a obra produzida (corpo místico) e o seu suporte. Daí, ao adquirir o suporte – em face dos vínculos, de ordem moral, que unem o autor à obra –, nenhum direito advém ao seu proprietário, com respeito à obra nele inserida. Pode apenas fazer a utilização particular compatível com a sua natureza ou alienar a *res*. Não pode levar a efeito qualquer utilização pública, ressalvadas as poucas exceções fixadas no Direito Positivo, como limitações aos direitos autorais.

Representa, pois, o direito de sequência um reflexo patrimonial do direito autoral reconhecido ao criador de obra intelectual, que o vincula perenemente, sob essa participação, à circulação da obra no mercado de arte. E, embora tratado como pecuniário entre nós (inserido no capítulo correspondente), é esse direito dotado de duas características básicas dos direitos morais: a inalienabilidade e a irrenunciabilidade, que confere certo hibridismo à sua textura.

Não obstante previsto na lei, não pôde, no entanto, obter sagração prática, em face das resistências do setor, não obstante formulação apresentada no sentido de cobrança em leilões de arte e posterior reconhecimento em conta bancária própria.

VIII
A REALIZAÇÃO DOS DIREITOS

69. A utilização econômica como base para a incidência dos direitos

A utilização da obra pode ser feita pelo próprio autor ou por terceiro – de regra, empresa do setor, instituição ou órgão do Estado, conforme o caso –, e, no cenário atual, principalmente sob o regime de encomenda, dada a extraordinária evolução das comunicações em geral, o aparelhamento do mercado e o uso crescente de novas criações intelectuais em seu contexto.

Com efeito, normalmente, o criador não dispõe do aparato próprio para a comunicação e a consequente utilização de sua obra; daí por que contrata com as entidades do setor (editoras, produtoras de discos, de fitas e de videofitas, produtoras de cinema, ou de televisão, *blogs*, *sites*, empresas digitais). Ou, ao revés, essas entidades e também as públicas é que mantêm, em seus quadros, criadores intelectuais remunerados, exatamente em função da produção das obras de que necessitam para o desenvolvimento normal de sua própria atividade.

A utilização das obras perfaz-se em consonância com o gênero correspondente, em função das convenções celebradas pelo autor e dos meios técnicos disponíveis, formando-se então longo encadeamento de usos, para os contratantes e para os usuários, mas somente quando pública é que gera direitos para os seus titulares.

De fato, os direitos patrimoniais decorrem apenas de utilizações econômicas, ou seja, realizadas no mundo negocial, provocando a circulação da obra e o comércio jurídico em seu derredor, por exemplo, no texto preparado para novela que, depois, é resumido em folheto e editado, em seguida, em um livro; na música gravada em disco e depois reproduzida em CD, DVD, *pen divre*, arquivo digital e, em seguida, vertida para outra língua e integrada a novo ciclo de usos, e assim por diante, com direitos sucessivos em cada fase completa e autônoma de aproveitamento (aliás, em uma tradução, ou adaptação, as duas obras seguirão os respectivos cursos, ligadas pelo vínculo inicial, mas suscitando cada qual correntes diversas de uso).

Ora, como em cada utilização autônoma incide um direito patrimonial, o autor poderá ter várias fontes de receita, sempre que a obra vier a perseguir diferentes vias de acesso ao público.

84 | DIREITO DE AUTOR – *Carlos Alberto Bittar*

Isso decorre dos laços já referidos, que submetem ao autor qualquer forma de utilização econômica da obra, ou seja, realizada com o objetivo de resultado ou com intuito de lucro (arts. 29, 46, 68, 78, 81, entre outros). Daí toda utilização pública da obra, que objetive o retorno pecuniário direto ou indireto (receita ou promoção), estar sujeita à incidência do direito patrimonial.

70. As exceções à incidência

Afastam-se desse sistema os usos privados, ou seja, aqueles em que o adquirente apenas frui da obra em sua finalidade precípua (como o adquirente da película que a assista em seu aparelho receptor), ingressando, no entanto, no circuito autoral, à medida que extrapole de seu âmbito pessoal (como quando a reproduza em novas fitas e as venda, ou as ceda em locação).

Outros usos também escapam ao referido regime, exatamente em razão de interesses da coletividade e que a lei enuncia de forma exaustiva; nesses casos, por exceção, prescinde-se da autorização autoral, podendo, pois, perfazer-se sem consulta ao titular e até sem que este tenha ou possa ter conhecimento (usos livres, art. 46, já referido).

Previstas universalmente, essas exceções compõem a própria estruturação dos direitos autorais, como resultantes de esquemas conciliatórios entre os interesses privados do autor e os interesses gerais da coletividade, que adiante discutiremos.

Ademais, hoje em dia, desenvolve-se o sistema de *common use*, por concessão prévia do autor.

71. A utilização consentida: sistemas de cobrança

Analisando-se a utilização consentida, deve-se assinalar, de início, que dela advêm direitos para todos os cessionários, licenciados ou sucessores do titular, em todos os diferentes usos autorizados, exatamente em função dos respectivos vínculos, contratuais ou sucessórios, cuja exata medida se define em concreto, mas que se circunscreve aos limites que, em lei ou em contrato, se encerrem.

Extensa gama de vínculos pode unir autor e sucessor na instrumentação jurídica dos negócios efetivados para a sua comunicação, desde fórmulas simples a contratos complexos, de instrumentos de adesão a longas negociações, em razão do respectivo vulto e do grau de conscientização quanto ao alcance dos direitos em causa.

Podemos divisar dois sistemas básicos para a utilização da obra e a posterior percepção dos rendimentos correspondentes: o institucional, em que existem mecanismos oficiais de autorização, de arrecadação e de distribuição de direitos; e o contratual, em que as partes definem, em cada situação, as condições do uso e a remuneração respectiva.

72. O sistema institucional

No sistema institucional, pelo qual se concretizaram, na prática, os direitos autorais, a partir do modelo francês de sociedades de arrecadação, existem aparatos em dois campos tradicionais: para a representação de obras dramáticas e dramático-musicais (sistema do denominado "grande direito"), de um lado, e para a execução pública de músicas (sistema do denominado "pequeno direito"), de outro.

Com efeito, pelo trabalho das sociedades de autores franceses, absorvido depois em outros países – e até hoje em uso –, criou-se mecanismo consistente em substituir o autor, na concessão de autorização, por entidade associativa própria que, congregando vários titulares, outorga permissão aos empresários do setor, para os usos próprios, recebendo os direitos autorais correspondentes, para posterior distribuição aos titulares, descontada taxa de administração para a sua manutenção.

Pelo simples ato de filiação, os autores investem as associações de poderes de representação, tornando possível a difusão do uso da obra a locais os mais diferentes, e facilitando os contatos com os interessados e a subsequente satisfação dos direitos dos autores.

São diferentes os regimes de cobrança mencionados, cada qual sujeito a esquematização própria, bem como movimentado consoante pessoal e técnicas diversas, mas apresentam pontos comuns: a) a autorização mediante ato da associação, que detém, portanto, extenso repertório de obras à disposição dos usuários e sistemas próprios de controle; b) a percepção de direitos pelas entidades e sua posterior distribuição aos interessados; c) a defesa dos direitos pelas entidades, sem prejuízo da ação pessoal do titular; d) a cobrança de taxa de administração aos filiados, para a manutenção das associações; e) a fiscalização das utilizações pelas associações, também sem prejuízo de ação própria do titular.

É necessária, pela lei, para a utilização da obra, em transmissão ou espetáculo público, a prévia liberação do programa (de teatro, de rádio, de televisão, de cinema), à vista do recolhimento dos direitos autorais para as obras musicais. São definidos como locais públicos, para esse efeito, os teatros, cinemas, salões de baile ou concerto, boates, bares, clubes de qualquer natureza, lojas comerciais e industriais, estádios, circos, restaurantes, hotéis, meios de transporte de passageiros terrestres, marítimo, fluvial ou aéreo, ou onde quer que se representem, executem, recitem, interpretem ou transmitam obras intelectuais, com a participação de artistas remunerados, ou mediante quaisquer processos fonomecânicos, eletrônicos ou audiovisuais (§§ 2.º e 3.º).

O mecanismo, que se estende a rádio, serviço de alto-falantes, televisão, ou outro meio análogo, envolve, em sua textura, drama, tragédia, comédia, composição musical, com ou sem letra, ou obra assemelhada, utilizadas em espetáculos públicos e audições públicas que visem a lucro direto ou indireto (art. 68, § 1.º).

O recolhimento dos direitos autorais pode perfazer-se em agência bancária, ou postal, ou por documento equivalente, a favor do Escritório Central de Arrecadação e Distribuição (ECAD, associação que congrega, na área da música, as entidades de autores do setor, art. 99), que, depois, os distribui entre as associações para a respectiva entrega aos titulares. Eis um ponto-chave na fruição efetiva dos direitos patrimoniais por seus autores, dentro das discussões contemporâneas.

Por fim, mesmo em espetáculos públicos gratuitos, necessárias são a apresentação de programas e a relação dos que trabalham graciosamente, para efeito de controle (como nas funções cívicas, educacionais, comemorativas e outras).

73. Regime das obras teatrais

Na área teatral (denominada "dos grandes direitos"), após a autorização da entidade representativa (no Brasil, a SBAT – Sociedade Brasileira de Autores Teatrais), por meio de contrato de representação, em que se definem as correspondentes condições, a incidência do direito recai sobre o valor apurado na bilheteria do teatro em que se encena a peça – que se faz por empresas especializadas – consoante percentuais estabelecidos em tabela própria. Retido na fonte, é depois processado o pagamento ao autor, pela associação, na forma ajustada.

Trata-se, pois, de cobrança sobre receita do espetáculo – o qual obedece a normas sobre diversões públicas – em que, diretamente relacionada ao êxito da obra, se encontra a satisfação dos direitos patrimoniais do autor. Com isso, o autor participa do resultado econômico da encenação da obra, conforme ajustado, a qual se realiza por meio de empresas especializadas.

A entidade representativa dispõe de corpo de fiscais próprios que, com base no movimento diário das bilheterias, pode acompanhar *in loco* os valores obtidos na exibição da obra.

O pagamento é realizado pela própria entidade, depois da necessária contabilização, e nos termos previstos no contrato, normalmente por mês, ou em função das encenações.

O relacionamento é, pois, pessoal e direto, nos dois níveis, empresário--associação e associação-autor, mantendo a entidade representativa contratos de representação com entidades afins do exterior, para o intercâmbio internacional, seja na defesa de interesses nacionais no estrangeiro, bem como de autores de outros países, no Brasil, dentro da reciprocidade que governa o sistema.

O regime comporta aperfeiçoamento, em especial quanto às técnicas de apuração e de distribuição, parecendo-nos que a ampliação de bases no exterior, por meio de novos contratos de representação, tem se mostrado necessária para o adequado acompanhamento de encenações de obras de autores brasileiros no exterior.

74. Regime das obras musicais

Na área musical (denominada "dos pequenos direitos"), após a apresentação do programa e o recolhimento dos direitos autorais à entidade própria (no Brasil, o ECAD), segue-se o acompanhamento das execuções pelo método de pontuação, ou seja: a) anotação em planilhas, nos principais pontos (locais públicos, como rádio, televisão, cinema – incluída a música no filme –, boate, *show*, estabelecimento de comércio), onde se faça execução (art. 68); b) processamento pelo computador dos usos captados; c) atribuições de valores aos titulares; d) e subsequente pagamento, pela via bancária.

Trata-se de sistema denominado *forfetário*, ou de compreensão global, em que se reúnem, na cobrança, os direitos de todos os titulares existentes, baseado em valores aproximados, recolhidos, muitas vezes, por amostragem, entre nós, à luz de diversos mecanismos instituídos e que compreendem exame no local, gravação de programas de rádio, escutas e fiscalizações diretas nos locais de exibição e outras modalidades de aferição, em que se fazem as "pontuações" para a posterior apuração dos direitos autorais, consoante percentuais previstos em tabela própria e que abrangem autores, editores, intérpretes, produtores de fonogramas, executantes, enfim, todos os titulares reconhecidos no setor (direitos de autor e conexos, estes sobre os discos ou fitas, as interpretações, as orquestrações, os arranjos).

O acompanhamento e o controle desse regime cabem ao ECAD, de um lado, às associações, de outro, e, por fim, aos próprios interessados. Eis por que o tema é tão complexo como atual. Por isso, a demanda de alterações da Lei 12.583/2013 se concentrou nesse aspecto, onde se pode verificar que a unificação da arrecadação incumbirá a um escritório central, apesar da diversidade de entidades defensoras dos direitos autorais, e este funcionará como "ente arrecadador com personalidade jurídica própria", nos termos do art. 99. Neste caso, o ente arrecadador: a) não terá finalidade de lucro, bem como será administrado por meio do voto unitário de cada uma das entidades que congrega; b) atuará judicial e extrajudicialmente como substitutos processuais dos titulares de direitos autorais; c) será responsável pelo depósito bancário que garante ao titular dos direitos autorais ou conexos a percepção efetiva do direito patrimonial devido; d) distribuirá aos titulares o valor entre 77,5% (mínimo) e 85% (máximo) dos valores arrecadados, progressivamente até quatro anos após de vigência da lei; e) deverá manter fiscais, que exercem a importante tarefa de recolhimento e regularização das cobranças, entre outros.

As verbas recebidas, apartadas as necessárias à sua administração, são depois repassadas às associações, que as distribuem a seus filiados, em consonância com os respectivos direitos, por meio da rede bancária autorizada e com ordem própria, em nome do interessado, em que constam o número de execuções detectado e a importância a ser recebida (atualmente, o crédito é mensal para compositores, editores, intérpretes, e trimestral, para os maestros e músicos).

Daí por que, para integrar-se a essa sistemática, necessária se faz a filiação do autor a uma entidade do respectivo setor, que congrega compositores, letristas, intérpretes, executantes e, às vezes, produtores de fonogramas, cujos direitos são provenientes de percentuais incidentes sobre o total arrecadado.

O mesmo regime de intercâmbio com o exterior existe no campo musical, possibilitando o recebimento de direitos de autores estrangeiros no País e de brasileiros fora de nossas fronteiras.

O sistema é, pois, de aproximação, em especial diante das dimensões continentais do País, abrangendo universo detectado, em concreto, pelos polos de coleta de dados mencionados, constantes os valores de cobrança de tabela elaborada pelo ECAD (as bases são, conforme a atividade, o preço de ingressos, a publicidade e outras modalidades de receita, inclusive indicadores econômico-financeiros).

A fiscalização, a par da ação do órgão oficial e do ECAD, é realizada também pelas associações e pelos próprios interessados, contribuindo para a manutenção do sistema em níveis consentâneos com o estágio evolutivo obtido na área. A pulverização dos usuários e dos modos de fruição das obras gera uma complexa interação entre obra e sociedade, que somente um eficiente sistema de representação e fiscalização é capaz de suprir a demanda por controle dos usufrutos patrimoniais das obras, em escala continental, como sói ocorrer no país. Daí a reforma da LDA implicar um aprimoramento do sistema de arrecadação e fiscalização, bem como um aprimoramento da forma pela qual atuam as entidades associativas e o próprio escritório central (arts. 97, 98 e 99 da LDA, com as alterações introduzidas pela Lei 12.853/2013).

Pode, no entanto, perfazer-se arrecadação personalizada em *shows* e em concertos, em especial quando o intérprete utiliza composições próprias.

Com o advento da Lei 12.853/2013, o regime foi aperfeiçoado em vários aspectos, a começar pela coleta de dados, pois foi ampliada a base de ação, não só nas casas de espetáculos, como também nas emissoras de rádio, procurando-se superar as dificuldades que a extensão territorial do País oferece. Nesse sentido é a nova redação do § 6.º do art. 68, ao dispor que "o usuário entregará à entidade responsável pela arrecadação dos direitos relativos à execução ou exibição pública, imediatamente após o ato de comunicação ao público, relação completa das obras e fonogramas utilizados, e a tornará pública e de livre acesso, juntamente com os valores pagos, em seu sítio eletrônico ou, em não havendo este, no local da comunicação e em sua sede".

75. O sistema contratual

No mais, prospera, entre nós, o regime contratual, seja para a criação, seja para a utilização de obras intelectuais, mostrando-se mais frequentes as situações respaldadas por contratos de Direito Comum.

No âmbito da criação, são usados contratos de prestação de serviços (quando autônomo o criador) e contrato de trabalho (quando assalariado o autor) e, quanto à utilização, outras e diferentes modalidades, em função do negócio jurídico respectivo (compra e venda, locação, doação, licença), que versaremos à parte.

Normalmente, a realização da obra se perfaz para uso nas atividades do próprio encomendante, que remunera os criadores (nas agências de publicidade, nas *softhouses*, nas produtoras de filme, de discos, de textos, editoras).

Há, no entanto, criações espontâneas, para posterior inserção no mercado de arte, ou para ornamentação, ou outras finalidades.

Nos negócios, os direitos é que prevalecem, operando-se sem instrumento escrito, eis que impera, no setor, o consensualismo, salvo quanto à existência de imposições legais de forma e de substância, na lei autoral, onde normas de ordem pública povoam principalmente o domínio da cessão de direitos.

A remuneração dos criadores depende dos negócios realizados e dos respectivos contratos, prevendo-se sistemas de pagamento de valor fixo ou de valor relacionado à vendagem da obra.

Nos casos que dependem de vendagem, fixa-se participação percentual para o autor (de regra, 10% (dez por cento) sobre o preço da capa, para livros), podendo o recebimento dar-se ao longo do respectivo curso, ou antecipadamente.

Outrossim, também na circulação internacional, dentro do princípio da territorialidade, em cada país podem ser suscitados direitos autorais pelo uso de obras intelectuais alienígenas, pelos diferentes processos possíveis, realizando-se a sua percepção consoante contratos de representação firmados entre autores ou entidades, ou entre estas, de sorte que, por exemplo, a execução de música, ou de filme, ou de obra televisada, em outro Estado, gera direitos para os nacionais, assim como para os estrangeiros no País.

Sob a égide da reciprocidade, tratados são firmados entre os países interessados, inclusive para evitar bitributação dos rendimentos auferidos, possibilitando a fruição, pelos titulares, de direitos em todos os Estados convenentes.

76. Realização de direitos nesse sistema

Na realização de direitos, várias situações podem existir, a partir da seguinte constatação: a) ou o próprio autor põe em circulação a obra, recebe a remuneração ajustada e a obra ingressa no âmbito de outra pessoa (que adquire a obra para uso próprio, como na venda direta de exemplar de obra de arte); b) ou se destina ao cenário negocial (quando o adquirente visa à circulação, como nas hipóteses de compra para inserção em leilão, ou em galeria de arte); c) ou o autor contrata com terceiro a comunicação da obra (entregando-a mediante os contratos de direitos autorais existentes, com os reflexos que, em cada qual, discutiremos); d) ou o autor é contratado e remunerado para a criação, ingressando a obra na circulação negocial por via do próprio contratante, empresa de comunicação (com as peculiaridades inerentes a esse vínculo).

Recebido o preço no ajuste direto, total ou parcialmente, a obra escapa da esfera do titular, quanto à concretização material correspondente, remanescendo, no entanto, quanto aos vínculos morais, sob sua ação, como já anotamos; decorre daí que os usos posteriores ficam sujeitos à sua consulta, salvo se, quanto a um ou a alguns, ou mesmo a todos, se tenha despojado o autor, por via de cessão de direitos.

Isso significa que o pagamento recebido, à época da criação, remunera a sua elaboração, mas não o respectivo uso ulterior, seja em contratação com empresas do setor, seja em contratação privada. Vale dizer: nem o preço pago para a aquisição (como na obra de arte, pintura, escultura, arquitetura) nem a remuneração pelo criador (na criação sob contrato de trabalho ou de prestação de serviços) respaldam o uso posterior da obra sem nova contraprestação.

Ao contrário, cada novo uso exige remuneração própria, que deve ser satisfeita quando da autorização autoral, salvo se houver, quando possível, cessão de direitos prévia ou, na obra sob encomenda, quanto ao uso respectivo na atividade do encomendante, nos limites enunciados.

77. Identificação dos usos permitidos pelo contrato

Na identificação dos usos permitidos pelo contrato firmado para a elaboração da obra, o ponto de crise está na fiação de critério para diferenciação entre o uso consentido pelo titular e a invasão de sua reserva, e que reside na exata medida do alcance da remuneração paga. Ora, a remuneração paga para a elaboração da obra permite apenas o uso correspondente à atividade específica do contratante; assim, a contratação para a criação de um programa de televisão possibilita a exibição pela emissora, não comportando, pois, por si, qualquer outro uso ulterior, por exemplo, gravação por outro processo, venda, ou locação de fitas reproduzidas. Na esfera privada, por sua vez, a compra de um disco, ou de uma fita, corresponde ao preço da obra, mas não à remuneração do autor por qualquer outro uso público que de sua reprodução puder resultar (como audições ou exibições mediante paga, ou contraprestação material).

Dessa forma, não havendo contemporânea cessão de direitos, todos os demais usos que escapem ao negócio jurídico originário, por meio do qual a obra veio à circulação, representam invasão da reserva do criador, sujeita a sancionamentos próprios, como violação a direitos autorais.

Cumpre atentar-se, pois, em cada caso, para os contratos firmados entre as partes, cujo alcance de direitos se determina também pela respectiva natureza e por circunstâncias próprias em cada elaboração, estas somente verificáveis em concreto, respeitadas sempre as normas autorais cogentes.

Nesse sentido, por exemplo, à luz da regra básica citada, e salvo convenção contrária, não pode a empresa contratante utilizar, em prédios sucessivos, o projeto arquitetônico contratado e realizado para um edifício; não pode o adquirente de obra de arte autorizar reproduções, para negociação, do exemplar em seu poder; não pode a agência de propaganda, em campanhas outras, usar música realizada para certa situação contratada; não pode o usuário de *software* reproduzir, em cassete ou disquete, a criação e colocá-la no mercado; não pode o telespectador gravar filme ou programa e, depois, reproduzi-lo para venda ao público; não pode o usuário de música radiofonizada instalar aparato para extensão a outro público (como o alto-falante); enfim, cada novo uso corresponde a nova retribuição ao autor.

Como isso nem sempre ocorre na prática, pode-se, em inúmeros campos, cogitar de formulação de mecanismos adequados de percepção de direitos – como temos proposto –, institucionais ou contratuais, conforme o caso, mas que suprem a omissão do setor, a fim de elidirem-se os diferentes problemas que a jurisprudência vem tentando solucionar, em concreto, em face do regramento autoral, nos quais tem manifestado a mesma diretriz protecionista ao criador, que em outros países se verifica.

Ajunte-se, outrossim, que, em qualquer uso possível, mister se faz o respeito aos direitos morais do autor, não podendo, portanto, ser omitido o seu nome na utilização, ou modificada a obra, ou, enfim, ser inobservado qualquer dos vínculos pessoais reconhecidos.

78. Usos não consentidos

A par da evasão de receitas nos sistemas referidos, pela não absorção de certas utilizações, que acabam por não pagar a remuneração devida, diferentes usos não consentidos vêm aumentando paulatinamente, a comprimir os direitos autorais em concreto, muitas, aliás, caracterizadoras de violações. As contrafações, a pirataria, a banalização dos meios virtuais somente fortalecem essa impressão.

Com efeito, o avanço tecnológico, com a introdução continuada de máquinas e de aparatos de representação e de reprodução de obras intelectuais, que permitem a multiplicação ou a fruição da obra sem qualquer consulta ao interessado, vem gerando inúmeros problemas para o campo do Direito de Autor.

Alguns desses meios não se acham regulamentados, outros escapam ao controle dos interessados, ou não contam com sistemática de cobrança, de sorte que não recebem os titulares os direitos que lhes são devidos, muitas vezes por desconhecimento desse campo ou por força de renitência de pessoas responsáveis pelo pagamento.

Com isso, infelizmente, tem-se ampliado o uso indiscriminado de criações intelectuais alheias, sem conhecimento, ou sem consentimento do autor, com prejuízos para todo o setor cultural.

DIREITO DE AUTOR – *Carlos Alberto Bittar*

Daí por que temos insistido, inclusive com propostas de sistemas concretos de cobrança, na necessidade de instituição de mecanismos de regulamentação ou de controle – conforme o caso – desses usos, a fim de que possam ser abrangidos no âmbito da satisfação concreta de direitos, em especial quanto à reprografia, ou seja, reprodução mecânica de obras intelectuais por processos técnicos possíveis (xerox, microfilmagem, fotocópia), mas também quanto à edição, à produção e à circulação de obras intelectuais, eis que nem sempre são precisamente remunerados os respectivos titulares, cabendo, pois, a inserção de novos instrumentos de defesa direta dos interesses dos criadores. A ideia da "Pasta dos Professores", desenvolvida por algumas editoras em universidades, vem aparecendo como um lenitivo a este processo.

Com efeito, dirigindo-se a objetivos econômicos a quase totalidade desses usos vem, de um lado, atingindo os direitos autorais ou conexos e caracterizando violações puníveis, e, de outro, constituindo-se em fatores de desestímulo para novas criações, na medida em que não são suscetíveis de alcance pelo titular para a necessária perseguição jurídica.

Daí a instituição de licença legal, em muitos países, para certos usos (como gravações em fitas e em videofitas), recolhendo-se, previamente, o valor fixado como retribuição correspondente aos direitos autorais, em que a vontade da lei substitui a do autor, em prol da garantia do efetivo recolhimento do valor correspondente.

79. A reprografia e seu controle

Ora, de todos os fenômenos que interferem no Direito de Autor é a reprografia – nome que se confere à reprodução mecânica de obras, por qualquer processo técnico (inclusive por processos de digitalização) – o de maior espectro, frente ao volume e ao alcance das operações não autorizadas pelo autor e, mesmo, nem conhecidas, que se realizem por todas as formas de criação existentes, em especial no âmbito gráfico, fonográfico e videofonográfico.

A difusão da reprografia está ligada a fenômenos vários, dentre os quais as dificuldades financeiras para a aquisição dos textos, em face de seu custo; os problemas inerentes ao acesso a obras estrangeiras; a necessidade de compilar textos vários para a produção de trabalhos científicos ou escolares, em que se exigem farta bibliografia e outros tantos, inclusive o próprio comodismo.

Utilizada no meio negocial e universitário, profissional e doméstico, tem-se formado, com base na reprografia, extenso elenco de entidades de disseminação de informações (como bancos de dados, centros de informações, inclusive oficiais; repertórios de trabalhos científicos e literários; resumos analíticos em bibliotecas e serviços afins), inclusive sob forma empresarial, sem qualquer remuneração aos criadores.

Em face disso, apresentamos, para regulamentação da matéria, proposta baseada na ideia da cobrança de direitos por cópia extraída – já ora adotada em outros países, em acordos intercategoriais – que seria efetivada na extração, mediante preenchimento de formulário próprio, para identificação do titular, da obra e do número de páginas copiadas. Os recursos seriam carreados para o fundo próprio e, posteriormente, distribuídos entre os titulares, procedendo-se à fiscalização pelos mecanismos do setor e ao controle pelas entidades correspondentes, à luz de anteprojeto que elaboramos e depois foi encaminhado ao Conselho Nacional de Direito Autoral, para apreciação e futura disciplinação da matéria. Abrimos exceção a entidades universitárias e de pesquisa, mas sujeitas ao encaminhamento dos formulários, para controle estatístico, com limitação, outrossim, quanto a cópias extraídas. No entanto, ainda não se chegou à regulamentação da matéria.

Com isso, fonte de recursos novos ingressaria no sistema autoral, para justa retribuição aos titulares pelo uso de suas obras, pondo-se fim ao indiscriminado e extenso elenco de usos indevidos que vêm ocorrendo. Aliás, a regulamentação da reprografia, com a conscientização da necessidade de pagamento pelo uso, contribuiria, de modo decisivo, para a divulgação da existência dos direitos, e a remuneração obtida estimularia novas criações intelectuais para o próprio progresso cultural do País.

Apesar de ainda não inserida em nosso Direito, esta proposta, que visa a criar um sistema de controle efetivo da reprografia, dando integral cumprimento ao mandamento constante do art. 5.º, inciso XXVIII, *b*, mesmo assim, a atual Lei 9.610, de 19.02.1998, por via de seu art. 46, inciso II, restringiu em grande parte a latitude das autorizações para uso reprográfico de obra com sua atual dicção textual ("Não constitui ofensa aos direitos autorais: (...) II – a reprodução, em um só exemplar, contanto que não se destine à utilização com intuito de lucro").

80. Usos livres: as limitações aos direitos autorais

Entretanto, certas utilizações de obras protegidas estão excluídas da incidência dos direitos autorais, mesmo durante o prazo de exclusividade legal: são situações em que se permite o uso livre da obra, ou seja, independentemente de consulta ao titular e a consequente remuneração, a par dos casos de obras não alcançadas pela sistemática autoral (ou porque não protegidas, ou porque caídas no domínio público).

De fato, com a designação de limitações aos direitos autorais, a lei prevê, para obras protegidas, algumas exceções ao princípio monopolístico, atendendo a interesses vários de ordem pública.

Integrados ao sistema autoral *ab origine*, essas limitações, tecidas com linhas ditadas pela prevalência da ideia de difusão da cultura e do conhecimento, constituem derrogações à exclusividade do autor, encontrando guarida tanto na Convenção como no Direito interno dos países componentes da União.

Dessas limitações, uma reveste-se de feição institucional, decorrente da própria conceituação do Direito de Autor – quanto ao prazo de monopólio – e outras se aliam a exigências de várias ordens: quanto à censura, à informação, à cultura, ao ensino e a considerações ditadas pela prevalência de direitos da coletividade.

Assim, de início, a partir da noção de que o autor, na consecução da obra, sempre retira elementos do acervo cultural preexistente, tem sido sufragada, à unanimidade, a limitação no tempo dos direitos patrimoniais, para efeito de aproveitamento ulterior da obra pela coletividade. Retira-se – entre nós, apenas aos sucessores – a exclusividade de exploração, e a obra cai no domínio público. Eis o respeito ao princípio da publicidade da obra.

Além disso, exigências da sociedade impõem outras limitações aos direitos autorais. Assim, da vida pública decorrem as limitações concernentes à censura e ao controle de comunicações. De ordem didática são as relativas a coletâneas e antologias. De cunho científico, as citações (para ilustração do pensamento ou reforço) e as críticas (para divulgação de ideias e de ciência). Outras têm sido incluídas sempre em função dos mesmos interesses, em nível de exigências detectadas em cada país (entre nós, a censura foi extinta, uma vez incabível na democracia).

Dessas exceções, umas ligam-se à própria sistemática convencional do Direito de Autor, mas outras se vão acrescendo ao rol, com a expansão das técnicas, e sempre em razão de interesses da coletividade. Assim, em alguns países, sistemas de licenças legais têm proliferado, autorizando-se a utilização de certas obras, mediante a retribuição prevista, em face da dificuldade de obtenção individualizada de autorização, nos mecanismos já consagrados na prática (como, por exemplo, na área musical).

Em nosso sistema, a lei limita, no tempo, os direitos patrimoniais (art. 41 e parágrafo único), em consonância com o texto constitucional, gozando o autor, no entanto, por toda a sua vida, desses direitos, como também sucessores indicados (*mortis causa*), como adiante discutiremos.

81. As hipóteses legais de uso livre

Por outro lado, enumera taxativamente as hipóteses de uso livre, declarando que não constituem ofensa (a exemplo do que fazia o Código Civil de 1916, art. 666) aos direitos de autor: "I – a reprodução: a) na imprensa diária ou periódica, de notícia ou de artigo informativo, publicado em diários ou periódicos, com a menção do nome do autor, se assinados, e da publicação de onde foram transcritos; b) em diários ou periódicos, de discursos pronunciados em reuniões públicas de qualquer natureza; c) de retratos, ou de outra forma de representação da imagem, feitos sob encomenda, quando realizada pelo proprietário do objeto encomendado, não havendo a oposição da pessoa neles representada ou de seus herdeiros; d) de obras literárias, artísticas ou científicas, para uso exclusivo de deficientes visuais, sempre que a reprodução, sem fins comerciais, seja feita mediante o sistema braile ou outro procedimento em qualquer suporte para esses destinatários; II – a reprodução, em um só exemplar, de pequenos trechos, para uso privado do copista, desde que feita por este, sem intuito de lucro; III – a citação em livros, jornais, revistas ou qualquer outro meio de comunicação, de passagens de qualquer obra, para fins de estudo, crítica ou polêmica, na medida justificada para o fim a atingir, indicando-se o nome do autor e a origem da obra; IV – o apanhado de lições em estabelecimentos de ensino por aqueles a quem elas se dirigem, vedada sua publicação, integral ou parcial, sem autorização prévia e expressa de quem as ministrou; V – a utilização de obras literárias, artísticas ou científicas, fonogramas e transmissão de rádio e televisão em estabelecimentos comerciais, exclusivamente para demonstração à clientela, desde que esses estabelecimentos comercializem os suportes ou equipamentos que permitam a sua utilização; VI – a representação teatral e a execução musical, quando realizadas no recesso familiar ou, para fins exclusivamente didáticos, nos estabelecimentos de ensino, não havendo em qualquer caso intuito de lucro; VII – a utilização de obras literárias, artísticas ou científicas para produzir prova judiciária ou administrativa; VIII – a reprodução, em quaisquer obras, de pequenos trechos de obras preexistentes, de qualquer natureza, ou de obra integral, quando de artes plásticas, sempre que a reprodução em si não seja o objetivo principal da obra nova, e que não prejudique a exploração normal da obra reproduzida nem cause um prejuízo injustificado aos legítimos interesses dos autores" (art. 46 da Lei 9.610, de 19.02.1998). Certamente, este rol poderia ter sido aprimorado, caso o Anteprojeto de Lei tivesse sido aprovado em sua íntegra, aspecto que não resultou em adendos consideráveis à atual lógica de restrição de uso, especialmente considerada a necessidade de adaptação da lei à lógica da sociedade da informação, às novas tecnologias e ao franco e ampliado rol de formas de utilização de produtos do conhecimento por meio da *internet*.

Igualmente, se encontra em tramitação no Congresso nacional o Projeto de Lei 4.007/2020, que visa autorizar a possibilidade dos Museus fazerem a exploração da imagem de suas obras, sem que isto represente nem violação de direitos autorais e nem o aumento de custos para as instituições, especialmente considerado o cenário de acelerada digitalização da cultura. Nessas condições, a proposta envolve a inserção do inciso IX ao art. 46, nos seguintes termos: "IX – a utilização, por museus, de imagens das obras protegidas por direitos autorais sob sua guarda, em todas as mídias e suportes existentes ou que venham a ser criados, em ações educativo-culturais, de difusão, de acessibilidade, de inclusão, e de sustentabilidade econômica, desenvolvidas no âmbito dos museus". A tramitação ainda está em curso, e ainda se encontra pendente de conclusão.

Verifica-se que, em todos os casos, existem situações, bem delimitadas pela lei, em que prosperam interesses gerais, e os fins não são econômicos, tendo a jurisprudência, com respeito à antologia, em que se reuniam obras de autores

DIREITO DE AUTOR – *Carlos Alberto Bittar*

vivos, declarado necessária a prévia consulta e imposto sancionamento à editora pela inobservância, considerando derrogada a norma permissiva pela atribuição constitucional de exclusividade de utilização ao autor.

Em todos os casos, prevalece a interpretação estrita, de sorte que sempre devem ser respeitados todos os requisitos expostos, a fim de que tranquila possa ser a utilização.

A Lei 9.610, de 19.02.1998, por meio de seu art. 4.º, disciplina a matéria dizendo que: "Interpretam-se restritivamente os negócios jurídicos sobre os direitos autorais". Comparativamente à norma anterior (art. 3.º da Lei 5.988, de 14.12.1973), sequer alteração de redação do artigo houve, o que está a atestar a prevalência e o assentamento no solo pátrio do princípio segundo o qual a moralidade da obra deve ser respeitada mesmo nos instrumentos de cessão e negociação de direitos autorais. O caráter protecionista está sedimentado, e este aspecto foi reiterado pelo legislador.

Ademais, em seu art. 47 vem dado que as paráfrases e paródias, que não forem verdadeiras reproduções da obra originária ou ainda não a submeterem a descrédito, são livres. Também as obras situadas permanentemente em logradouros públicos podem ser representadas livremente, e assim pelas diversas modalidades de representação e/ou plasmação destas obras em outros suportes, ou seja, por meio de pinturas, desenhos, fotografias e procedimentos audiovisuais (art. 48).

Não pode, porém, exercer direitos autorais o titular cuja obra tenha sido retirada de circulação, em virtude de sentença judicial irrecorrível.

82. A utilização econômica e os direitos das pessoas com deficiência

Como já se pôde perceber, a utilização econômica pode ser excepcionada e limitada, em função da necessidade de garantir a conciliação entre o interesse individual e o interesse coletivo. Em nossos tempos, avulta a consciência sobre a utilização de obras intelectuais por pessoas com deficiência (deficiência visual, auditiva ou outras). Neste tocante, há de se ter presente a importância atual e recente do *Tratado de Marraqueche* (Tratado firmado para facilitar o acesso a obras publicadas às pessoas cegas, com deficiência visual ou com outras dificuldades para ter acesso ao texto impresso). O Tratado foi firmado pelo Brasil, em 27 de junho de 2013 (tendo entrado em vigor em 30 de setembro de 2016), sendo que sobreveio Decreto Legislativo do Congresso Nacional para a incorporação do Tratado ao Direito nacional (Decreto Legislativo 261/2015) e, em seguida, o Decreto 9.522/2018. Ademais, o Tratado não foi somente internalizado, como também foi regulamentado pelo Decreto 10.882/2021. Nesse quadro legislativo, deve-se igualmente considerar a importância do *Estatuto da Pessoa com Deficiência* (Lei 13.146/2015).

Visando à acessibilidade e à igualdade de oportunidades, o Tratado introduz uma preocupação que afeta a relação entre o uso econômico da obra intelectual

Cap. VIII • A REALIZAÇÃO DOS DIREITOS | 97

e o interesse em promoção da inclusão e da acessibilidade, por meio do conceito de eliminação de barreiras (art. 3.º, inc. IV, da Lei 13.146/2015). A finalidade é a produção de formatos acessíveis de obras intelectuais, mediante a inclusão de uma exceção à legislação nacional, para criar condições de produção de obras voltadas para os públicos com deficiências, sem a necessidade de consulta de autorização ou sem remuneração aos Autores (art. 4.º do *Tratado de Marraqueche* – Anexo ao Decreto 9.522/2018: "1.(a) As Partes Contratantes estabelecerão na sua legislação nacional de direito de autor uma limitação ou exceção aos direitos de reprodução, de distribuição, bem como de colocação à disposição do público, tal como definido no Tratado da OMPI sobre Direito de Autor, para facilitar a disponibilidade de obras em formatos acessíveis aos beneficiários. A limitação ou exceção prevista na legislação nacional deve permitir as alterações necessárias para tornar a obra acessível em formato alternativo"). Em seu atual estágio, a situação ainda é de aguardo da alteração efetiva da LDA.

IX
OS REGIMES ESPECIAIS

83. Regimes especiais de utilização

Quanto à utilização das obras intelectuais, além das normas gerais expostas, certas disposições particularizadas da lei autoral regem a respectiva textura, atendendo a exigências do tipo (obras de arte plástica, obras fotográficas, obras cinematográficas, jornalísticas, fonográficas). Além disso, outras criações são vedadas em leis especiais, em razão de sua própria essência e de sua posição no cenário empresarial das comunicações e suas interações com a economia (como as obras publicitárias, o *software*, e outras).

Daí por que a sistema próprio estão sujeitas essas criações, cujo contexto revela a existência, na lei, de regimes especiais, em matéria de direitos autorais, além das particularidades referidas quanto às obras arquitetônica e cinematográfica, a respeito do exercício dos direitos morais, e às obras musicais e teatrais, quanto à realização e à arrecadação de direitos.

Submetidas, de um modo geral, ao sistema contratual, apresentam aquelas criações notas destoantes, em sua disciplinação, algumas, aliás, assistemáticas e criticadas, com veemência, pelos estudiosos do Direito de Autor, com realce para os casos das obras de arte plástica e das fotográficas.

Na realização dos direitos, as dificuldades apontadas têm prejudicado os interesses dos titulares e os diferentes novos canais de comunicação de obras, não submetidos a regimes próprios de cobrança ou de controle, têm ocasionado a evasão, ou mesmo a não percepção, pelos titulares, de receitas provenientes do uso da obra, quedando eles apenas com a remuneração paga na criação.

Por isso temos, em vários desses usos, oferecido propostas para instituição de mecanismos de aferição, ou de controle, que permitam a satisfação dos direitos dos autores – que noticiaremos no curso da exposição –, inclusive para o próprio desenvolvimento da cultura do País, que repousa, exatamente, no trabalho criativo de seus intelectuais e artistas.

84. A obra de arte plástica

Referentemente à obra de arte plástica, pela redação legal, a alienação do objeto em que se materializa importa em transmissão, para o adquirente, do direito de exposição ao público (art. 77), salvo convenção em contrário. Deve-se grifar, no entanto, no que concerne à obra de arte plástica, que com a aquisição por parte de terceiro não segue o direito de reproduzi-la (art. 77). Em outro texto, exige a lei, contraditoriamente, que conste de documento a autorização para reprodução da obra, presumindo-a onerosa (art. 78).

Observa-se, assim, de início, a quebra do princípio geral de que a aquisição do original não traz em si qualquer transferência de direitos (art. 37), salvo convenção em contrário entre as partes e os casos previstos nesta lei, e, de outro lado, a dualidade de regime para a exposição da obra, ambos incompatíveis com o próprio sistema da lei.

Não se concebe possa, *a priori*, ser aceita essa exceção, cumprindo analisar a situação no caso concreto, para inferir a intenção das partes, à luz da respectiva negociação.

Assim, apartados os usos pessoais, qualquer outra utilização pública gera direitos para o autor, à luz dos princípios expostos, salvo, quanto aos possíveis, a respectiva transferência por cessões explícitas.

Nessas obras, ademais em razão do direito de sequência (sequela, ou *droit de suite*), sistema adequado de cobrança cumpre ser estabelecido a fim de que, nos leilões de arte e nas lojas de feiras de antiguidade, se possa atribuir aos autores a *plus valia* a que têm direito, como em outros países se faz, em especial pela alta valorização que vêm experimentando as obras de arte, hoje consideradas preciosos investimentos. Assim, efetuada a operação, o vendedor (ou o leiloeiro) é considerado depositário, para fins de cobrança, do autor, da quantia de no mínimo 5% (cinco por cento) no aumento do preço.

Anote-se, ainda, quanto a essas obras, o valor histórico, cultural e patrimonial que possuem, e que, quando incorporadas ao acervo público, encontram proteção pelo próprio Estado, erigidas em testemunhas vivas da própria evolução da arte humana.

85. A obra fotográfica

Na era digital, o *Facebook* revolucionou a forma pela qual as pessoas passaram a se relacionar com a fotografia. Não somente os equipamentos fotográficos foram massificados (não há telefone celular que já não contenha uma câmera fotográfica), as tecnologias foram integradas, os mecanismos foram facilitados, como a *selfie* se tornou o novo meio de expressão da pessoa com a própria imagem.

Diante da imensa volatilidade da imagem, provocada por estas inovações, em que as redes sociais protagonizam tantas mudanças, é que a fotografia se tornou um *objeto muito mais banalizado* do que antes se conhecera, no estado anterior do desenvolvimento técnico. E, de fato, isso torna cada pessoa um instrumentador, divulgador, publicador, manipulador, editor de fotografias. Ora, é fato que esta imensa transformação no plano da prática e da cultura haverá de impactar diretamente no número de violações conhecidas ao exercício profissional e contratualizado da fotografia.

Com respeito à obra fotográfica, em que se adotou orientação da lei francesa – criticada, aliás, na doutrina –, a protegibilidade em concreto está relacionada ao caráter artístico da forma (art. 7.º, inciso VII). Daí, nem toda fotografia (como a comercial ou documental) merece acolhida no regime legal, cabendo, em caso de dúvida, verificação efetiva de sua artisticidade.

Além disso, a respectiva utilização está sujeita a normas especiais, exatamente porque, quando o objeto é a pessoa humana, devem ser respeitados os direitos de imagem do retratado e, de outro lado, a difusão do uso de reproduções por fotografias afeta também vários setores da arte (como a pintura, a escultura, a arquitetura).

Nesse sentido, quanto à obra fotográfica, cabe ao autor, normalmente, o direito de reproduzi-la e colocá-la à venda, mas, nos retratos, devem-se observar as restrições quanto à exposição, reprodução e venda, em face dos direitos da pessoa focada. Sendo, outrossim, fotografia de obra de arte figurativa, o exercício dos direitos do fotógrafo deve perfazer-se sem prejuízo dos direitos de autor sobre a obra reproduzida (art. 79), dependendo a conciliação de prévio ajuste entre os interessados, respeitados sempre os aspectos morais da criação primígena.

De outra parte, em qualquer uso de fotografia, é necessário, na divulgação, indicar, de forma legível, o nome do autor (o denominado "crédito") (§ 1.º) e, em caso de reprodução, queda vedada qualquer cópia que não esteja em absoluta consonância com o original, salvo prévia autorização do autor (§ 2.º). Com isso, aliás, fica elidida a composição feita com fotografia, eis que se atinge o direito moral de integridade, que somente por expresso ajuste se torna possível.

No tocante à concretização dos direitos, deve-se acentuar que a remuneração, em fotografia, fica sujeita ao ajuste entre os interessados, assumindo caráter especial o trabalho artístico desenvolvido na área da publicidade, em que, por empresas especializadas e integrantes de associação própria, se desenvolvem as criações (sistema de prestação de serviços), com os critérios de pagamento previstos em tabelas próprias, remanescendo, de regra, em sua esfera, outros direitos de utilização que escapem ao contratado. O mesmo, em se tratando de fotografia jornalística, exercida sob o poder patronal da empresa jornalística.

A comercialização de fotografias – inclusive por fotos-arquivos atualmente facilmente destacáveis para a internet e outros meios virtuais ou bancos de fotos constituídos exatamente para acompanhar a evolução publicitária – perfaz-se também por meio de contratos próprios, em especial os de edição ou licença (o tipo mais frequente), ou o de cessão de direitos, quanto à obra em si, e de licença de uso de imagem (quando envolve pessoas), em que se preveem os direitos em tela e as utilizações pessoais, com as correspondentes remunerações autorais.

Por fim, o uso de fotografia em publicidade suscita a questão da proteção da imagem do retratado, não podendo, pois, ser estendida a outra finalidade a autorização dada para certa inserção. Anote-se, a propósito, que na fotografia de pessoa em interpretação (ator caracterizado) se tem presente o direito conexo de interpretação, mas sujeito à mesma restrição quanto ao uso ulterior.

86. A obra fonográfica

Relativamente a fonograma (toda fixação de sons de uma execução ou interpretação ou de outros sons, ou de uma representação de sons que não seja uma fixação incluída em uma obra audiovisual, art. 5.º, inciso IX), a regra é a da obrigatoriedade de estampagem em cassetes, cartuchos, discos, CDs e outros suportes. Ademais, há que se observar a respeito da utilização de fonograma o que dispõe o art. 80 da Lei 9.610/98: "Ao publicar o fonograma, o produtor mencionará em cada exemplar: I – o título da obra incluída e seu autor; II – o nome ou pseudônimo do intérprete; III – o ano da publicação; IV – o seu nome ou marca que o identifique".

Destinada a evitar a denominada *pirataria* fonográfica, pela possibilidade de distinção da cópia legal, a medida reforça a posição das gravadoras quanto a seus direitos, cabendo anotar, outrossim, que, para os filmes, medida semelhante foi instituída no âmbito administrativo, com a exigência de selagem das cópias para a respectiva circulação legal.

Cumpre registrar, quanto a fonograma, a inserção no regime de execução musical de todos os direitos incidentes, inclusive conexos (arts. 93 e 94), os direitos de personalidade, como o direito à voz etc.

Anote-se, ainda, que, na edição (em partitura: gráfica ou litográfica) e na gravação da música, contratos próprios são firmados, normalmente de cessão de direitos para fixação e uso respectivo pelas empresas do setor, e com todos os titulares, desde compositores, letristas, músicos, orquestradores e arranjadores, enfim, todos os que participam na elaboração do fonograma.

Por fim, cumpre respeitar sempre a incidência dos direitos conexos, prevista na legislação própria (Lei 9.610, de 19.02.1998, arts. 89 e seguintes, quanto a intérpretes, executores, produtores de fonogramas e de filmes; e Lei 6.533, de 24.05.1978, quanto a artistas, nos videofonogramas).

87. A obra cinematográfica

No entanto, a mais específica de todas as disciplinações é a da obra cinematográfica, que conta com regime peculiar, seja quanto aos titulares, quanto ao alcance dos direitos, ou quanto à respectiva utilização, esta submetida à extensa regulamentação administrativa, inclusive quanto ao registro e à comercialização. Toda a atribuição atualmente conhecida para a área decorre das competências da Agência Nacional do Cinema (ANCINE), autarquia que atua sob regime especial (Medida Provisória 2.281, de 06.09.2001), vinculada à atual estrutura da Secretaria Especial de Cultura (art. 24, inciso III, da Medida Provisória 870/2019), pelo Decreto 4.858, de 13.10.2003, sendo suas prioridades institucionais o fomento, a regulação e a fiscalização das atividades cinematográficas e videofonográficas (Decreto 4.121, de 07.02.2002).

Quando se avança na compreensão do tema, há que se alertar para a adoção da nomenclatura genérica "obra audiovisual", da qual é parte a cinematográfica (art. 7.°, inciso VI), devendo-se anotar que, na terminologia legal, a obra de projeção em tela (art. 5.°, inciso VIII, alínea *i*) pode ser produzida por pessoa física ou jurídica, que toma a respectiva iniciativa, a coordenação e a responsabilidade da feitura da obra.

Ora, ao produtor competem os direitos patrimoniais, salvo convenção em contrário, devendo ser especificada no contrato essa posição, mas, como referimos, ao diretor cabe, exclusivamente, o exercício dos direitos morais, com a limitação que lhe é imposta (art. 25). Dissociam-se, na utilização, pois, os direitos em causa, separando a lei autoria da obra como um conjunto (obra complexa), e autoria artística (da película), isso quando o produtor divide com um diretor a realização do filme.

Aliás, em sua estruturação – que requer preparação (manuscrito, roteiro, *script*), consecução e montagem – a obra cinematográfica reúne diferentes manifestações artísticas, algumas destacáveis; daí por que diferentes titulares de direitos existem (os autores do roteiro, da música, os atores, o diretor de arte e outros). Entretanto, a lei, como assinalado, erigiu à condição de coautores, ao lado do produtor, os criadores do argumento literário, musical ou literomusical e o diretor (art. 16), além de cuidar da titularidade nos desenhos animados (parágrafo único). Trata-se de uma obra a múltiplas mãos e fruto de várias especialidades artísticas.

Ficam, no entanto, apartadas do regime autoral as participações puramente técnicas na realização do filme, enquanto, ao revés, em sua composição, inúmeras atividades auxiliares geram direitos autônomos, como as autorias do cenário (*screen play*), da montagem (*editing*), dos diálogos e da música.

Tratando-se de adaptação de obra existente, a cessão de direitos para a realização do filme não induz a qualquer outro uso (como a publicação em resumo da obra), que, ao revés, exige autorização expressa em contrato.

Na utilização da obra cinematográfica, a autorização do autor para a produção implica licença para utilização econômica da película, salvo disposição em contrário (art. 81), devendo os contratos conter os dados previstos na lei (art. 82).

104 | DIREITO DE AUTOR – *Carlos Alberto Bittar*

Contudo, para exclusividade, deve haver cláusula expressa no contrato, cessando em dez anos após a sua celebração, sem prejuízo da continuação da exibição da obra pelo produtor (§ 1.º do art. 81).

Se, no decurso da realização da obra, houver interrupção, temporária ou definitiva, por qualquer dos colaboradores, de sua participação, não perderá os direitos referentes à parte já executada, mas não poderá opor-se a que seja utilizada na obra, nem a que outrem o substitua na sua conclusão (art. 83), exatamente para permitir a continuidade dos trabalhos, aproveitando-se o material produzido.

Desde que dotada de autonomia, os coautores podem utilizar, em gênero diverso, a parte que constitua sua contribuição pessoal na obra, salvo convenção em contrário (art. 85), sendo livre o uso, no entanto, se o produtor não a concluir no prazo ajustado ou não a fizer projetar dentro de dois anos (parágrafo único).

Anote-se que os direitos autorais relativos à obra musical (obra musical, literomusical e fonograma) incluída em filme (inserção ou trilha, tendo como base de incidência a venda de ingressos) são devidos a seus titulares pelos responsáveis dos locais ou estabelecimentos previstos na lei (art. 68, § 3.º), ou pelas emissoras de televisão que os exibem (art. 86). Distingue-se, a respeito, o direito de inserção (cujo pagamento cabe ao produtor) do direito de execução (este, sob responsabilidade dos exibidores), em face da independência de cada qual.

Outrossim, *os direitos conexos em filmes (inclusive publicitários)* ficam sujeitos às normas específicas (arts. 89 e seguintes) e às leis especiais citadas (prevalecendo, quanto a artistas, as normas da Lei 6.533/1978, em especial, a do art. 13, que impede cessão de direitos – sendo devidos estes em cada exibição da obra – e a do art. 14, sobre os dados mínimos do contrato, quando para publicidade do filme).

A realização de direitos, em cinematografia, perfaz-se, na área da criação, pelo sistema *contratual*, ou por *trabalho assalariado*, prevendo-se, no primeiro, muitas vezes, cláusulas próprias sobre direitos autorais. Assim, quando o filme resulta de outra obra existente, firma-se contrato de adaptação com o autor, remunerando-se o titular. O adaptador, por sua vez, também por via contratual, realiza a sua atividade, assim como o diretor, o roteirista, os atores, os músicos e outros criadores – e até por meio de trabalho assalariado –, e, à existência de previsão expressa, o pagamento dos direitos autorais segue as disposições referidas. Podem, no entanto, as partes estipular condições próprias, respeitadas as regras da legislação autoral (em especial, definidas nos arts. 81 a 86).

Na utilização do filme, à empresa produtora compete promover a sua comunicação, firmando contratos com as distribuidoras e exercendo os direitos próprios (contratos de distribuição, com locação de cópias, para posterior exibição, podendo ocorrer, ainda, sublocação e permuta de filmes). Considerando-se as atribuições de combate à pirataria oriundas da resolução de diretoria colegiada da ANCINE, em seu art. 3.º, inciso III, existem dispositivos administrativos em corrente atualização com o intuito de tornar possível um efetivo controle sobre o movimento do mercado, a identificação das peças videofonográficas e registro de obras autênticas, visando combater a denominada *pirataria* de fitas e DVDs, dada a facilidade de reprodução permitida pelos aparatos existentes (ficam afastadas as cópias, vindas do exterior, que se destinam a uso apenas particular).

Assim, o uso de filmes no mercado realiza-se por meio de contratos com as distribuidoras, permitindo-se as cópias necessárias para a circulação do filme, por meio das exibidoras, e, ainda, a ação de videolocadoras e outras entidades do setor. Os direitos são percebidos quanto às diferentes utilizações possíveis, autorizadas em particular, mediante contratos de cessão de direitos para os fins pretendidos (como uso em videocassetes e DVDs).

A remuneração dos coautores, a par dos proventos referentes à criação, compreende percentual correspondente à utilização econômica da obra, obedecidos os parâmetros legais (art. 84).

Temos sugerido, a propósito, para os demais titulares, a definição de direitos de utilização em contratos especiais, dentro da gama possível, processando-se o pagamento e o controle por meio de elementos do próprio setor (autores, entidades e associações), apartadas as obras componentes de sistemas próprios (como o de execução musical), com a inclusão, nesse regime, de todos os criadores (autores, diretores, atores, intérpretes, executores), e das formas possíveis de uso (como as de videofonografia, de televisão).

Na reexibição, poderiam ser reajustados os valores com correção monetária, pelos índices oficiais, inclusive com participação percentual em receitas obtidas nas utilizações possíveis, evitando-se assim os usos não consentidos, que, pelo volume alcançado, têm exigido diferentes ações extrajudiciais e judiciais para a respectiva coibição.

88. A obra televisiva

As obras de televisão (radiovisuais) obedecem – em face da ampliação do conceito de imagem em movimento para outras formas, além do cinema – ao mesmo regime da obra audiovisual, aliás, em consonância com a abrangência dada pela atual dicção legal (art. 5.º, inciso VIII, *i*; art. 7.º, inciso VI; art. 29; e art. 81) (obedecidas, quanto à parte musical, as observações referentes à execução, e, quanto aos direitos conexos, as normas próprias mencionadas).

Frente ao direito de emissão reconhecido às empresas do setor, também sob licença é que se efetivam as exibições por outras entidades e pelo sistema de satélites, justificando-se, no entanto, a introdução de regimes de cobrança para os titulares de direitos das diferentes criações nela inseridas.

Com efeito, enquanto as novelas, os programas e os shows, os videocassetes e as vinhetas são comercializados, mediante contratos com os interessados – inclusive do exterior, em especial em face da expansão do mercado novelístico –, em que os direitos das emissoras são preservados, não se perfez ainda regime de remuneração autoral para os criadores nesses usos. Também, contratualmente, poderiam ser instituídos mecanismos de auferição, em especial, por intermédio das associações de titulares, como em outros países se conseguiu (a exemplo da França, pelos acordos intercategoriais), para elidirem-se usos não consentidos que frequentemente acontecem, com a disseminação dos aparatos de recepção e de reprodução existentes, inclusive para o sistema de televisão por cabo (denominado *cabovisão*) ou por assinatura (chamado "TVA", Decreto 95.744, de 23.02.1988).

Ora, também às representações e às reproduções efetivadas no interior de satélites de comunicação aplicam-se as normas do sistema autoral, eis que, em sua atuação, os sinais transportam criações intelectuais estéticas, como *shows*, filmes, programas e espetáculos artísticos, captados de emissoras de televisão, por cabo, devendo, portanto, com relação a cada qual, ser obedecidas as regras básicas de autorização autoral e da remuneração correspondente, com base na convenção especial (Bruxelas, 1974) celebrada a respeito e promulgada entre nós pelo Decreto 74.130, de 28.05.1974.

A adesão ao sistema opera-se, em nível particular, mediante assinatura de contrato próprio, que permite o uso da antena especial, podendo, para a proteção dos titulares de direitos, nas diferentes criações literárias e artísticas que integram as emissões, ser instituído o sistema referido (como em hotéis, onde, por via de cabo, se captam, em canais próprios, emissões de outras localidades, como, aliás, já existe em vários países).

Anote-se, ainda, que, na regulamentação das comunicações, sob o controle do Estado, extensa legislação rege aspectos vários das obras televisadas (como duração, inserção em publicidade, proporcionalidade de criações nacionais e outros).

89. A obra videofonográfica

A obra videofonográfica, definida pela lei como a obtida pela fixação de imagem, com ou sem som, em suporte material, a exemplo da cinematográfica (art. 5.º, inciso VIII, *i*), diferencia-se desta, quanto a técnicas de produção e ao suporte (película, no filme, e fita, no videofilme), sujeitando-se, no entanto, à mesma disciplinação legal, com normas regulamentares específicas, no âmbito administrativo (da ANCINE).

Criações próprias já existem e empresas especializadas (definidas na lei, art. 5.º, inciso XI) vêm desenvolvendo atividades de produção e de circulação de fitas específicas, como meio próprio de comunicação (art. 29, inciso V), em vários setores (*videoclipes*, *takes*, *videotapes*, videotextos, filmes, documentários e demais formas), alimentando, especialmente, os videoclubes e as locadoras de vídeo, que, em face da introdução continuada de aparelhos receptores (videocassetes), têm ampliado o respectivo mercado, dentro da dinâmica da sociedade da informação.

Inexistindo regime próprio de recepção de direitos e tendo em vista a disseminação do uso dos aparatos de reprodução, essa modalidade tem suscitado, para efeito de permitir remuneração aos titulares, em alguns países, a instituição de sistema de cobrança prévia, mediante licença legal recolhendo-se o produto arrecadado a Fundo próprio, para distribuição posterior aos titulares (na compra das fitas virgens, persistindo o regime para gravações de músicas e de filmes).

A realização de direitos obedece, entre nós, ao sistema contratual, inclusive na distribuição, com venda ou locação de cópias, sujeitas todas a etiquetas de controle, para evitar a proliferação de exemplares reproduzidos sem autorização.

Anote-se, outrossim, que os novos mecanismos de transmissão e de reprodução (terminais de multimídia, com computadores, telefonia celular e fibras óticas; redes eletrônicas; *laser*) se submetem ao regime dos direitos autorais, devendo-se prever fórmulas próprias para a respectiva recepção.

90. A obra radiofônica

A obra radiofônica também se insere no sistema dos direitos de autor, quanto às criações literárias, artísticas e científicas existentes em seu contexto (programas, novelas, *shows*), integrando-se, quanto à execução de música, ao regime próprio.

Constitui-se no mais importante veículo para a comunicação musical, ante o alcance respectivo, gerando, nas captações autônomas por qualquer processo possível (art. 68, § 1.°), a incidência de direitos (alto-falantes, execuções em estabelecimentos comerciais, escritórios e ambientes coletivos de transporte e de trabalho), cabendo anotar-se que lei especial protege os direitos autorais dos radialistas (Lei 6.615, de 16.12.1978, art. 17, prevendo-se dados básicos para os respectivos contratos, art. 12, expressamente mantida em vigor pela Lei 9.610, de 19.02.1998). O direito à voz e os direitos conexos de interpretação também se cogitam com frequência neste âmbito.

Os sinais radiofônicos também são amparados e extensa legislação regulamentar das comunicações existe na regência do setor, inclusive no direito de antena, observando-se, ainda, as regras da lei quanto a direitos conexos (arts. 89 e seguintes, e, quanto à emissora, art. 95).

91. A obra jornalística

No tocante à obra jornalística – complexa, como as retroanalisadas – prospera a diretriz de que o direito de utilização econômica de escritos publicados pela imprensa diária ou periódica, com exceção dos assinados ou que apresentem sinal de reserva, pertence ao editor (arts. 17, § 2.°, e 36) (conforme o princípio geral da obra coletiva).

No entanto, a cessão de artigos assinados, para publicação em diários ou periódicos, salvo disposição convencional, não produz efeito além do prazo de 20 dias de sua publicação, findo o qual recobra o autor, em toda a sua plenitude, os respectivos direitos (parágrafo único do art. 36).

Distingue-se, como natural, do regime geral da obra (o jornal, a revista, o periódico, como um conjunto), a situação da forma estética que a compõe (como os artigos assinados), devendo anotar-se que as criações artísticas integrantes se sujeitam aos respectivos sistemas (assim, as gravuras, as fotografias, os desenhos).

A efemeridade da cessão respeita, por sua vez, à própria natureza do fato jornalístico, que se exaure na inserção, não comportando, por mais tempo, a permanência sob a ação do cessionário; daí a reintegração automática ao patrimônio do titular.

A remuneração obedece aos contratos celebrados, sendo comum, entre nós, a publicação de artigos, em especial, científicos, sem contraprestação, em jornais e em revistas especializadas (que algumas vezes oferecem exemplares, separatas, para distribuição pessoal, pelos autores, enquanto, no exterior, os autores recebem, normalmente, os direitos autorais correspondentes, por espaço utilizado).

92. As obras arquitetônicas

As obras arquitetônicas (esboços e projetos, de um lado, e a obra realizada, de outro) obedecem a regime de disciplinação regulamentar, a par de disposições na lei autoral.

Reconhecido o direito autoral do criador na lei que regula a profissão de arquiteto (Lei 12.378, de 31.12.2010, art. 12), em que se estipulam condições outras quanto à textura dessa criação artística, encontra ela, na lei autoral, prevista a renúncia já apontada.

A realização de direitos tem ocorrido na criação, por meio de contratos de prestação de serviços em nível de empresas e mesmo de profissionais autônomos (com cláusulas próprias), ou de trabalho, quanto a criadores assalariados, condenando a jurisprudência, outrossim, usos não previstos (por exemplo, repetição não consultada de projeto-matriz), submetidos aos tribunais.

A fotografia sobre obra arquitetônica, para publicação ou exibição, é situação à parte, que merece o tratamento específico.

93. As obras publicitárias

As obras publicitárias – a respeito das quais se prevê o direito à agência quanto à ideia própria, na disciplinação da atividade (Lei 4.680, de 18.06.1965, e Decreto 57.690, de 01.02.1966, em especial art. 17 e Código de Autorregulamentação, art. 38) – recebem proteção autoral quanto às suas diferentes manifestações.

Cap. IX • OS REGIMES ESPECIAIS | 109

Também complexas, essas obras se destinam à sensibilização do público por meio de mensagens visuais, audiovisuais, escritas ou musicais, ou mesmo em combinações várias. Compreendendo formas diferentes, estéticas e expressivas, por natureza (como os anúncios, *jingles*, filmes, *filmlets*, *clipes*, *spots*, cartazes, gravuras), cada qual se sujeita ao respectivo regime da espécie (assim, a música, ao sistema de execução; o filme, à obra cinematográfica), respeitados os direitos de todos os titulares, inclusive conexos (como os dos atores, cujo contrato, aliás, deve conter os dados previstos na lei da categoria, Lei 6.533/1978, art. 14, expressamente mantida em vigor pelo art. 115 da Lei 9.610/1998).

Os direitos são satisfeitos na criação, em nível contratual, e, de regra, apenas quanto à elaboração, não se prevendo mecanismos, salvo em poucos casos, de recepção em usos posteriores, seja pela agência, seja quanto aos diferentes criadores que participam (como empregados) ou são contratados (para prestação de serviço) para a realização das obras publicitárias.

Sugerimos, a propósito, no livro já citado, a instituição, também contratual, de regimes de percepção para uso das criações. Estipular-se-iam em contratos próprios – cujos modelos elaboramos e temos posto em prática – os direitos autorais, que girariam em torno da verba publicitária, fixando-se proporcionalmente em função do custo da campanha e cobrando-se antes da respectiva vinculação.

Em cada renovação da campanha incidiriam os direitos, em razão do *quantum* definido no contrato, com correção monetária pelos índices legais vigentes (como se faz, em São Paulo, para os direitos conexos de artistas), abrangendo-se no sistema todas as formas autônomas (individualizadas, ou individualizáveis), inclusive a obra final (assim, o texto no anúncio e o próprio anúncio; a música no filme e o filme; a pintura ou o desenho; e a obra final), e descartadas, como natural, aquelas já integradas a outros mecanismos de cobrança (como o de execução de música).

O controle seria feito pela agência, pela produtora, pelos titulares e suas associações, utilizando-se, ainda, na transmissão em televisão e em rádio, as anotações realizadas por empresas de controle de anúncios.

Outras entidades do setor podem gozar de direitos autorais, desde que criem obras e não apenas as executem, como as produtoras de filmes, quanto aos nascidos em seu contexto, normalmente sob encomenda direta, ficando o respectivo regime de pagamento também sob a égide contratual.

Outrossim, ao anunciante cabem os direitos de utilização na campanha correspondente e à luz do ajuste próprio, não podendo, pois, extrapolar esses limites, nem renovar com terceiro o uso do material, cuja posse não lhe transfere, por si, qualquer outro dos direitos reconhecidos, a menos que cedidos pela agência, como, aliás, tem a jurisprudência assentado.

Contudo, o anunciante, no gozo de seus direitos, pode impedir qualquer ação não consentida de terceiro, e, mesmo contra a própria agência, se esta injustamente se opuser à utilização decorrente do ajuste feito (por exemplo, o uso de *slogan*, ou de elemento de publicidade integrado à sua textura, por força dos direitos patrimoniais).

94. O *software*

Na produção do *software*, lei própria foi editada entre nós, abraçando, conforme defendemos, a tese autoralista em sua regência, com certas peculiaridades na disciplinação, em razão de características próprias dessa criação e do respectivo mercado (Lei 9.609, de 19.02.1998).

Definido como programa ou conjunto organizado de instruções para computador (art. 1.º), é protegido por 50 anos, com registro facultativo, a critério do autor (art. 3.º). É comercializável por meio de contrato próprio, em especial, licença, encomenda, ou cessão (arts. 9.º a 11), ficando os de origem estrangeira sujeitos a regras próprias quanto à titularidade, à circulação e à transferência de tecnologia (arts. 2.º, § 2.º, e 10 e 11). Têm os direitos atribuídos à empresa, quando assalariado o criador, a exemplo do citado regime anglo-norte-americano (art. 4.º), com algumas especificações (referidas nos parágrafos). Se criados em centros de pesquisa ou universidades, dever-se-á verificar o regime normativo intenso a que se submete o criador. As limitações são de menor espectro (art. 6.º), em face da natureza dessa criação, permitida cópia para uso do interessado (*back up*).

Afora o uso específico, ficam sob reserva do autor os direitos, devendo os suportes e os contratos, estes a par de cláusulas próprias, contemplar as regras impositivas previstas na lei (arts. 9.º e seguintes), para, no primeiro caso, a identificação da cópia legal e, no último, a proteção dos usuários (inclusive a garantia de funcionamento, assistência técnica e modificações posteriores, conforme temos inserido em modelos que se adotam na prática), como consta dos arts. 7.º e 8.º.

Tendo em vista o regime legal, também com cláusulas adequadas nos contratos próprios – conforme temos proposto – pode-se erigir sistema remuneratório eficiente para as utilizações possíveis da criação em tela, que se limitarão, dentro da técnica autoral, somente às finalidades autorizadas (nesse sentido, o nosso livro *A Lei do Software e o seu regulamento*, editado em 1988).

Conforme definido na regulamentação, perfaz-se o registro do *software* no INPI (Instituto Nacional da Propriedade Industrial).

A INSTRUMENTAÇÃO JURÍDICA

95. Princípios que norteiam a contratação

Na instrumentação jurídica dos negócios realizados para a utilização de obras intelectuais, contratos diversos podem ser celebrados, em função da variedade de usos que, quanto à espécie e ao interesse das partes, são suscetíveis de ocorrer, dentro do relacionamento básico que deflui da circulação da obra (autor, empresário, usuário e Estado).

De início, como esses relacionamentos envolvem uso de obra intelectual, ficam todos sob a égide de princípios e de regras próprias, em face da essência do Direito de Autor – *sui generis*, como vimos – que nos permite sustentar a existência de um estatuto obrigacional próprio, distinto do Direito Comum, exatamente para a defesa da personalidade especial do homem como criador e cercado de normas que restringem a liberdade de ação (na contratação) e o direito de propriedade (na utilização da obra), conciliando-se com o interesse da sociedade nas obras de cultura.

Entretanto, além disso, a crescente multiplicação de formas de comunicação de obras e a necessidade de especialização para o exercício das atividades respectivas têm suscitado o surgimento de empresas várias, às quais o autor confia a divulgação e a exploração de sua criação, mediante a remuneração ajustada, recebendo, nesse passo, em face de não dispor de conhecimentos técnicos, proteção legal adequada, em normas que, em todos os países, procuram, de um lado, assegurar a sua participação em cada processo de utilização possível e, de outro, exigem a especificação, no instrumento do ajuste, dos direitos nele compreendidos (permanecendo, pois, em seu patrimônio os não explicitados).

A ideia nuclear do sistema reside na já referida autorização autoral, que é necessária e imprescindível, para qualquer uso legítimo da obra, em qualquer meio de comunicação possível (princípio este cristalizado no Direito legislado universal e reafirmado, sucessivamente, em nossa legislação, para diferentes meios, desde os seus primórdios, como no Decreto 4.790/1924; nos Decretos 5.492/1928 e 18.527/1928; no Decreto-lei 20.493/1946; na Lei 2.415/1955; no Decreto-lei 1.023/1962; alcançando teatro, rádio, televisão, cinema e espetáculos públicos em geral).

96. As orientações básicas no sistema unionista

Isso se deveu, especialmente, às premissas que se fixaram por ocasião da primeira *Convenção sobre Direito de Autor*, em que se definiu como uma das metas nesse campo a da uniformização legislativa, alcançando as referidas diretrizes sufragação nos textos de todos os atos do sistema de Berna em 1886 e nas subsequentes revisões: Paris (Ato Adicional: 1896), Berlim (1908), Roma (1928), Bruxelas (1848), Roma (1961), Estocolmo (1967) e Paris (1971).

Na primeira Convenção, os países contratantes constituíram-se em "estado de União", para "a proteção do direito dos autores sobre obras literárias e artísticas" (incluídas as científicas: art. 4.°), compreendendo os direitos já concedidos pelas leis nacionais e os que visam a ser concedidos (arts. 1.° e 2.°). Distinguiram-se em seu contexto: a reprodução (art. 4.°), a representação e a execução pública (art. 9.°), o direito à tradução (art. 6.°) e a adaptações (art. 10), referindo-se, ainda, às obras publicadas pela imprensa, obras dramáticas, musicais e outras. Assentou-se, então, a autorização do autor em cada caso.

O Ato Adicional de 1896 introduziu as novelas, publicadas em folhetins e em compilações periódicas, e os artigos de periódicos, estendendo a proteção à fotografia (art. 7.°).

A Convenção de Berlim considerou protegidas como obras originais, sem prejuízo dos direitos de autor: as traduções, adaptações, arranjos, reproduções etc. (art. 2.°), aplicando-se as suas disposições às fotografias e às obras obtidas por processo análogo (art. 3.°), sendo necessária, outrossim, autorização do autor de obras musicais para a adaptação a instrumentos de reprodução mecânica e de execução pública (art. 13) e para representação e reprodução públicas pela cinematografia ou processo análogo (art. 14). Com isso, foram submetidos ao regime da Convenção os novos processos de comunicação introduzidos pela técnica, dentro da orientação primeira de não enunciar, exaustivamente, as obras protegidas e os meios de reprodução, a fim de não os deixar escapar ao seu alcance.

A Convenção de Roma, de 1928, consagrou, expressamente, o direito moral, consignando que, independentemente dos direitos patrimoniais – cuja pluralidade reconhecia – e mesmo após a sua cessão, conservava o autor o direito de reivindicar a paternidade da obra e de opor-se a modificações que lhe fossem prejudiciais à honra ou à reputação (art. 6.°-*bis*).

A Convenção de Bruxelas, de 1948, introduziu novas formas de comunicação da obra, submetendo-as à autorização autoral; à radiodifusão ou à comunicação pública por qualquer meio; à comunicação pública diferente da do organismo de origem; à efetivada por via de alto-falantes ou outro meio análogo (art. 11-*bis*). Ressalvando que a autorização concedida em qualquer dos modos não implicava a de impressão por instrumento destinado a processos de reprodução de sons ou imagens (alínea 3.ª), inseriu, ainda, a recitação pública (art. 11-*ter*); a impressão por instrumento mecânico para reprodução mecânica; a execução pública pela mesma forma (art. 13); a adaptação e a reprodução cinematográficas e análogos (art. 14).

A Convenção de Paris, de 1971, que substituiu as demais (art. 32), aperfeiçoou mais os textos, falando em autorização para gravação (art. 11-bis); transmissão pública (art. 11-*ter*) e tradução (art. 11-*ter*); e estabelecendo o direito de participação do autor na mais-valia da obra de arte, ou direito de sequência (art. 14-*ter*).

Com esses textos verifica-se que a estrutura obrigacional do Direito de Autor, para os unionistas, se funda nas seguintes prescrições: a) o reconhecimento do direito moral na base do Direito de Autor e, por isso, a insuscetibilidade de sua restrição na cessão de direitos patrimoniais; b) a existência de diferentes direitos patrimoniais independentes, que se preocupam em destacar, à medida que a técnica revela novas formas de comunicação das obras intelectuais; c) a necessidade de autorização autoral apartada, para utilização de cada direito patrimonial; d) em consequência, a especificação, no instrumento de contrato, de cada direito cedido; e) a interpretação estrita de seu alcance, agora, sob a cláusula geral "visando ao entendimento de seu objeto" (art. 4.º da Lei 9.610/1998).

97. Posição das leis nacionais

Nas leis nacionais dos países unionistas, prospera a mesma diretriz, *v.g.*, o demonstram os diplomas especiais francês, italiano e alemão.

Assim, a lei francesa, de 11.03.1957, destaca por expresso, no conteúdo do Direito de Autor, os atributos morais e os pecuniários (art. 1.º), definindo os direitos morais como perpétuos, inalienáveis e imprescritíveis (art. 6.º). Ao titular dos direitos cabe, outrossim, o direito exclusivo de exploração econômica da obra, sob qualquer forma (art. 21), compreendido sob as designações gerais de reprodução e de representação (art. 26).

Fixa a independência do aspecto incorpóreo do direito em relação à propriedade do objeto (art. 29). E, como consequência, prescreve que a cessão do direito de representação não importa no de reprodução e vice-versa, assinalando que, mesmo quando um contrato implique cessão total de direitos, deve entender-se como limitado aos modos de exploração nele previstos (art. 30). Impõe, ainda, a autorização do autor, por escrito, com relação a cada direito cedido, que cumpre seja mencionado especificamente, na estrutura da cessão, cujo instrumento limitará o âmbito do aproveitamento econômico, quanto à extensão, ao destino, ao lugar e à duração (art. 31).

Nessa ordem de ideias, a lei francesa declara nula a cessão global de obras futuras (art. 33), permitindo apenas a concessão de direito de preferência e com respeito a obras de gênero claramente determinado (art. 34). Além disso, estabelece a participação proporcional do autor em qualquer cessão (total ou parcial) de direitos (art. 35).

A exploração econômica da obra, por forma não previsível ou não prevista no contrato, deve ser estipulada mediante cláusula expressa, que preveja a participação proporcional do autor (art. 38). Ademais, na cessão parcial, o cessionário substitui o autor no exercício dos direitos, mas nas condições e limites do contrato (art. 39). Mesmo no contrato geral de representação, a sociedade mandatária deve agir nas condições estipuladas no respectivo instrumento (art. 43), que não lhe confere monopólio (art. 44). Por fim, ao regular o contrato de edição, insiste a lei em que a utilização econômica se faça sempre na forma e nos modos de exploração determinados no contrato (arts. 48 e seguintes).

Como se observa, a lei francesa distingue diferentes direitos patrimoniais, considerando-os independentes e submetendo cada qual à autorização autoral. Limita a cessão aos expressos termos ajustados, exigindo a clara individualização dos direitos no respectivo instrumento e impondo a participação do autor em processos não previstos ou supervenientes. Mesmo no contrato geral de representação, celebrado com as sociedades de arrecadação, os termos avençados ditam os limites de atuação da entidade.

A lei italiana, de 22.04.1941, também confere ao autor – depois de consagrar os aspectos morais do Direito – o direito exclusivo de utilização econômica da obra, sob qualquer forma ou modo (art. 12), especificando, exemplificativamente (art. 13), diferentes processos (reprodução, transmissão, execução, representação, difusão). Também sufraga a independência, entre si, desses direitos exclusivos, salientando que o exercício de um não exclui o de outro (art. 19).

De outra parte, ao disciplinar o contrato de edição, prescreve que poderá conter todos os direitos ou alguns, mas não se incluem os direitos futuros nem os que dependam de modificação (art. 119 e suas alíneas). Além disso, assenta que a alienação de um direito não implica a transferência de outros (*idem*).

Nos contratos sobre obra futura, impõe a nulidade da cessão total – isto é, sem limite de tempo – permitindo-a, apenas, em período de até dez anos (art. 120).

A lei alemã, de 09.09.1965, confere também ao autor a exploração econômica da obra (art. 15), depois de ressaltar os aspectos pessoais e patrimoniais do direito (art. 11).

Permite a lei a concessão do direito de uso, sob qualquer forma ou limite, como direito exclusivo ou não; mas a utilização deve ser procedida na forma em que haja sido permitida, não tendo efeito a concessão para modos de exploração não conhecidos (art. 31). Se o contrato não especificar os modos de utilização, a concessão terá a sua amplitude determinada em função da finalidade nela perseguida (*idem*). A concessão pode ser limitada no tempo, no lugar e no conteúdo (art. 32).

Admite a cessão, pelo autor, do direito de uso, fixando regras para os casos de dúvida; se o autor concede o direito de uso, deve-se considerar que reserva os direitos de publicação e exploração sobre qualquer adaptação da obra; se, para reprodução, reserva o direito a realizar registros sonoros ou visuais; se, para comunicação, não adquire o cessionário o direito de ver ou ouvir a obra fora do ato público a que estiver destinada: alto-falantes ou outro processo (art. 37 e suas alíneas).

A contratação sobre obras futuras deve fazer-se por escrito, podendo ser denunciada em cinco anos (art. 40).

98. A exceção do sistema anglo-norte-americano

Descerra-se exceção a essa orientação no Direito anglo-norte-americano, em virtude de particularidades do sistema, em que, objetivo e publicista, o Direito de Autor mantém, ainda, o caráter de Direito de Propriedade, destinando-se o reconhecimento do *copyright* a assegurar ao autor os proventos econômicos de sua obra, mas sob predomínio do interesse público, eis que a proteção é feita em razão do progresso das letras, das ciências e das artes.

O direito moral não se achava contemplado no *Copyright Act*; apenas em algumas leis civis estaduais se reconhecia um *moral right*, até a adesão à Convenção de Berna, invocando-se ora para impedir reprodução e utilização de obra sem consentimento do autor.

Ao reverso do sistema da Convenção de Berna, que erigiu em princípio fundamental a não imposição de formalidades extrínsecas para a proteção das obras, o Direito anglo-norte-americano exige o registro da obra e a menção de reserva, no estatuto. No entanto, com a adesão, abriu-se proteção para obras originárias de países da União em que inexistem essas exigências.

Dos contratos para utilização da obra, os principais são a edição (*license*) e a cessão (*assignment*), diferenciando-se substancialmente, pois, enquanto no primeiro existe apenas licença para publicação, pelo segundo o autor pode despojar-se de um ou mais direitos.

Ora, predomina na jurisprudência norte-americana a chamada teoria da indivisibilidade, segundo a qual somente existe cessão na hipótese em que a transmissão de direitos se consuma em sua integralidade. Se o autor reserva parte dos direitos, deve-se entender presente a simples licença, permanecendo aquele como titular, definindo-se, na prática, qual o nome aparecerá na divulgação do *copyright* e quem tem legitimidade para agir em caso de infração ao Direito Autoral. Daí a jurisprudência tem decidido que a autorização para representação pública

DIREITO DE AUTOR – *Carlos Alberto Bittar*

de película cinematográfica no mundo inteiro inclui a distribuição por televisão, contrariamente ao que acontece no sistema unionista.

99. O estatuto obrigacional básico

Ora, no sistema convencional, o reconhecimento expresso do direito moral imprime feição toda especial ao respectivo estatuto obrigacional, que gira em torno, pois, dos vínculos pessoais do autor com sua obra.

Assim, nas obrigações assumidas no Direito de Autor, todas as relações se apresentam dependentes do direito moral, que delas constitui, a um só tempo, base e limite.

Com efeito, o direito moral, sendo inalienável e irrenunciável (art. 27), é a base das obrigações, porque apenas o autor pode autorizar a reprodução ou a representação da obra, resultando, em qualquer uso, relações que permanecem dependentes, cada uma, do mesmo direito; e limite, porque as obrigações assumidas pelo autor sempre se mantêm balizadas pelos contornos do direito moral: assim, não pode, por exemplo, mesmo o cessionário total de seus direitos pecuniários, modificar a obra, ou introduzir alterações em seu contexto, sem o consentimento do autor.

Verifica-se, assim, que o direito moral governa as obrigações no campo autoral. Daí o princípio basilar que rege o direito de obrigações comum – o da autonomia da vontade – ser limitado no Direito de Autor e, em consequência, também o da supletividade das normas legais. Com efeito, nesse plano, as normas são, em geral, de ordem pública, porque ditadas por sua índole protecionista.

Assim, do reconhecimento do aspecto moral, têm-se fixado as seguintes orientações no Direito de Autor: a) impossibilidade de cessão global e indefinida de obras, vedada em virtude de não se poder obrigar o autor a produzir determinada obra (daí, as limitações impostas a obras futuras, que veremos adiante); b) impossibilidade de execução específica, pela mesma razão, pois isso importaria em tolher a liberdade individual; c) não restrição, na obra sob encomenda, dos direitos do autor, que, ao revés, conserva os direitos morais e os patrimoniais não expressamente compreendidos na convenção, sendo nulas as cláusulas que visem a afetar os direitos morais na obra sob encomenda; d) não restrição, observado o disposto no art. 52-A do PL 3.133/2012, aos direitos do autor na obra de criador assalariado, o qual mantém, também, de regra, os direitos não explicitamente compreendidos no contexto do contrato.

Dessas observações defluem consequências práticas de extraordinário alcance, nos contratos firmados para a utilização econômica da obra, cujo desconhecimento tem levado a um aproveitamento indevido de obras protegidas, à ausência, ou à insuficiência, de retribuição ao autor e, mesmo, a soluções inadequadas em casos concretos.

Dessa forma, considerando que, na obra sob encomenda, o titular conserva seus direitos, mesmo quando assalariado – com as limitações próprias da espécie –, não pode a empresa senão usá-la na forma correspondente ao ajuste, não cabendo, pois, fazer qualquer ulterior aproveitamento, sem o consentimento do autor. Nesses termos, não está autorizada empresa de televisão a usar novela, em venda, locação, ou cessão de cópias, se não dispuser de expressa permissão contratual, eis que o salário (ou honorário) pago remunera apenas o serviço prestado e não a utilização da obra. Também não pode a construtora usar, em prédios outros, projeto arquitetônico elaborado para determinada edificação; não está autorizada a repetir o projeto-matriz em novos prédios, nem modificá--lo para usos ulteriores, ou não, a menos que disponha de expressa autorização do autor, e assim por diante.

Com fulcro nessas ideias, podem ser enunciados alguns princípios gerais, que definem um estatuto das obrigações em Direito de Autor, a saber, os de: a) existência de regras legais próprias de forma e de substância, para as obrigações assumidas pelo autor, como limites às convenções particulares; b) instrumentação dos negócios jurídicos por escrito, com a delimitação apartada e precisa de cada direito envolvido; c) alcance limitado das obrigações assumidas pelo autor, carecendo sempre de autorização específica, em face do respeito devido aos direitos morais; d) daí a impossibilidade total de cessão absoluta de direitos, porque permanecem sempre os direitos morais na regência do vínculo obrigacional; e) impossibilidade de cessão total, global ou indefinida de obras a produzir, porque limitativa da liberdade individual; f) impossibilidade de aproveitamento da obra por outra pessoa, nos contratos possíveis, fora dos limites decorrentes da natureza da obra e dos respectivos termos; g) necessidade de autorização autoral em qualquer forma de utilização econômica da obra; h) participação pecuniária do autor em qualquer forma de utilização econômica da obra, mesmo no caso de licença não voluntária (art. 52-B do PL 3.133/2012); i) interpretação estrita dos negócios jurídicos celebrados pelo autor; j) determinação de regras próprias para a execução dos contratos firmados pelos autores.

Em nosso sistema, prosperam, na íntegra, as observações citadas, em face de orientações explícitas da lei, com referência aos vários pontos assinalados, cabendo--se destacar que a *interpretação restritiva (art. 4.º)* reserva ao autor, em qualquer avença, todos os direitos não expressamente transferidos e, em caso de dúvida, faz pender para o mesmo a solução.

Ainda sobre interpretação, deve-se anotar que não importa o *nomen iuris* do contrato, mas, sim, o conteúdo, buscando-se a intenção das partes no equacionamento de questões que surjam, respeitadas sempre as normas de ordem pública da lei. Assim, na prática, sob o nome "contrato de prestação de serviços", se tem o de "encomenda"; muitas vezes se fala em "licença", mas *no fundo se trata de cessão*, e assim por diante.

100. Os contratos de direitos autorais

Várias figuras contratuais são compatíveis com a utilização econômica de obras intelectuais, em função dos negócios jurídicos em que pode ingressar, como venda, doação, permuta, locação, exposição e outros, que se perfazem e se executam à luz dos princípios expostos.

Além disso, podem interpenetrar-se, na prática, em um mesmo instrumento, cláusulas e condições de contratos típicos, em diferentes negócios complexos que o próprio dinamismo das comunicações e da informática vem provocando.

Dentre as formas contratuais utilizadas, algumas decorrem do Código Civil (como a empreitada; a locação de serviços; a doação) – e, quando há vínculo de emprego, contrato de trabalho, CLT, arts. 442 e seguintes – e outras são específicas de Direito de Autor (como a edição; a representação; a cessão de direitos; a produção; a gravação e outros introduzidos pela prática).

Geralmente, são reduzidos a escrito esses contratos, mas verifica-se, no entanto, que, na prática, muito comum se tornou a contratação verbal (a lei brasileira impõe a forma escrita ao contrato de cessão, *art. 50*).

Os mais comuns contratos de direitos autorais – a que limitaremos nossas observações – são os de edição, cessão, representação, encomenda e proteção, ajustados aos meios próprios de comunicação das obras intelectuais.

No entanto, tem sido frequente o uso de criações intelectuais na promoção ou na publicidade de empresas ou de produtos, industriais ou comerciais, por via de contratos de *merchandising*, ou seja, de *licença para uso*, em produtos de consumo, de figuras, de desenhos, ou de formas estéticas (como em materiais escolares ou de higiene, brinquedos, bolsas, cintos, pastas), ou, mesmo, de fotografias de pessoas conhecidas (*direito de imagem*) (em cadernos, embalagens, bolsas, livros), mediante remuneração previamente ajustada e a definição precisa e detalhada dos usos permitidos, gerando, quando registrável a forma como propriedade industrial, a questão do cúmulo da proteção (nos campos do Direito de Autor e do Direito Industrial).

101. O contrato de edição

O tipo mais comum de contrato entre o autor e o empresário, na divulgação da obra, é o de edição (arts. 53 e seguintes da Lei 9.610/1998), que alcança, além da reprodução da obra por processo gráfico, outros meios mecânicos, servindo mesmo para designar, por generalização, todas as espécies de multiplicação da obra. Nesse sentido é que se fala em edição gráfica, fonográfica, fotográfica, rotográfica, videofonográfica e outras.

Em sentido restrito, contrato de edição é aquele por via do qual o autor entrega a obra ao editor, para que a reproduza mecanicamente e a explore. O editor faz a

Cap. X • A INSTRUMENTAÇÃO JURÍDICA | 119

reprodução da obra, divulga-a e vende os exemplares convencionados, fruindo os resultados econômicos da exploração e pagando ao autor a remuneração estipulada.

O contrato deve especificar o número de exemplares, o prazo da edição, a remuneração do autor, a forma de pagamento e de controle e demais obrigações correspondentes. O PL 3.133/2012 dita norma a respeito desta avença no intuito de proteger o autor, resguardando também os interesses básicos do editor (arts. 53 a 67-B do PL 3.133/2012).

Como contrato típico, com características próprias, tem merecido regulamentação especial na generalidade das legislações.

Oferece modalidades diversas: edição pura e simples, em que o editor assume sozinho os riscos; aquela em que o autor remunera o editor para que produza número certo de exemplares da obra e a divulgue; aquela em que as partes dividem, entre si, os resultados econômicos (e não apenas uma percentagem ao autor, como na edição simples). No primeiro caso, é a edição comum, como tal disciplinada entre nós; no segundo, é a edição à *compte d'auteur* (ou locação de serviços); no último, a associação em participação. Todas elas reguladas na lei francesa (arts. 48, 49 e 50, respectivamente).

Das regras legais sobre a matéria, sobreleva realçar as que mandam o editor numerar e rubricar os exemplares publicados; prestar contas mensalmente ao autor; facultar-lhe o exame da escrituração; não efetuar alterações na obra sem permissão do autor; e, ao autor, não promover, na vigência do contrato, edição da mesma obra com outrem, entre outras.

Nesse contrato, conforme a lei, os principais direitos e obrigações do autor são: a) receber a remuneração; b) fazer exame da escrituração na parte que lhe corresponder, para inteirar-se do estado da edição; c) fazer emendas e alterações em edições sucessivas, cabendo indenização ao editor se lhe impuser gastos extraordinários (art. 66); d) intimar judicialmente o editor, com direito a outra, para publicação da obra em certo prazo, se esgotada a última edição, com responsabilização por danos (art. 65); e) não dispor da obra enquanto não se esgotar a edição a que tiver direito o editor (art. 63); f) entregar a obra para a reprodução e a divulgação; g) fazer a revisão e devolvê-la no prazo.

Ao editor compete, por sua vez: a) reproduzir, publicar e explorar com exclusividade a obra (art. 53); b) escolher os caracteres gráficos e os componentes externos da obra; c) fixar o preço de venda, sem elevá-lo a ponto de embaraçar a circulação da obra (art. 60); d) informar o autor do estado da edição e facultar-lhe o exame de escrituração (art. 59); e) opor-se, nas edições sucessivas da obra, a alterações que lhe prejudiquem os interesses, ofendam a reputação ou aumentem a responsabilidade (art. 66, parágrafo único); f) encarregar outrem de proceder a alterações da obra em novas edições, se, em virtude de sua natureza, for necessária essa providência (art. 67).

Anote-se, por fim, quanto à obra final (livro), que o editor tem direito sobre as características básicas da edição, de cunho autônomo (estilo, ilustrações, caracteres tipográficos), sem prejuízo dos direitos que do contrato lhe cabem ao uso da obra ínsita.

Em face da generalização apontada, as normas legais que regem esse contrato aplicam-se, naquilo em que compatíveis, às demais avenças sobre direitos autorais que importem em licença de uso da obra mediante fixação prévia.

102. O contrato de cessão de direitos

É o contrato por meio do qual o autor transfere, a título oneroso ou não, a outrem, um ou mais direitos patrimoniais sobre a sua criação intelectual.

Despoja-se o autor (ou seus sucessores), por essa forma, de um ou mais de seus direitos exclusivos, no plano patrimonial (direitos de reprodução ou de representação, pelos diferentes processos existentes em cada qual).

As leis especiais editam normas próprias para delimitar o alcance da cessão de direitos, tanto formais como substanciais. Assim, a lei brasileira manda que seja obedecida a forma escrita, presumindo-se onerosa a cessão (art. 50). Para valer contra terceiros, deve a cessão ser averbada à margem do registro efetuado em uma das entidades especificadas, conforme a natureza da obra (§ 1.º e art. 19). O instrumento deve indicar quais os direitos cedidos, mencionando ainda a extensão, o destino, o lugar e a duração da avença (art. 50, § 2.º), sob pena de nulidade, eis que se trata de exigências legais, em norma de ordem pública.

Os direitos patrimoniais podem ser cedidos, total ou parcialmente, a terceiro, a título universal ou singular, pessoalmente ou por meio de representante com poderes especiais (art. 49). Na transmissão total, excluem-se os direitos morais de autor, de natureza personalíssima (como o de introduzir modificações e outros) em face do princípio da inalienabilidade desses direitos.

Em função do exposto, se o autor se refere, no contrato, à cessão para adaptação ao cinema, não pode o produtor divulgá-la pela televisão; se a obra se destina à publicação em fascículo, não pode o editor lançar em livro, e assim por diante. Cada forma de utilização ou cada processo de utilização deve ser mencionado por expresso no instrumento, sendo a interpretação estrita e em favor do autor, pela própria índole do Direito de Autor, como anotado.

No entanto, também quanto a esse contrato a nossa lei estabelece a não presunção de cessão (como na obra de arte plástica e na fotografia), pois se entende que os colaboradores omitidos na divulgação ou publicação da obra não cederam seus direitos àqueles em cujo nome foi publicada (art. 52).

103. O contrato de obra futura

Contrato de obra futura é aquele pelo qual o autor se compromete a ceder a um editor a sua produção futura, total ou parcial, tendo nascido para alimentar

Cap. X • A INSTRUMENTAÇÃO JURÍDICA | 121

repertórios, em que as empresas procuravam obter exclusividade, em especial na área musical.

A cessão de obras futuras ensejou ardentes discussões na doutrina, em especial na francesa, em torno do próprio liame, de sua extensão e dos efeitos na hipótese de descumprimento por parte do autor. Assim, alguns autores consideravam o vínculo como restritivo da liberdade individual, porque subordinava o autor ao editor, obrigando-o a criar as obras contratadas. Outros negavam essa limitação, exatamente porque inexistia obrigação de fazer nesse tipo de avença. A discussão prosseguia com respeito ao número de obras contratadas ou à delimitação do período em que as obras seriam cedidas e, ainda, com relação à execução do contrato, em caso de o autor não oferecer as obras a que se comprometera trazer a lume.

No entanto, a maioria na doutrina admitia a validade do contrato, salientando que a cessão não se revestia do caráter absoluto, senão todos os contratos dependentes da vontade de uma das partes seriam nulos, a menos que se previssem todas as obras que este viesse a produzir, sobre qualquer assunto. De outro lado, se o autor descumprisse o contrato, ou seja, não produzisse as obras ajustadas, a execução teria de se limitar às perdas e danos, já que a criação se relaciona a interesses pessoais, não podendo, pois, obrigar-se o autor a fazer determinada obra.

As leis especiais sobre Direito de Autor, em diferentes países, têm regulado, expressamente, a matéria, adotando as orientações básicas retroapontadas.

Com base nelas, verifica-se que se proscreve, de regra, a cessão total e indiscriminada de obras, evitando-se que o autor fique subordinado aos interesses do mesmo editor. Contudo, de outro lado, permite-se a cessão com prazo ou gênero definidos, na proteção dos interesses do editor que lança determinado autor. Consubstancia-se, então, um verdadeiro contrato de preferência entre autor e editor; daí o nome dado ao contrato de obra futura: contrato de preferência, no Direito francês, no alemão e no escandinavo, entre outros.

Em nossa lei, é permitida a cessão de direitos sobre obra futura, desde que se circunscreva, no máximo, a cinco anos (art. 51). Todavia, se for indeterminado ou superior a cinco anos o prazo convencionado, a tanto se reduzirá, diminuindo-se, se for o caso, na devida proporção, a remuneração ajustada (parágrafo único).

104. O contrato de produção

Contrato de produção é aquele em que o autor confere ao empresário o direito de fixação da obra, pelos meios e reprodução possíveis, para sua exploração econômica. Daí os diferentes tipos de contrato de produção: pela cinematografia, pela televisão, pela radiodifusão, pela publicidade e outros (assim, na produção cinematográfica, o produtor adquire dos autores o direito de reprodução, de propaganda e de exploração da obra pela venda e pela locação de cópias).

Envolve esse tipo de contrato negócios jurídicos complexos e diferentes aspectos do relacionamento entre autor, produtor, artistas, intérpretes, pertencendo ao gênero da edição, assumindo, no entanto, em alguns, as vestes de cessão de direitos.

As leis costumam enunciar regras esparsas sobre a produção – que não conta, pois, com disciplinação orgânica – como a brasileira, sobre obra cinematográfica, estabelecendo certos dados que o contrato deve conter: a) remuneração devida pelo produtor aos demais coautores da obra e aos artistas, intérpretes ou executantes; bem como, b) o tempo, lugar e forma de pagamento; c) prazo de conclusão da obra; d) responsabilidade do produtor para com os demais coautores, artistas, intérpretes ou executantes, no caso de coprodução da obra (art. 82).

105. O contrato de encomenda

Contrato de encomenda (ou de comissão) é aquele por meio do qual se incumbe alguém da elaboração de certa obra. A obra nasce, pois, por iniciativa de outrem, que a sugere, solicita, orienta ou dirige, cuidando da respectiva reprodução e da divulgação, quando a tanto se destinar.

A encomenda pode ter por objeto qualquer tipo de obra de engenho: literária, artística, ou científica, *v.g.*, comentários, coletâneas, dicionários, enciclopédias, no domínio literário; telas, quadros, bustos, ornamentações, fotografias, produções publicitárias, no domínio artístico; projetos, pesquisas, estudos, no plano científico.

Daí a enorme difusão de obras de encomenda, em diferentes aspectos da atividade cotidiana, intelectual e econômica. São obras de encomenda, por exemplo: o texto de novela produzido por um diretor para produtor de televisão, que lhe sugere a obra; a fotografia produzida por um profissional para campanha publicitária; o texto de um programa preparado para emissora radiofônica; o texto de um artigo elaborado para certa revista; o texto de peça teatral produzido para certa companhia do setor; a composição musical feita para determinado evento; o estudo escrito por cientista, a pedido de órgão público e outras tantas, que, aliás, em vários gêneros, definem períodos da evolução da humanidade, ou traduzem expressões eloquentes do espírito criador do homem.

Na recepção dessa espécie no Direito, muito se discutiu na doutrina e na jurisprudência – principalmente francesa –, tendo sido formuladas diversas teorias para enunciar e para explicar a titularidade de direitos nessa matéria. Prevalece hoje, como acentuamos, a orientação geral de que o encomendante adquire, a título derivado, direitos patrimoniais relativos à utilização da obra na forma específica avençada, remanescendo na esfera do autor os direitos morais, com restrições de-

Cap. X • A INSTRUMENTAÇÃO JURÍDICA | 123

correntes da natureza da obra e do grau de participação do comitente na elaboração, à exceção do sistema anglo-norte-americano, onde o *copyright* é originariamente atribuído ao comitente.

No âmbito legislativo, alguns regimes costumam regular esse tipo. Assim, a lei tcheca, de 22.12.1953, define, expressamente, o contrato de encomenda como o ajuste em que o autor se compromete a criar para quem o tenha encarregado, e mediante remuneração, obra literária, artística ou científica, e outorga seu consentimento para a utilização correspondente, segundo os fins previstos no ajuste (art. 27).

A lei italiana fala em obra sob encomenda de empresa ou de instituição sem fim lucrativo (art. 11) e em fotografia sob encomenda (art. 88). As leis inglesa, norte-americana e canadense contêm, também, disposições sobre esse tipo de obra, em vínculo de emprego entre comitente e comissionário (sob o nome *works made for hire*; aliás, um dos tipos de obra de encomenda, como anotamos).

No nosso Direito, foi a encomenda contemplada desde o Código Civil de 1916 que, ao disciplinar o contrato de edição, estabelecia que pelo mesmo contrato poderia o autor obrigar-se à feitura de uma obra, em cuja publicação e divulgação se empenharia o editor (art. 1.347). Entretanto, em outro texto, enunciando as formas de reprodução que não constituíam violações aos direitos autorais, falava em "retratos ou bustos de encomenda particular" (art. 666, inciso X).

No regime da Lei 5.988/1973, manteve-se, *ipsis litteris*, a disposição referida (art. 58), mas com a inserção de novas matérias: a) fixação de prazo para a entrega da obra (§ 1.º); b) não conclusão da obra por falecimento do autor; e c) publicação em parte (§§ 2.º e 3.º).

Contudo, no capítulo relativo aos direitos patrimoniais, introduzia a lei normas especiais sobre obra de encomenda, referindo-se à obra "produzida em cumprimento a dever funcional ou a contrato de trabalho ou de prestação de serviços" (art. 36), e dispondo que os direitos do autor, salvo convenção em contrário, "pertencerão a ambas as partes, conforme for estabelecido pelo Conselho Nacional de Direito de Autor" (*sic*). Além disso, ainda conforme a lei, o autor tinha direito a reunir em livro, ou em suas obras completas, a obra encomendada, após um ano da primeira publicação (§ 1.º), e recobrava os direitos patrimoniais sobre a mesma, se não fosse publicada dentro de um ano da entrega dos originais, recebidos sem ressalva por quem a encomendou (§ 2.º).

Por outro lado, ao enumerar as limitações aos direitos de autor, incluía, dentre as formas de reprodução que não constituíssem ofensa, a de "retratos, ou de outra forma de representação da efígie, feitos sob encomenda" (art. 49, inciso I, alínea *f*).

Sugeria o texto básico a existência de três modalidades de encomenda: a funcional, a de prestação de serviços e a decorrente de relação de emprego. No entanto, em verdade, havia também a encomenda pura e simples, ligada a contrato específico (de encomenda pura) como, aliás, admitia em seu contexto (no texto sobre retratos mencionado) (*v.g.*, a encomenda, a pintor, de retrato de pessoa, ou a um escultor, de estátua, ou de busto). Nesses casos, o artista vincular-se-ia por meio de contrato específico, de natureza autoral, sujeito a obrigações próprias, e com a plenitude de seus direitos morais, que lhe permitiam, se fosse o caso, recusar-se à entrega, se não resultar perfeita, por exemplo, ou no curso da elaboração surgir problema outro dessa natureza, sem prejuízo, quando incidente, de indenização porventura cabível.

A Lei 9.610, de 19.02.1998, após sua reforma e modificação, tratará da obra sob encomenda de modo específico nos arts. 52-A e seguintes (redação do PL 3.133/2012). Há previsão específica na lei de *software* (art. 4.º e parágrafos da Lei 9.609, de 19.02.1998). Então, podem ser extraídas certas orientações que auxiliam em sua interpretação: a) a lei admite outros tipos de obra de encomenda, além das enumeradas no citado texto (como a de produção independente do autor); b) o contrato de encomenda distingue-se do de edição, representando tipo diverso e autônomo; c) pode, no entanto, coexistir com a edição, sentido em que é disciplinado no art. 54; d) pode, ainda, coexistir com outros contratos, como o de cessão.

De fato, existem formas outras de encomenda: *a)* a encomenda pura e simples (ou de prestação autônoma de serviços), com tipos resultantes diversos, a saber: obra independente, dirigida ou em colaboração (entre autor e encomendante); e *b)* a vinculada a contrato de trabalho, com dois tipos resultantes: a obra individual de assalariado e a obra coletiva (já desenvolvidas à ocasião própria), conforme a própria lei diferencia.

De outro lado, a encomenda coexistirá com a edição, sempre que se referir a obra destinada à reprodução e à divulgação: nesse caso, a licença encerra a permissão para uso, no fim próprio, podendo vir acoplada, ainda, a contrato de cessão de direitos, ou seja, com o despojamento, parcial ou total, pelo autor, de suas prerrogativas de ordem patrimonial. Todavia, a encomenda pode não visar à divulgação; então, o contrato específico é que regerá as relações entre as partes (como, *v.g.*, em tela, retrato, busto, para ornamentação de residência, ou de escritório particular do encomendante).

Deduzimos os elementos informativos da estrutura desse complexo negócio jurídico, cujas características peculiares lhe conferem posição singular no quadro geral dos contratos nominados existentes. São seus pontos principais, entre outros (embora alguns subsistam em outros contratos): a) a iniciativa pertence ao encomendante, que contrata o autor, mediante salário ou remuneração a título de prestação de serviços; b) o objeto (obra intelectual) *pode constituir criação destinada a fim econômico, ou a uso particular, ou a uso privado de terceiro*; c) na consecução da obra, pode haver plena liberdade do autor, ou ingerência do comitente, em diferentes graus, dando origem aos tipos diversos de obras resultantes, cada qual sujeito a regime jurídico próprio; d) daí, ou o encomendante apenas sugere a obra, ou traça plano para o autor; ou, então, nele trabalha ou colabora, não se limitando à simples solicitação ou indicação; e) a remuneração é elemento necessário à encomenda em geral, podendo, todavia, o autor dispor--se a produzir sem contraprestação; f) devem ser respeitados os direitos morais do autor, que podem, conforme o caso, obstar a publicação da obra (direito de inédito), conferir a sua participação na mais-valia em alienação posterior de obra de arte (direito de sequência); g) o vínculo jurídico entre as partes pode variar, conforme as circunstâncias, da prestação autônoma de serviços à assalariada (nesta, com as características próprias de direção, subordinação e continuidade de serviços), com os efeitos correspondentes; h) o descumprimento de obrigações contratuais apresenta consequências diversas, conforme a hipótese; assim, o mesmo direito moral que possibilita a recusa da entrega sofre limitação, quanto a exercício, na obra de assalariado, que no setor produz, exatamente para divulgação, suas criações. A respeito, devem-se consultar os §§ 1.º a 10 do art. 52-A do PL 3.133/2012.

Dessa forma, para a definição do tipo e a resolução de questões que se ofereçam, em concreto, deverão ser examinados os contratos e estudadas as circunstâncias da elaboração da obra, a fim de que se possa, com segurança, estabelecer os direitos de cada interessado, de acordo com os princípios já enunciados.

106. Os contratos de representação e de execução

Pelo contrato de representação, o autor confia ao empresário a montagem e a encenação da obra, para sua exploração econômica, mediante a remuneração ajustada, de regra proporcional aos resultados correspondentes.

Daí a semelhança que apresenta, *mutatis mutandis*, com o contrato de edição. Entre nós, o Código Civil de 1916 disciplina apenas a representação dramática, em face do estágio evolutivo da época. Com a introdução de novos processos de comunicação, a lei vigente fala em representação e enuncia várias modalidades: transmissão pelo rádio, alto-falante, televisão e meios análogos, prevendo, outrossim, a representação de drama, tragédia, comédia, ópera, opereta, balé, composição musical ou obra assimilada (art. 68, § 1.º, da Lei 9.610/1998) (embora, a rigor, representação se refira a obra teatral).

A execução versa sobre a transmissão pura e simples da obra, pelos processos existentes (aparelhos, orquestras, televisão, cinema e outros).

No contrato de execução, o autor transfere o direito de transmissão de obra do gênero musical. Concede licença para divulgação e para exploração da obra por processo possível, mediante remuneração ajustada normalmente por sua associação (de titulares de direitos), que concede aos empresários do setor a autorização autoral (entre nós, por meio do ECAD, nos termos do art. 99, 99-A e 99-B da LDA, acrescidos pela Lei 12.853/2013).

126 DIREITO DE AUTOR – *Carlos Alberto Bittar*

A autorização é necessária para representação ou execução públicas, assim entendidas as reuniões realizadas nos locais e pelos processos já definidos, e que possibilitam a comunicação da obra ao público em geral.

O empresário deve apresentar previamente o programa, ao requerer a autorização, recolhendo os direitos autorais devidos, nos termos já expostos.

De conformidade com as regras legais vigentes, os principais direitos do autor são os de: a) autorizar a representação ou a execução da obra; b) assinar prazo ao empresário, observando-se os usos locais, se não for fixado; c) opor-se à representação que não esteja suficientemente ensaiada e fiscalizar o espetáculo, por si ou por delegado seu, tendo, para isso, livre acesso durante as representações (ou execuções) ao local em que se realizam, podendo escolher os atores; d) não alterar a substância da obra, sem acordo com o empresário que a faz representar; e) receber parte do produto dos espetáculos, conforme ajustado, o qual é impenhorável.

Os principais direitos do empresário, por sua vez, são: a) promover o espetáculo ou transmissão, obedecidas as formalidades legais; b) não comunicar o manuscrito da obra a pessoa estranha à representação ou execução; c) não substituir os principais intérpretes e os diretores de orquestra ou coro, escolhidos de comum acordo, salvo se abandonarem a empresa.

107. Outros contratos

Outros tipos de contratos são, ainda, utilizados na prática, como o de gravação (*entre a empresa, o autor, o artista, o executor, conforme o caso*).

Entretanto, não obstante a nomeação que tenham, esses contratos ajustam-se aos arquétipos citados, seguindo as regras gerais da edição, da cessão, da encomenda, da reprodução, em consonância com os respectivos termos.

Além disso, é comum a mesclagem de cláusulas e condições de diferentes tipos, de modo que a identificação do tipo e a fixação dos direitos e das obrigações das partes dependem de exame em concreto.

XI
A TRANSMISSÃO DE DIREITOS

108. A transmissão contratual de direitos

As obras intelectuais tendem a perpetuar-se, como testemunhas da própria evolução do homem – e de seus diferentes estilos – e como instrumentos perenes de transmissão de conhecimentos e de sensibilização, mas os direitos sobre elas incidentes, sob o aspecto patrimonial, cedem à ação do tempo previsto na lei e os vínculos de exclusividade rompem-se, passando a respectiva exploração ao domínio de qualquer interessado (domínio público).

Daí pode-se constatar a existência de dois períodos distintos de vida para as criações intelectuais: o do monopólio do autor, regido por seus interesses, e o do uso comum, suscetível de aproveitamento, inclusive econômico, por qualquer membro da coletividade.

Aliás, a limitação temporal do exercício dos direitos patrimoniais é uma das notas básicas da estrutura dos direitos autorais, que os faz contrastar com o direito de propriedade em razão do caráter de perpetuidade deste, que lhe possibilita, pois, a transmissão por várias gerações.

A par da citada característica, outros fatores – alguns, comuns a qualquer direito de cunho real, como o são os direitos patrimoniais – importam em seccionamento dos liames que a vinculam a seu criador, desprendendo-a, integral ou parcialmente, de seu patrimônio: a) transferência contratual de direitos, total (possível, com a doação ou a cessão) ou parcial (também pelas mesmas vias e pelos demais contratos de direitos autorais), a título oneroso ou gratuito; b) oneração (ou gravação) com vínculos reais (como o penhor e o usufruto); c) sucessão (legítima ou testamentária); d) abandono; e) perda de exemplar único; f) prescrição; e g) desapropriação.

Com efeito, em razão de sua condição de bens móveis, os direitos patrimoniais podem, inicialmente, esvair-se no tempo e, ademais disso, perder-se para o respectivo titular – em poucas hipóteses – e, até, para a coletividade (como na expiração do prazo de exclusividade e no perecimento do objeto), remanescendo, outrossim, nas demais, mas sob novo estatuto ou novo comando (como nos casos de transferência total, sucessão, abandono).

109. O ingresso dos direitos no circuito negocial

Versando-se, de início, as situações de desprendimento do titular, pode-se constatar que a mais comum é a da transferência de direitos a terceiros – geralmente empresas do setor, como assinalamos – exatamente para possibilitar a comunicação pela via própria e a posterior utilização econômica da obra, podendo a transmissão ser total ou parcial e entendida sempre, mesmo no primeiro caso, como integrada pelos processos existentes à ocasião e nos limites do contrato firmado pelo autor.

Na cessão que compreenda todos os usos possíveis à época, fica, pois, o titular integralmente despojado de seus direitos de ordem patrimonial, prejuízo, no entanto, como vimos insistindo, dos direitos morais, devendo-se, ainda, anotar que a transmissão pode perfazer-se pelo titular ou por meio de representante com poderes especiais (art. 49), além de associações de titulares.

É da essência do sistema de comunicação esse desprendimento, de sorte que se separam os direitos para permitir à obra o encontro com a sua vocação natural – o alcance do público – e às empresas os usos próprios no desenvolvimento de suas atividades, recebendo o autor a remuneração ajustada em cada qual, ou participando, conforme o caso, dos resultados econômicos obtidos.

Na transferência parcial, o cessionário goza dos direitos próprios, em função da avença correspondente e de seu alcance, permanecendo sob a reserva do autor os demais, de modo a permitir-lhe usos outros que a espécie comportar.

Podem os direitos patrimoniais, outrossim: a) ser onerados com todos os vínculos compatíveis (como o penhor e o usufruto); b) sofrer clausulamento (sob as modalidades comuns, como as cláusulas de inalienabilidade e incomunicabilidade); c) sofrer constrição judicial (como a penhora), modificando-se, por conseguinte, o respectivo estatuto e nos limites a cada qual correspondentes.

Com efeito, a alienabilidade desses direitos permite a sua negociação pelas vias comuns aos direitos de cunho real, podendo, pois, ter seu uso contratado, ser dados em garantia, ou dispostos por testamento. Com isso, interpolam-se, na circulação jurídica, novos titulares na relação patrimonial com a obra, os quais passam a exercer sobre ela os direitos compatíveis com a sua posição, seja como editor, seja como cessionário, seja como credor pignoratício, e assim por diante.

Assim, do que se depreende do art. 49 da Lei de Direito de Autor, os direitos de autor poderão ser, total (excluídos os direitos morais, que são intransferíveis e inalienáveis) ou parcialmente, transferidos a terceiros, que se tornam titulares de direitos patrimoniais. E isso pode ser feito pelo próprio autor, ou autores, ou por seus sucessores, por prazo determinado ou em definitivo (na falta de prazo determinado, o de cinco anos), a título universal ou singular, pessoalmente ou por meio de representantes com poderes especiais, válido dentro do território nacional (salvo estipulação específica em contrário, que deve ser clausulada em contrato escrito), sendo as especificidades regidas pelo contrato, sob pena da necessidade de novas autorizações.

Em seguida, tratando da cessão dos direitos de autor (passível de averbação), o art. 50 define que a cessão total ou parcial dos direitos de autor, que se fará sempre por estipulação contratual escrita, presume-se onerosa, e, mesmo que haja omissão do nome do autor, ou de coautor, na divulgação da obra, sobre ela recai a proteção de direito moral de que não se presume o anonimato (art. 52).

110. Formalidades para a oneração

Deve-se observar que, a par do respeito às regras já expostas, há que se atentar para as normas específicas do Direito Comum, com relação a cada figura, como, por exemplo, à constituição de penhor (com a entrega da coisa; um quadro, uma estátua, um manuscrito), ou de usufruto, com a observância das formalidades próprias (instrumentação, registro e outros).

No que tange à formalidade no âmbito autoral, cumpre realçar apenas a necessidade de observância das normas de ordem pública da legislação própria, como no contrato de cessão, já referido, a subsunção do negócio jurídico às regras de forma e de fundo (contrato escrito, especificação de direitos compreendidos, fim, duração e alcance da cessão, art. 50 e parágrafos).

Em termos de registro, há que se anotar, no sistema unionista, a facultatividade do previsto na lei autoral (art. 18) – como veremos adiante –, realizável, portanto, a critério do titular, nos mecanismos existentes.

Frise-se, outrossim, que, no sistema de nossa lei, com o casamento do titular, não se comunicam os direitos patrimoniais, exceto os rendimentos resultantes de sua exploração, salvo se se estipular em contrário no pacto antenupcial (art. 39).

111. A transmissão com multiplicidade de titulares

Consoante o exposto, a utilização da obra importa, salvo se o autor por si a comunicar, em transmissão de direitos, competindo ao explorador, ou usuário, apenas aqueles compreendidos no respectivo negócio jurídico, à luz das regras que imperam na matéria e dos ajustes celebrados.

De fato, a lei prevê prazos diferentes, além dos normais, estes relacionados à vida do autor, ou à sua morte, mas sempre em função dos direitos patrimoniais.

Podem surgir, assim, com respeito a uma mesma obra, vários cessionários e concessionários (como em romance, adaptado, depois, para teatro, para cinema e para televisão; em música, editada em partitura, gravada depois em disco, inserida em *long play* e, ainda, em novela e em filme), que vêm a substituir o autor no gozo dos respectivos direitos, quanto aos aspectos a que façam jus e sempre no plano patrimonial.

Por meio de encadeamentos subsequentes, pode-se formar, então, verdadeiro leque de diferentes pessoas – muitas vezes, nem relacionadas entre si – a fluir de direitos dessa ordem, eis que possível aos sucessores a transferência a terceiros (art. 49), de modo que, simultânea ou sucessivamente, é comum a coexistência de titulares vários (sucessores contratuais) ao lado do criador (como nas reproduções, nas traduções, nas adaptações, nos arranjos, ou seja, em obras derivadas, ou de "segundo grau"), que fica, pois, privado dos direitos correspondentes.

Cada qual exerce, nesses casos, o respectivo direito, obedecidos sempre os limites próprios, a fim de que o uso ocorra harmonicamente.

112. Outras modalidades de despojamento de direitos

Além disso, pode o despojamento resultar de ação ou omissão do próprio interessado com respeito a seus direitos, vindo a acarretar a respectiva perda, por modos comuns, como: a) o abandono do bem (como por desídia); b) o extravio de exemplar único (exemplo, de tela, de escultura, de texto original inédito); ou c) a renúncia (despojamento voluntário).

Cabe, nesse passo, referência a questão delicada, que foi muito discutida – em especial, na doutrina francesa – quanto ao uso do Direito Autoral contra o próprio autor, tendo-se admitido, como possível, a invocação, para efeito de proteção de obras que, pela expressão, integrem o patrimônio cultural do país. Essa problemática põe-se, com maior ênfase, no âmbito da destruição da obra, pretendida pelo autor, direito que, embora suscetível de integração a seu patrimônio moral, encontra óbices, no plano citado, em interesses maiores da coletividade.

Observe-se, outrossim, que também desse naipe é o direito de retirada da obra do comércio, ou a simples suspensão de uso autorizado (ambos direitos morais, *art. 24, inciso VI*), cujo exercício, no entanto, importa em satisfação de indenização a terceiros prejudicados (§ 3.º) (editores, cessionários, usuários, conforme o caso).

Outrossim, pelo não exercício no lapso próprio, pode o titular vir a perder a expressão concreta dos direitos patrimoniais (observadas, quando for o caso, as peculiaridades das infrações continuadas, em que o prazo só começa a fluir da última), e isto em função da prescrição de direito comum regulada pelo Código Civil de 2002 (arts. 196 a 206).

113. O alcance da renúncia a exercício de direitos morais

Em qualquer negócio jurídico, não se compreendem, como temos frisado, os direitos morais. Estes são inalienáveis.

Entretanto, o alcance da incessibilidade desses direitos deve ser entendido em termos, na medida em que, em seu exercício, na prática, perante a renúncia explícita, pode deixar de substituir, em concreto, certo aspecto (como o do direito de ter o nome divulgado nas obras anônima ou pseudônima).

Com efeito, a regra é a transmissão apenas dos componentes reais, permanecendo intocados os pessoais, mas, em razão do interesse do titular e da natureza da obra, e também em consideração a ditames da moral pública, têm-se aceito os temperamentos que, em concreto, a renúncia ao exercício acarreta.

Deve-se, no entanto, registrar que a renúncia não pode ser definitiva ou irreversível, quando atingiria a essência do direito em causa, essa, sim, inafastável, mesmo na cessão ilimitada de direitos, sob pena de nulidade da cláusula respectiva. Trata-se de proteger a personalidade de que se revestem esses direitos.

De fato, nenhuma convenção pode alcançar os direitos em si; daí por que se os tem por incessíveis, sendo nula qualquer cláusula em contrário, em face dos expressos termos da lei (art. 27), e em razão da substância, da natureza e das funções que desempenham, na defesa do nome e de outros aspectos da personalidade do autor e da fidelidade da obra.

114. Hipóteses de renúncia admitidas

Doutrina e jurisprudência aceitam, no entanto, as hipóteses usuais de renúncia, que acabaram por integrar-se ao contexto do exercício desses direitos, exigindo-as, no entanto, expressas e restritas aos limites respectivos: a) não divulgação do nome em coletâneas, dicionários e enciclopédias; b) não aparecimento em obras anônimas e em obras pseudônimas; c) modificações na obra em adaptações e nas decorrentes formas de uso (umas para observância da linguagem própria); d) sacrifício do direito de inédito, para o autor assalariado, eis que remunerado para criar obra destinada, empresarialmente, à comunicação. A lei, inclusive, trata de muitas destas hipóteses.

Com efeito, há que se observar as balizas referidas, pois, como se protege a obra, inclusive contra o criador, a renúncia translativa (ou de *nègre*) – por meio da qual terceiro venha a aparecer como autor – é inadmissível, fazendo nula a respectiva avença.

Também não pode haver renúncia tácita; admite-se, pois, em todos os casos, simples renúncia abdicativa (ou seja, à assinatura ou à comunicação), inclusive quanto a obras de aportes sucessivos e de pequena expressão, como as inseridas em jornais, televisões e publicações periódicas e, normalmente, com o concurso de várias pessoas, cedendo, pois, o interesse pessoal ante o interesse geral na sociedade da divulgação das notícias.

Não há, pois, cessão absoluta de direitos, cabendo, ademais, interpretação restrita nos casos já consagrados (art. 49, inciso VI), à luz das premissas retroexpostas.

132 | DIREITO DE AUTOR – *Carlos Alberto Bittar*

Assim, a regra persiste como a da prevalência do direito moral, afora os casos especiais enunciados.

115. A desapropriação de direitos

Outra causa de perda do direito autoral, mas ligada a ato de terceiro, é a desapropriação, prevista por expresso por várias legislações, inclusive quanto a direitos de ordem intelectual, como constava do Código Civil de 1916.

Entre nós, inserida no Código de 1916, como corolário da condição de propriedade de que se revestiam esses direitos, permitia-se à União, ou aos Estados, desapropriar por utilidade pública, mediante indenização própria, qualquer obra publicada, cujo titular não a quisesse reeditar (art. 660).

Posteriormente, na regulamentação legal das desapropriações em geral, várias modalidades foram previstas e para as finalidades nelas expostas, em particular, dentre outras, quanto à segurança e defesa do Estado. Assim, na preservação e na conservação de arquivos e de bens de valor histórico ou cultural, sempre sob a ideia básica de utilidade pública, possibilitou-se, então, a expropriação, para reedições ou divulgações de "obra ou de invento de natureza científica, artística ou literária" (Decreto-lei 3.365, de 21.06.1941, art. 5.º, alínea *o*).

Essas colocações – feitas à luz de textos constitucionais permissivos de expropriação de propriedade – conquanto compatíveis com vários sistemas em que são contempladas, entre nós parecem-nos superadas, pela ênfase à exclusividade do autor, em qualquer utilização da obra constante do texto da Carta vigente, e pelo reconhecimento explícito dos direitos morais e de sua inalienabilidade e sua irrenunciabilidade. Não se pode, com efeito, entender como se conciliaria o exercício do poder expropriatório com os dos direitos personalíssimos do autor, à luz da evolução, inclusive legislativa, havida quanto à concepção e à natureza dos direitos autorais.

Ademais, a prática revelar-se-ia de sufocante e inadmissível ingerência estatal, sobre a liberdade de expressão e sobre direitos morais, especialmente em temas de direitos fundamentais da pessoa humana, que a moderna consciência jurídica repele, e a Constituição de 1988 não permite (art. 5.º, inciso XXVII).

116. A transmissão de direitos por sucessão

A transmissão pode efetivar-se, ainda, por sucessão *causa mortis*, tanto legítima como testamentária, sobrevindo, então, herdeiros e legatários à titularidade de direitos.

Em matéria de sucessão no âmbito autoral, a lei contém certas particularidades, que derrogam as regras do Direito Comum, as quais, afora isso, prosperam na regência da matéria.

Cap. XI • A TRANSMISSÃO DE DIREITOS | 133

A ordem vocatória é a mesma dada pela lei civil (art. 41), de modo a se extirpar a diferença entre esses e os demais direitos. Filhos e pais muito menos se diferenciam neste aspecto, em face do imperativo constitucional em matéria de filiação (art. 227, § 6.°, da CF/1988).

Na sucessão legítima, opera-se também a transmissão dos direitos morais (art. 24, § 1.°), os quais os adquirem, pois, por direito próprio, como tem a jurisprudência reconhecido.

Conflitos podem, então, instalar-se entre esses direitos e os de personalidade dos herdeiros, sempre que divergências, ideológicas ou artísticas, separem-nos do sucedido, em que deverão ser respeitados seus direitos de ordem pessoal.

Na obra póstuma, também esses herdeiros exercerão os direitos de autor e, no caso de falecimento do criador antes de terminada a obra, pode o editor considerar resolvido o contrato, ou mandar terminá-la por outrem, se concordarem os herdeiros (art. 55, inciso III), vedada, no entanto, a publicação, se o autor houver manifestado a vontade de só trazê-la a lume inteira, ou se assim o decidirem seus sucessores (art. 55, parágrafo único).

O Estado ocupa, quanto a esses direitos, a posição referida de defensor da integridade e da genuinidade da obra, quando caída em domínio público (art. 24, § 2.°).

117. A limitação temporal dos direitos patrimoniais

Diferentes sistemas existem na limitação temporal dos direitos patrimoniais, sendo mais longa a sobrevivência sob monopólio nos países unionistas e mais curta nos do sistema anglo-norte-americano. Alguns estabelecem a vitaliciedade do direito para o autor e mais um período fixo posterior aos herdeiros; outros, um período fixo, mas temporâneo; e outros, ainda, um lapso de tempo fixo, maior ou menor, consoante o interesse público e a natureza da obra.

Essa, no entanto, é a regra geral, eis que essa colocação não elide a inserção, para certas obras, de prazos menores e até efêmeros, em função da respectiva natureza e de sua vida útil (como para as obras jornalísticas e cinematográficas, para o *software*).

A nossa lei integra-se, também nesse passo, ao sistema unionista, com a inclusão de certas normas particulares.

118. Os prazos de proteção legal

De início, para o titular, esses direitos perduram por toda a sua vida. Os sucessores indicados, na diretriz genética ou conjugal, também gozam desses direitos por 70 anos contados de 1.° de janeiro do ano subsequente ao do falecimento, obedecida a ordem sucessória dada pela lei civil (art. 41).

134 DIREITO DE AUTOR – *Carlos Alberto Bittar*

Na obra em coautoria indivisível, os lapsos de tempo contam-se sempre da morte do último dos coautores sobreviventes (art. 42), acrescendo-se aos dos sobreviventes os direitos do coautor que falecer sem sucessores (parágrafo único).

Na obra póstuma, os prazos seguem o regime normal descrito (art. 41, parágrafo único). Para obra anônima ou pseudônima, o lapso é de 70 anos, contados de 1.º de janeiro do ano imediatamente posterior ao da última publicação (art. 43), voltando-se, no entanto, ao regime comum, se o autor se der a conhecer (parágrafo único).

As obras audiovisuais, fotográficas e coletivas regem-se também pelo prazo de 70 anos, contado de 1.º de janeiro do ano seguinte ao de sua divulgação (art. 44).

Outras leis contêm prazos específicos (por exemplo, a lei do *software*, que fixa sua proteção por 50 anos, art. 2.º, § 2.º).

119. O ingresso da obra no domínio público

Entretanto, passados os prazos de proteção definidos na lei, a obra cai no domínio público, deixando de existir, portanto, os direitos exclusivos. Com isso, dois regimes básicos têm se instalado na prática, alternando-se nas diferentes legislações: *a)* o sob uso livre por qualquer interessado – o mais comum; e *b)* o sob controle de órgão do Estado. Assim, ou automaticamente, pelo simples decurso do prazo, o uso se torna livre, ou a utilização, nessa etapa, depende de prévia autorização estatal, em que se examina a solicitação do interessado, inclusive mediante retribuição pecuniária (no denominado "domínio público remunerado").

A ideia de domínio público relaciona-se com a possibilidade de aproveitamento ulterior da obra pela coletividade em uma espécie de compensação, perante o monopólio exercido pelo autor, decorrente da noção já exposta, observada, no entanto, a referida defesa da integridade pelo Estado (art. 24, § 2.º, da Lei 9.610/1998 e Lei 5.805/1972), aí incluída a hipótese da licença não voluntária da lei.

120. A utilização da obra nessa fase

Nessa fase, o princípio básico é o de que qualquer interessado pode utilizar a obra, inclusive para derivações, passando a gozar dos direitos correspondentes sobre a respectiva forma, mas não podendo opor-se a outros usos, a menos que sejam simples cópias de sua reprodução ou adaptação (consoante a regra do art. 14).

Há que se respeitar, todavia, a genuinidade e a integridade da obra e demais características pessoais, em face dos direitos morais, sob controle, não havendo herdeiros, do próprio Estado.

Vigorou a propósito, entre nós, a partir da lei, o regime denominado domínio público remunerado, inspirado nas ideias básicas de defesa da obra e de obtenção de recursos para financiamentos de programas culturais, segundo o qual de prévia licença estatal e de remuneração – se para fim de lucro – dependia o uso.

A obra caída em domínio público preserva a sua identidade como obra de invenção autoral, e, por isso, apesar de cessados os efeitos dos direitos patrimoniais, não tiveram fim os efeitos dos direitos morais do autor. Assim, o art. 24, § 2.º, da Lei de Direito de Autor dispõe que compete ao Estado a defesa da integridade e autoria da obra caída em domínio público. Ademais, vale a regra geral da proteção do patrimônio autoral e da ligação do nome do autor à obra, bem como a integridade e demais direitos morais não atingidos pela morte do autor. Por isso, o art. 33, não fosse explícito, seria implicitamente válido entre nós: "Ninguém pode reproduzir obra que não pertença ao domínio público, a pretexto de anotá-la, comentá-la ou melhorá-la, sem permissão do autor".

121. O regime de licença legal

Em algumas legislações, e ainda dentro do regime de monopólio, existe o mecanismo denominado licença legal para melhor aproveitamento da obra, com base no pressuposto de que, com sua comunicação, se objetiva a máxima divulgação possível. Assim, por lei, permite-se o uso da obra mediante pagamento prévio da remuneração autoral, sob controle de organismos próprios da estrutura estatal, para posterior distribuição aos titulares.

Com isso, qualquer interessado, ao adquirir o suporte correspondente, fica autorizado a fazer os usos possíveis, sem qualquer outra contraprestação, além do *plus* pago sobre o preço correspondente (como ocorre, por exemplo, com a aquisição de fitas cassetes, em que já incide o valor referente à remuneração autoral).

O regime funciona, em alguns países, para as músicas gravadas, a fim de fazer frente à denominada "pirataria" dos fonogramas.

Costuma-se, ainda, instituir regime de licença restrita, também com a substituição da vontade do titular pela da lei, sobre obra já comunicada, mas com a necessidade de utilização na mesma forma em que foi trazida a público.

A propósito do regime de licença legal, parece-nos, como já o assinalamos, a solução cabível, entre nós, para o controle da reprografia (com textos, músicas e outras criações), eis que cresce continuadamente, com sensível evasão de receitas para os setores de edições gráficas, fonográficas, cinematográficas e videofonográficas.

122. A proteção de patrimônio artístico e cultural

Ora, em função do rompimento dos vínculos autorais patrimoniais, questão de alta indagação vem preocupando todos os países do mundo civilizado, qual seja, a da proteção de obras artísticas, literárias e científicas incorporadas ao patrimônio comum, em especial quanto às obras de arte figurativa e plástica e às criações de folclore.

De uns tempos a essa parte, exacerbados, de um lado, com o despertar de consciências nacionais em vários países antes colonizados – particularmente, na África, a partir dos movimentos de independência (1960) – e, de outro, com a verificação de atentados a monumentos da cultura – inclusive internacional –, vários Estados têm editado normas especiais para defesa do patrimônio comum nos domínios da arte e da cultura.

Com efeito, sob o primeiro aspecto, o mundo tem assistido à edição de várias leis nacionais de proteção às culturas locais, inclusive de folclore, enquanto, de outro, até o uso indevido em publicidade tem norteado essa verdadeira vaga de manifestações de cunho doutrinário e legislativo tendentes a amparar a cultura e a arte das nações.

Portanto, têm surgido, em países desenvolvidos ou subdesenvolvidos, leis especiais, de intervenção estatal, sobre tutela de bens de interesse artístico ou histórico, no sentido da preservação de valores básicos da cultura e da civilização correspondentes, incluindo-se, também, bens de outras ordens, como coisas e objetos de antigas povoações.

Com essas leis, mecanismos próprios de defesa, sob a égide de entidades da estrutura estatal (Secretaria Especial de Cultura, ou órgão a ele relacionado: Oficinas ou Centros ou Conselhos, inclusive de defesa de direitos autorais), têm sido instituídos, aos quais se deferem poderes para a defesa em concreto desses verdadeiros monumentos do engenho humano, por exemplo, as esculturas, as pinturas, as obras arquitetônicas e outras.

Daí certos usos terem sido submetidos à autorização estatal, a fim de evitarem--se atentados contra as obras de arte e de cultura, com inúmeras sanções que, em algumas leis, chegam, inclusive, a confisco (por exemplo, de reproduções não autorizadas), a par de satisfação de perdas e danos e sem prejuízo da proteção que, em outras áreas, como a autoral, possam ter as obras.

Aliás, nesse passo, conciliam-se as duas legislações, cada qual voltada a um fim específico (no plano autoral, a proteção do interesse individual e, na legislação cultural, o do interesse coletivo, ou seja, o patrimônio cultural), contando com extensão diversa (prazo limitado, na primeira, e perpétuo, na segunda) e motivação diferente (tutela do aspecto moral da personalidade do autor, no primeiro, e tutela contra deformação, manipulação ou modificação que altere caracteres originais da obra, no segundo).

No entanto, quanto ao exercício, a uma mesma autoridade tem sido deferida, no âmbito da cultura, a defesa, à qual também são submetidas as utilizações pos-síveis, proibindo-se, de regra, o uso para fins publicitários, exatamente porque, no fundo, ambas se voltam à proteção de valores básicos da própria personalidade humana.

Anote-se que lei especial de defesa da autenticidade de obras literárias caídas no domínio público existe no Brasil, exigindo que os editores adotem os textos fixados ou que tenham fixação reconhecida oficialmente, submetendo, pois, a

Cap. XI • A TRANSMISSÃO DE DIREITOS | 137

prévio assentimento estatal a edição (sujeita a apreensão àquela realizada sem observância dessas normas, a instâncias do Instituto Nacional do Livro, a quem a lei conferiu o controle: Lei 5.805, de 03.10.1972, arts. 1.º e 5.º).

Ademais, já considerando os avanços traçados pelo Pacto Internacional de Direitos Econômicos, Sociais e Culturais, de 1966, que em seu art. 15 define o direito a participar da vida cultural e à proteção às formas de pesquisa, conhecimento e ciência (art. 15, §§ 1.º, 2.º, 3.º e 4.º), temos ainda a "Convenção para a Salvaguarda do Patrimônio Imaterial", da UNESCO, de 2003, que define "patrimônio cultural imaterial", em seu art. 2.º, n. 1:

> Entende-se por patrimônio cultural imaterial as práticas, representações, expressões, conhecimentos e técnicas – junto com os instrumentos, objetos e artefatos e lugares que lhes são associados – que as comunidades, os grupos e, em alguns casos, os indivíduos reconhecem como parte integrante de seu patrimônio cultural. Este patrimônio cultural imaterial, que se transmite de geração em geração, é constantemente recriado pelas comunidades e grupos em função de seu ambiente, de sua interação com a natureza e de sua história, gerando um sentimento de identidade e continuidade, e contribuindo assim para promover o respeito à diversidade cultural e à criatividade humana. Para os fins da presente Convenção, será levado em conta apenas o patrimônio cultural imaterial que seja compatível com os instrumentos internacionais de direitos humanos existentes e com os imperativos de respeito mútuo entre comunidades, grupos e indivíduos, e do desenvolvimento sustentável.

Eis, portanto, o marco internacional a iluminar as formas pelas quais os Estados-partes podem proteger seu patrimônio imaterial, bem como organizar a regência interna de sua legislação para conferir eficácia a esta importante responsabilidade do Estado Democrático.

No Brasil, em específico, a mais recente legislação procura, pelo Decreto 5.520/2005, instituir o Sistema Federal de Cultura, bem como, pelo Decreto 5.761/2006, regulamentar a Lei 8.313/1991, para a execução do Programa Nacional de Cultura – PRONAC. Aqui releva apontar o papel da Lei 12.343/2010. Os investimentos de Estado, por meio da Secretaria Especial de Cultura (em ação compartilhada com outros Ministérios e Secretarias, como a SEDH), na manutenção e gestão destes fundos, a responsabilidade compartilhada entre Estado, sociedade civil, empresas social e culturalmente responsáveis, ONGs, entidades representativas, terceiro setor, é o que deve pautar a gestão do patrimônio imaterial comum, aquilo que permite a identidade de pessoas, na diversidade de suas expressões, como um traço fundamental da dignidade humana.

123. A proteção das expressões culturais tradicionais

Ocupam, nesse contexto, posição singular as obras de folclore, definidas como manifestações artísticas do povo, de caráter impessoal e transmitidas pela tradição oral. São muito comuns as expressões culturais das comunidades indígenas e quilombolas, merecendo exatamente por isso especial valorização. São criações a respeito das quais não se conhece criador individual, representando culturas de povoações de certas regiões, cujos seguidores as representam ou executam nos mesmos termos, não se admitindo inovações, com o que ficam, portanto, respeitadas exatamente como transmitidas (assim, em festas, festivais, reuniões).

Essas criações manifestam o pluralismo, o regionalismo, o multiculturalismo, expressando-se sob palavras, ou sons, ou por expressão corporal, ou incorporadas em suporte material (expressões tangíveis), florescendo, em vários países, legislação especial destinada a preservá-las de exploração comercial e evitar a respectiva desnaturação, na proteção dos valores culturais da nação, em especial nos países em desenvolvimento (de provas indígenas ou remanescentes de quilombos), e em razão, principalmente, do fenômeno de defesa da cultura autóctone que se seguiu à declaração de independência das antigas culturas da África.

Essa matéria tem assumido importância também em nível internacional, sendo preocupação de praticamente todos os países, em relação a lesões, deturpações e deformações em usos públicos, particularmente em publicidade, e, como se tem observado, com situações verdadeiramente constrangedoras, inclusive entre nós, e que atentam contra a tradição do País.

Nesse plano, com base na revisão da Convenção de Berna, realizada em Paris (1971) (art. 15.4), vem ocorrendo a propagação da ideia da instituição de regime *sui generis* de proteção, mas com apoio na estruturação autoral, para as obras de folclore, tendo, inclusive, como se verifica com outras criações estéticas, sido proposta lei-tipo (Tunis, 1976, e Bangui, 1977) para servir de modelo às legislações nacionais, integrada à inserção do folclore no patrimônio cultural da nação.

E, assim, vários países editaram, ou por leis próprias, ou no corpo das leis autorais, regras de defesa do folclore, à luz das ideias expostas, inclusive no plano da sistemática autoral.

No Brasil, campanhas de defesa do folclore surgiram à época de ênfase nacionalista, que marcou o fim da década de 1950, formalizando-se depois (Decreto 43.178, de 05.02.1958) e convertendo-se, mais tarde, em organismo nacional para a formulação e a regência de política própria para o folclore. Completam o sistema outras disposições, depois supervenientes, no aperfeiçoamento dos mecanismos de administração dos interesses dessa área.

Ademais, à luz da legislação de defesa do patrimônio cultural e às regras de proteção autoral à genuinidade da obra, podem ser amparadas, entre nós, essas criações, sob a égide do Estado e a ação do organismo citado, sem prejuízo das entidades locais e ONGs, devendo-se anotar que, no plano da ação civil pública, estão expressamente contemplados os bens e direitos de valor histórico e estético (Lei 7.347, de 24.07.1985, art. 1.º, inciso III, que prevê ação de responsabilização por danos, na defesa de vários interesses denominados difusos).

O PL 3.133/2012, que acabou não vingando na reforma da LDA, introduzia uma expressão que substitui o termo "folclore", anteriormente usual, não somente na legislação, mas na visão acadêmica e no senso comum. Teria sido de relevante significação simbólica que a lei absorvesse as inovações vocabulares da área de direitos humanos e dos estudos mais avançados de Antropologia, para se reportar a "expressões culturais tradicionais", que melhor representa os interesses das culturas tradicionais.

Basicamente, trata-se de opor aos avanços da modernidade e da tecnologia a visão de conservação necessária às tradições dos povos e das culturas as mais diversas, algo para o que o Direito brasileiro não pode deixar de ter papel fundamental. Assim, a lei protege as tradições, especialmente conferindo-lhe guarida diante dos ataques sempre inoportunos e descabidos da pirataria de conhecimentos tradicionais e saberes indígenas, com finalidades escusas de atender aos interesses de multinacionais e corporações despreocupadas com o patrimônio local. A revisão de patentes no exterior, com base no Direito Internacional dos Direitos Humanos, se impõe como forma de reparação de injustiças desse porte, quando nos encontramos diante de tais hipóteses. A revisão do termo folclore também encontra sua justificativa no âmbito dos traços inovadores criados pela "Convenção sobre a Proteção e Promoção da Diversidade das Expressões Culturais", da UNESCO, de 2005, que ali define "Diversidade cultural", de conformidade com o seu art. 4.º:

> Diversidade cultural refere-se à multiplicidade de formas pelas quais as culturas dos grupos e sociedade encontram sua expressão. Tais expressões são transmitidas entre e dentro dos grupos e sociedades. A diversidade se manifesta não apenas nas variadas formas pelas quais se expressa, se enriquece e se transmite o patrimônio cultural da humanidade mediante a variedade das expressões culturais, mas também através dos diversos modos de criação, produção, difusão, distribuição e fruição das expressões culturais, quaisquer que sejam os meios e tecnologias empregados.

Por isso, o termo "folclore" parece inadequado, inclusive apresentando uma conotação específica de rebaixamento da identidade cultural do outro, de forma que a técnica legislativa empregada no PL 3.133/2012 aprimora o texto de 1998.

No mais, de forma objetiva, o Projeto trata do tema, quando menciona que pertencem ao domínio público as obras de autor desconhecido (art. 45, inciso II). Por isso, faz questão de ressalvar que as obras que são expressões culturais tradicionais, por serem de autoria coletiva e geralmente de transmissão oral, não são diretamente obras em domínio público, pois o que a legislação especial dispuser a respeito, a exemplo da proteção normativa editada pela FUNAI, para a proteção dos bens e interesses dos povos indígenas no País, valerá o que a especificidade desta legislação dispuser. A ideia é a da aplicação da norma mais benéfica no sentido da proteção do patrimônio cultural, em função de seus relevantes interesses sociais.

No que tange à proteção das tradições indígenas no País, deve-se ressaltar o avanço consagrado pela Constituição Federal de 1988, pois o seu art. 231 confere reconhecimento aos povos indígenas, "sua organização social, costumes, línguas, crenças e tradições". O Estatuto do Índio (Lei 6.001/1973) trata do tema de modo mais específico no que tange à educação, no Título V da lei, sabendo-se que a preocupação com a preservação das tradições multidiversificadas dos indígenas no País deve alinhar-se com a ideia geral de autonomia dos povos indígenas e de preservação das formas pelas quais se dão as suas expressões culturais.

No mais, o Decreto 4.887/2003 cuida dos interesses (reconhecimento, terras, direitos) dos remanescentes de Quilombos, os grupos étnico-raciais de ancestralidade negra, remanescentes do processo de escravidão que ocupou largo período histórico no País (art. 2.°). Nada mais justo do que o reconhecimento e a reparação das injustiças históricas sofridas por estes povos, inclusive, por meio da proteção de seu acervo de memória e cultura tradicionais.

Cabe especial atenção considerar a importância do Estatuto da Igualdade Racial (Lei 12.288/2010), e de seu impacto nessa temática. Isso porque, no que tange ao Direito à Cultura, o EIR estabelece, em seus arts. 17, 18, 19 e 20, uma série de obrigações do ponto de vista do Poder Público para a preservação e reconhecimento de usos, costumes, tradições, manifestos religiosos, datas simbólicas, identidade cultural e a construção e participação do patrimônio histórico e cultural dos povos de matrizes africanas.

XII
A ADMINISTRAÇÃO

124. A estruturação administrativa do setor

Na administração do sistema autoral, complexo aparato tem-se constituído, em todos os países, à luz do regime convencional de Berna, com a integração de diferentes órgãos públicos e entidades particulares, para efeito de assegurar aos titulares o uso e o gozo pacífico de suas criações e a percepção dos direitos correspondentes, a par da ação do próprio interessado.

No âmbito público, em entidades centrais, na área da cultura, têm sido criadas pessoas jurídicas exclusivamente voltadas para as necessidades dos autores, por força da intervenção estatal, para fins de execução de política específica para o setor, abarcando, como vimos, a defesa do patrimônio estético.

A exemplo do modelo tradicional, construiu-se, entre nós, encadeamento fundado nas associações de titulares (denominadas, no início, sociedade de autores), que, congregando autores, compositores, músicos e outros elementos desse campo, possibilitaram a construção prática dos direitos patrimoniais, a partir dos mecanismos institucionais citados, no teatro e na música.

Outro componente desse esquema administrativo é o escritório central (ou *bureau*) de arrecadação (o ECAD, entre nós), incumbido, para facilitar a ligação entre associações, usuários e autores, de proceder ao recebimento das verbas obtidas com as autorizações, para posterior repasse aos titulares, conforme dispõe o art. 99 da lei.

Completa o elenco a autoridade policial, que atua na coibição de práticas lesivas, em nosso país, inclusive por meio de repartições especializadas, já instaladas em grandes cidades.

Nos meandros de cada uma dessas entidades, encontram os titulares diferentes vias por onde podem fazer valer, em concreto, seus direitos, no plano administrativo, como verificaremos.

A lei, em seu texto (arts. 97 a 100-B), dedicou extensa regulamentação à administração dos direitos autorais (Título VI – Das Associações de Titulares de Direitos de Autor e dos que lhe são Conexos), em que, a par das entidades criadas,

142 DIREITO DE AUTOR – *Carlos Alberto Bittar*

imprimiu extensa e minuciosa disciplinação às associações de titulares, como base que representam para sua efetiva realização.

A Constituição de 1988 inseriu, na fiscalização do aproveitamento econômico das obras, as representações sindicais (art. 5.º, inciso XXIII, *b*).

125. Origem do regime: as associações de titulares

Com efeito, ocupam posições de destaque na arrecadação e na distribuição de direitos de execução as associações de titulares, cuja história se identifica com a do próprio Direito de Autor.

Assim, surgidas na França, à época em que começava a fermentar a luta afirmativa de uma esfera pública liberal, e pelo reconhecimento dos direitos de autor, essas entidades contribuíram decisivamente para a sua implantação prática (acentuando os autores a atuação de Richelieu e Beaumarchais, que procuraram reunir os intelectuais que pugnavam por seus direitos, tendo o movimento se iniciado com os autores dramáticos, na sociedade conhecida pela sigla SACD, e, em seguida, com os de música, na SACEM, em 1829 e 1851, respectivamente).

Nascidas do espírito associativo – exemplo depois retomado pelos trabalhadores manuais, na denominada Revolução Social –, conseguiram, pela união de forças das categorias interessadas, fazer valer os direitos de seus associados, atuando sob as formas juridicamente possíveis. Reunidas, de início, por classes de titulares – autores dramáticos entre si, compositores musicais de outro lado e assim por diante, aliás, em consonância com o espírito classista – apareceram depois entidades híbridas, com titulares de categorias de direitos distintas, em função da necessidade de maior aglutinação de forças, desde que sempre se manifestou, em oposição ao pagamento, o complexo empresarial usuário, em função da eterna contraposição entre capital e trabalho, que marca, aliás, a crise do mundo moderno.

Daí por que, com a evolução dos tempos, em alguns países instituíram-se diferentes associações, obedecido o critério de categorias, ou não (ou seja, diversas associações do mesmo gênero), e, em outros, subsistiu apenas uma, na representação de todos os intelectuais com obras protegidas. Assim, por exemplo, na Inglaterra, a ISAPC; na França, a SACEM (música) e a SACD (obras dramáticas); nos Estados Unidos, em que há pluralidade, mesmo setorial, destaca-se, entre outras, a ASCAP, de Nova Iorque; na Itália, a SIAE (com exclusividade, para direitos autorais e conexos); na Rússia, a VAAP (global e exclusiva); na Espanha, a SGAE (exclusiva); na Alemanha, a GEMA (exclusiva para música), a GVL (fonografia e execução artística) e a VG WORT (literatura); na Argentina, a SADAIC (exclusiva em música), a ARGENTORES (obras dramáticas) e a SADE (literatura); no Uruguai, a AGADU (exclusiva em música) e assim por diante.

Quanto ao respectivo regime jurídico, em alguns países, dependem as entidades de autorização estatal para constituição e para funcionamento, enquanto, em outros, dispõem de liberdade para tanto, sofrendo, no entanto, como natural, a fiscalização do governo.

Agora, por meio da Lei 12.853/2013, que introduz modificações e alterações, além de acréscimos, à redação de 1998 da LDA, enfatiza-se ainda mais o papel da gestão coletiva dos direitos autorais, dando-se maior ênfase à eficiência, à transparência, à acessibilidade, ao controle e à isonomia entre associados, quando o tema é o do papel das entidades associativas e o poder de arrecadação e representação que elas possuem diante dos direitos autorais.

126. As associações de titulares no Brasil

No Brasil, tem-se sistema complexo: as associações são dependentes de autorização estatal e a arrecadação musical está afeta ao *bureau* central e único (ECAD), existindo pluralidade de entidades, mesmo em nível de categorias, cuja afirmação obedeceu à longa evolução.

De fato, não obstante a existência de lei sobre direitos autorais já em fins do século passado, foi a partir da edição do Código Civil de 1916 que a sociedade brasileira se conscientizou da existência desses direitos, surgindo, então, o movimento de formação de associações.

Iniciado em 1917, com a "Sociedade Brasileira de Autores Teatrais" (SBAT), congregando, no começo, autores de teatro e, logo em seguida, também compositores musicais, o movimento expandiu-se depois, surgindo, ao longo dos tempos, outras entidades, principalmente mediante desdobramentos das existentes, em virtude de dissensões entre os interessados. Assim, em 1938, os compositores desligaram-se da SBAT para formar a ABCA ("Associação Brasileira de Compositores e Autores"), enquanto aquela voltava às origens, mas mantendo um departamento musical. Seus componentes desligaram-se, no entanto, em 1942, fundindo-se na citada ABCA, para constituir a UBC ("União Brasileira de Compositores"). Em 1946, nascia a SBACEM ("Sociedade Brasileira de Autores, Compositores e Editores"), em virtude de divergências entre editores e autores na UBC. Em 1956, outra entidade apareceu, a SADEMBRA ("Sociedade Arrecadadora de Direitos de Execuções Musicais no Brasil"). Deu-se, ainda, em seguida, a constituição de uma coligação, denominada "Coligação das Sociedades de Autores, Compositores e Editores", em face dos problemas existentes para a arrecadação. Em 1960, fundou-se a SICAM ("Sociedade Independente de Compositores e Autores Musicais"), em face do descontentamento de compositores de São Paulo quanto ao sistema então operante.

Cinco sociedades passaram então a atuar, surgindo daí óbices para a cobrança, com as entidades disputando entre si o poder de receber os recursos correspondentes, com prejuízos para todo o sistema. Tomaram a SBAT, a UBC, a SADEMBRA e a SBACEM a iniciativa de formar um escritório central de arrecadação, por eles controlado, que se chamou SDDA ("Serviço de Defesa do Direito Autoral").

Dele não participou a SICAM e, ao revés, continuaram a aumentar os problemas da arrecadação, em virtude da própria complexidade do mecanismo. Entrementes, com a regulamentação dos direitos conexos, surgia, em 1967, a SOCIMPRO ("Sociedade Independente de Intérpretes e Produtores de Fonogramas") para atuar nessa área.

As vicissitudes enfrentadas então, com a reclamação constante de falhas, a resistência de usuários, as dificuldades na percepção e na distribuição de valores, fizeram com que surgissem defensores da edição de um "Código de Direitos de Autor e Direitos Conexos" em que se inserisse toda a legislação esparsa e se previssem instrumentos próprios de controle, por parte do Estado, da atuação das sociedades, bem como a unificação da cobrança.

Depois de estudos e de debates, expediu-se a Lei 5.988/1973, que criou, para a regência do setor, o Conselho Nacional de Direito Autoral (CNDA, art. 116) e, para a centralização da arrecadação, o Escritório Central de Arrecadação e Distribuição (ECAD, art. 115), constituídos, efetivamente, bem depois (início de 1976 e 1977). Além disso, obrigou as sociedades existentes a adaptarem-se às suas prescrições, em 120 dias da instalação do órgão de controle (art. 133).

Com o advento da lei, passaram as sociedades à denominação e à forma de "associações", tendo recebido minuciosa regulamentação (arts. 103 a 114) e a incumbência de organizar o ECAD, mas ficando, a partir daí, sujeitas a autorização para funcionamento, sob regras emitidas pelo CNDA.

Entretanto, o Conselho então instalado resolveu regular a formação do ECAD, impondo, em sua composição, integrantes do Poder Público (Resolução CNDA 1, de 06.04.1976); porém, por via judicial, obtiveram as associações, para si, o direito de compor o Escritório, que passou a reunir titulares da área musical. Por via de convênio, a SBAT continuou a recolher os direitos no setor teatral.

Novas associações sobrevieram, depois, tendo sido autorizadas a funcionar, reunindo intelectuais de vários campos, mas com prevalência na área de música, as seguintes entidades: a) a ASA ("Associação de Atores": intérpretes não musicais, artistas em geral e dubladores); a SABEM ("Associação de Autores Brasileiros e Escritores de Música"); a AMAR ("Associação de Arranjadores e Regentes"); a ASSIM ("Associação dos Intérpretes e Músicos"); a ANACIM ("Associação Nacional de Compositores, Intérpretes e Músicos"); a ABRAMUS ("Associação Brasileira de Regentes, Arranjadores e Músicos"); a ABDA ("Associação Brasileira de Direito de Arena").

127. Regime legal das associações

Na regência das associações, a Lei 9.610, de 19.02.1998 (consideradas as alterações introduzidas pela Lei 12.853/2013), traça inúmeras regras, definindo os respectivos contornos, em nível organizacional, a fim de adequar a respectiva estrutura às necessidades do setor.

Cap. XII • A ADMINISTRAÇÃO | 145

De início, adota o regime de liberdade de associação e sem intuito de lucro (art. 97), vedando a participação em mais de uma entidade da mesma natureza (§ 2.º), sendo que as associações com sede no exterior far-se-ão representar em solo nacional por associações nacionais constituídas na forma da lei (§ 4.º).

Com o ato de filiação, as entidades tornam-se mandatárias dos associados para a prática de todos os atos necessários à defesa judicial ou extrajudicial, de seus direitos autorais, bem como para a sua cobrança (art. 98).

Quanto à atuação da iniciativa privada em sede de proteção de direitos autorais e conexos (Associações de Titulares de Direitos de Autor), há que se dizer que a nova legislação sobre direitos autorais conferiu espaço delimitado aos mesmos.

O papel do associativismo neste plano é de extrema importância. Corresponde ao poder privado de autorregulamentação e iniciativa, bem como faz-se presente neste plano para o devido controle e fiscalização da arrecadação de direitos patrimoniais.

O poder de representação das associações vem dado pelo art. 98, como segue: "Com o ato de filiação, as associações de gestão coletiva de direitos autorais de que trata o art. 97 tornam-se mandatárias de seus associados para a prática de todos os atos necessários à defesa judicial ou extrajudicial de seus direitos autorais, bem como para o exercício da atividade de cobrança desses direitos. § 1.º O exercício da atividade de cobrança citada no *caput* somente será lícito para as associações que obtiverem habilitação em órgão da Administração Pública Federal, nos termos do art. 98-A. § 2.º As associações deverão adotar os princípios da isonomia, eficiência e transparência na cobrança pela utilização de qualquer obra ou fonograma. § 3.º Caberá às associações, no interesse de seus associados, estabelecer os preços pela utilização de seus repertórios, considerando a razoabilidade, a boa-fé e os usos do local de utilização das obras. § 4.º A cobrança será sempre proporcional ao grau de utilização das obras e fonogramas pelos usuários, considerando a importância da execução pública no exercício de suas atividades, e as particularidades de cada segmento, conforme disposto no regulamento desta Lei. § 5.º As associações deverão tratar seus associados de forma equitativa, sendo vedado o tratamento desigual. § 6.º As associações deverão manter um cadastro centralizado de todos os contratos, declarações ou documentos de qualquer natureza que comprovem a autoria e a titularidade das obras e dos fonogramas, bem como as participações individuais em cada obra e em cada fonograma, prevenindo o falseamento de dados e fraudes e promovendo a desambiguação de títulos similares de obras". Não somente o art. 98 segue em detalhamento das responsabilidades das entidades, como amplia o rol dos parágrafos, seguindo os §§ 6.º ao 16.º com um rol de exigência que mais aproxima os titulares de direitos do efetivo e equânime exercício dos direitos patrimoniais. Acrescem-se a essas exigências, ainda, os dispositivos 98-A, a respeito da habilitação prévia, 98-B, a respeito da publicação e da transparência, 98-C, a respeito da prestação de contas regular e efetiva, sendo que o art. 100-A dispõe

146 | DIREITO DE AUTOR – *Carlos Alberto Bittar*

a respeito da responsabilidade solidária dos dirigentes das associações de gestão coletiva dos direitos autorais.

No que tange ao Escritório de Arrecadação, deve ser fonte única de centralização das frentes de trabalho em prol da arrecadação de direitos patrimoniais do autor, e conexos, e, por isso, fonte de justiça distributiva na área artística. Sua transparência, administração e gestão são de interesse público, e suas funções vêm dadas pela nova disciplina conferida à lei, a partir da oitiva das diversas vozes que vêm reclamando maior eficácia deste organismo, reclamos estes incorporados nas modificações trazidas pela Lei 12.853/2013, especialmente considerados os 9 parágrafos do art. 99, o art. 99-A acrescido à Lei, e demais dispositivos trazidos pela norma inovadora da gestão coletiva e da eficiência do sistema de arrecadação de direitos patrimoniais do autor.

128. O Escritório Central de Arrecadação e Distribuição (ECAD)

Constituído para congraçar as associações da área musical, o ECAD começou a funcionar em 1977, preocupando-se especificamente com a execução de música, para a qual instituiu sistema de processamento eletrônico das pontuações e dos pagamentos, centralizados na rede bancária autorizada. Seu surgimento na Lei 5.988/1973 se deu pelo art. 115.

Sediado no Rio, com núcleos operacionais em outras localidades e agentes e representantes em outras capitais, empreendeu o ECAD o processo de unificação da cobrança dos direitos de execução musical. A arrecadação e distribuição dos direitos relativos à execução pública de obras musicais e literomusicais e de fonogramas será feita conforme estabelece o art. 99 da Lei 9.610/1998, com redação determinada pela Lei 12.853/2013:

> A arrecadação e distribuição dos direitos relativos à execução pública de obras musicais e literomusicais e de fonogramas será feita por meio das associações de gestão coletiva criadas para este fim por seus titulares, as quais deverão unificar a cobrança em um único escritório central para arrecadação e distribuição, que funcionará como ente arrecadador com personalidade jurídica própria e observará os §§ 1.º a 12 do art. 98 e os arts. 98-A, 98-B, 98-C, 99-B, 100, 100-A e 100-B.

A partir de sua efetiva atuação, em 01.01.1977, as associações passaram, com respeito à arrecadação, a desempenhar o papel de meras repassadoras de verbas recolhidas ao ECAD e seus associados, recebendo, a exemplo deste, taxa de administração por seus serviços, para o cumprimento de suas finalidades.

Assim, com a sistemática estabelecida pela lei, ocorreu, entre nós, a centralização da arrecadação de direitos de execução musical, já esboçada, por iniciativa das próprias interessadas, no mencionado SDDA, ficando apenas a SBAT a arrecadar na área teatral, em termos de associações, e, não obstante falhas e dificuldades, problemas e reclamações, a verdade é que também aqui contribuíram elas, de forma decisiva, para a implantação prática dos direitos autorais.

O ECAD – a exemplo das associações – é constituído mandatário de suas integrantes, revestindo-se da forma jurídica de associação de associações, portanto, de cunho privado, mas com responsabilidades legalmente indeclináveis, devendo-se a respeito observar o disposto nos arts. 99, 99-A e 99-B, trazidos pela Lei 12.853/2013, e na ADI 5062/2016/DF, junto ao STF.

129. O Conselho Nacional de Direito Autoral (CNDA)

A Lei 5.988/1973 impôs ao setor importantes modificações, a partir dos elementos expostos, em que avulta a criação do Conselho Nacional de Direito Autoral, organizado, conforme previsão, pelo Executivo (art. 132).

Fruto do denominado dirigismo econômico, veio a inaugurar nova fase na política de direitos autorais do País, que passou, em consequência, para o controle direto do Estado.

À época sediado em Brasília e vinculado a Ministério (da Cultura e, inicialmente, da Educação e Cultura), o Conselho sofreu três principais formulações de estrutura: a primeira em sua instalação (Decreto 76.275, de 15.09.1975, de criação; e Regimento Interno: Portaria Ministerial 248, de 09.04.1975); a segunda – em 1979 (Decreto 84.252, de 28.01.1979); e a terceira – com a recepção de novas atribuições – em 1985 (Decreto 91.873, de 13.09.1985, tendo o Regimento em vigor sido aprovado pela Portaria 128, de 13.09.1985). Foi, no entanto, desativado em 1990.

A Lei de Direitos Autorais (Lei 9.610, de 19.02.1998) houve por bem expurgá-lo definitivamente do sistema jurídico brasileiro, oficializando a inoperância do órgão, desativado desde 1990, deslocando do âmbito público para o privado a proteção aos direitos de autor.

Cabiam-lhe, consoante a lei, funções de fiscalização, consulta e assistência no que se refere a direitos autorais e conexos (art. 116), com poderes normativos e de intervenção, tanto no ECAD como nas associações, nas condições previstas (art. 117, inciso III), bem como de decisão e de julgamento de processos administrativos relativos às matérias citadas (Decreto 84.252/1979).

Tratava-se de organismo semelhante ao de outros países, tanto sob a forma de Conselho (países americanos e europeus) como de Oficinas centrais (países africanos), com atribuições de comandar a política autoral, em face de dificuldades que o complexo mecanismo operador oferece.

Foi composto por especialistas na matéria, dividindo-se em Câmaras, em função do objeto, e atuando, como órgão colegiado, em grau de recurso e na análise de questões de maior alcance, inclusive quanto à função de normatização.

148 DIREITO DE AUTOR – *Carlos Alberto Bittar*

Integrava-se de 12 membros titulares, com notório conhecimento de Direito Autoral, sendo cinco escolhidos por indicação, pelas associações de titulares, por meio de suas Assembleias-Gerais. Presidido por autoridade do setor, que designava o vice, dispunha, ainda, de seis conselheiros suplentes, todos por ele nomeados, com mandato de dois anos, facultada a recondução uma só vez.

Funcionava com três Câmaras e em sessão plenária, aquelas com a seguinte competência: a) a primeira julgava questões sobre obras intelectuais não específicas das demais (ou seja, as obras protegidas em geral); b) a segunda cuidava de questões sobre música, interpretação, execução e produção de fonogramas e de videofonogramas; c) a terceira, sobre direitos conexos, exceto aqueles abrangidos pela segunda. Ao Colegiado cabiam matérias de caráter geral e assuntos previstos na regulamentação como de competência do CNDA (fiscalização, normatização, expedição de autorização para associações e outros).

As reuniões eram ordinárias, realizando-se mensalmente, segundo pauta e convocação prévia, e extraordinárias, quando convocadas pelo presidente, conforme critérios e normas fixadas na disciplinação de seu funcionamento (Portaria 128/1985).

Das decisões das Câmaras cabia recurso ao Colegiado, quando não unânimes ou quando contrárias à anterior deliberação do Conselho. Das do Colegiado (ou Plenário) admitia-se recurso para a autoridade superior. O prazo sempre era de 15 dias da publicação do texto da decisão no *Diário Oficial*.

Extenso aparato de apoio compunha a Diretoria Executiva do Conselho, com diferentes divisões (de que se destacam: administrativa, jurídica, financeira, de fiscalização, de execução orçamentária). Em seu âmbito estavam também o CBI (Centro Brasileiro de Informações sobre Direitos Autorais) e o Museu do Direito Autoral; o primeiro instituído para contribuir no assentamento e na divulgação de ideias e de informes sobre a matéria (art. 117, parágrafo único), enquanto o segundo era destinado à formação e à guarda de acervo de criações e de peças de interesse para a cultura do País (art. 119, inciso V).

130. Atribuições legais do CNDA

No desempenho de suas funções e atribuições, que por decreto o Executivo lhe podia outorgar, incumbiam-lhe, conforme a lei: I – "determinar, orientar, coordenar e fiscalizar as providências necessárias à exata aplicação das leis, tratados e convenções internacionais ratificados pelo Brasil, sobre direitos autorais e conexos"; II – "autorizar o funcionamento, no país, de associações de titulares, desde que cumpridas as exigências legais" e as normas por ele estabelecidas; e, "a seu critério, cassar-lhes a autorização, após, no mínimo, três intervenções"; III – "fiscalizar essas associações e o ECAD, podendo neles intervir quando descumprirem suas determinações ou disposições legais, ou lesarem, de qualquer

Cap. XII • A ADMINISTRAÇÃO | 149

modo, os interesses do associado"; IV – "fixar normas para a unificação de preços e sistemas de cobrança e distribuição de direitos autorais"; V – "funcionar como árbitro em questões que versem sobre direitos autorais, entre autores, intérpretes, ou executantes, e suas associações, tanto entre si quanto entre uns e outras"; VI – "gerir o Fundo de Direito Autoral", aplicando-lhe os recursos segundo as normas por ele estabelecidas, "deduzidos, para a manutenção do Conselho, no máximo, vinte por cento, anualmente"; VII – "manifestar-se sobre a conveniência de alteração de normas de direito autoral, na ordem interna ou internacional, bem como sobre problemas a ele concernentes"; VIII – "manifestar-se sobre os pedidos de licenças compulsórias previstas em Tratados e Convenções internacionais"; IX – "fiscalizar o exato e fiel cumprimento das obrigações dos produtores de videofonogramas e fonogramas, editores e associações de direito de autor, para com os titulares de direitos autorais e artísticos, procedendo, a requerimento destes, a todas as verificações que se fizerem necessárias, inclusive auditorias e exames contábeis"; X – "impor normas de contabilidade às pessoas jurídicas referidas no inciso anterior, a fim de que os planos contábeis e a escrituração permitam a adequada verificação da quantidade de exemplares reproduzidos e vendidos"; XI – "tornar obrigatório que as etiquetas que distinguem as cópias de videofonogramas e fonogramas sejam autenticadas pelo próprio Conselho Nacional de Direito Autoral", na forma de instruções que baixou (as três últimas atribuições acrescidas pelo art. 1.º da Lei 6.800, de 25.06.1980).

Competiam-lhe, ainda, conforme a legislação do setor: I – "impedir ou interditar, por solicitação do titular dos direitos patrimoniais do autor ou conexos, ou de sua associação, a representação, execução, transmissão, retransmissão, ou utilização por qualquer forma de comunicação ao público, de obra intelectual sem autorização devida, bem assim executar a apreensão da receita bruta, para garantia dos seus direitos, podendo requerer a ação da autoridade policial para execução de suas determinações"; II – "impedir a destruição, danificação ou deturpação de obras intelectuais, a fim de evitar prejuízos culturais, morais ou patrimoniais, tanto coletivos como individuais, mediante medidas legais cabíveis" (Decreto 91.873, de 04.11.1985, art. 1.º). À autoridade policial competente cabia executar, por solicitação, essas determinações (parágrafo único).

131. Atuação do CNDA

Em sua ação normatizadora, em que se destacam as dezenas de resoluções e de portarias editadas, procurava regulamentar aspectos de interesse para o sistema.

Das resoluções baixadas, destacamos as que nos parecem de maior relevo: as referentes à construção, à administração e à utilização do Fundo de Direito Autoral (n. 4, de 17.08.1976; n. 34, de 11.07.1984; e n. 48, de 25.02.1987); as sobre registros de obras intelectuais (n. 5, de 08.09.1976; n. 18, de 16.10.1979; e n. 47, de 25.02.1987); as sobre a constituição, o funcionamento e a administração do ECAD (que, aliás, ao longo dos tempos, sofreu várias reformulações) (n. 1, de 06.04.1976; n. 19, de 14.05.1980; n. 26, de 07.09.1980; n. 21, de 02.12.1980; n. 30, de 14.09.1983; n. 31, de 26.10.1983; n. 32, de 11.04.1984; n. 46, de 25.02.1987); as sobre autorização para funcionamento de associações (n. 26, de 15.04.1981; e n. 44, de 25.02.1987); as sobre preços e unificação de cobrança em execução musical (n. 7, de 15.12.1976; n. 24, de 11.03.1981; n. 25, de 11.03.1981; n. 40, de 08.07.1986; n. 42, de 24.02.1987; n. 43, de 25.02.1987; e n. 51, de 07.05.1987); as sobre a regulamentação do direito de sequência (n. 22, de 22.01.1981; e n. 27, de 09.12.1981); a sobre modelo de contratos para direitos referentes à interpretação não musical (n. 36, de 14.08.1985); as sobre fiscalização nas associações de titulares e no ECAD (n. 35, de 26.09.1984); as sobre registro de obras cinematográficas e televisivas (n. 38, de 16.06.1986); as sobre cadastramento de fonogramas industrializados no País (n. 39, de 18.06.1986; e n. 50, de 25.02.1987).

Em sua ação fiscalizadora, o Conselho acompanhava, especialmente, as atuações das associações e do ECAD, examinando-lhes atos, tomando-lhes contas e analisando-lhes as respectivas demonstrações contábeis, e, em várias oportunidades, já nessas interveio, para apuração e saneamento de irregularidades.

Em sua ação de órgão julgador e de consulta, desde o início, o Conselho apreciava e decidia inúmeros litígios, na esfera administrativa, bem como respondia a indagações formuladas por autores, entidades públicas e privadas, usuários, enfim, todos os interessados na matéria, sendo de realçar seu papel de aconselhamento em projetos de lei sobre direitos autorais apresentados e discutidos.

Deve-se anotar, no entanto, que, não obstante voltado, por lei, a todos os campos da atividade intelectual, sempre se mostrou o CNDA preso à ação na área de execução musical e na contínua reformulação administrativa de sua central arrecadativa (como, aliás, se verifica pela própria enumeração de suas resoluções, não tendo, por outro lado, obtido sagração concreta nas medidas intentadas em outras áreas, como no campo de direito de sequência).

132. O Fundo de Direito Autoral

Outra inovação da Lei 5.988/1973, no terreno administrativo, foi a criação do Fundo de Direito Autoral, como mecanismo de apoio a iniciativas culturais e à estimulação de produções de interesse para o setor.

As finalidades básicas do Fundo, consoante a lei, eram as de: "I – estimular a criação de obras intelectuais, inclusive mediante instituição de prêmios e de bolsas de estudo e de pesquisa; II – auxiliar órgãos de assistência social das associações e sindicatos de autores, intérpretes ou executantes; III – publicar obras de autores novos mediante convênio com órgãos públicos ou editora privada; IV – custear as despesas do Conselho Nacional de Direito Autoral; V – custear o funcionamento do Museu do Conselho Nacional de Direito Autoral" (art. 119).

Para a sua constituição, foram previstas na lei inúmeras verbas, a saber: "I – o produto da autorização para a utilização de obras pertencentes ao domínio público; II – doações de pessoas físicas ou jurídicas, nacionais ou estrangeiras; III – o produto das multas impostas pelo Conselho Nacional de Direito Autoral; IV – as quantias que, distribuídas pelo Escritório Central de Arrecadação e Distribuição às associações, não forem reclamadas por seus associados, decorrido o prazo de cinco anos; V – recursos oriundos de outras fontes" (art. 120, tendo, no entanto, com a revogação da regra do domínio público remunerado, deixado de existir importante manancial de recursos para o Fundo).

O Fundo cumpriu, ao longo dos anos, missão de apoio a programas culturais, com a instituição de concursos, premiações, lançamentos de obras literárias, artísticas e científicas, sendo suas verbas aplicadas em consonância com a disciplinação que lhe emprestou o CNDA.

A Lei de Direitos Autorais deixou de regulamentar a matéria, importando a lacuna na desativação do Fundo, mesmo porque estava vinculado a órgão desativado desde 1990 (CNDA), pois, inclusive, sua previsão se encartava no Título VII da Lei 5.988/1973, que versava sobre o Conselho.

133. A autoridade policial

À autoridade policial estão reservadas tarefas de relevo no âmbito da repressão de atividades lesivas aos direitos em questão, em especial quanto à apreensão de material violador e apuração das responsabilidades nos competentes inquéritos, uma vez que a cultura de pirataria se generalizou e se banalizou. Em especial, na era Digital, não somente a amplitude das violações alcança novos patamares, como as infrações são de variada natureza. Nesse sentido, vale aqui lembrar que a Lei 10.695/2003 conferiu nova redação aos tipos penais contidos no Código Penal (art. 184, §§ 1º a 4º, e, também, art. 186), tendo-se revogado o art. 185. Ademais, as iniciativas mais recentes instalam Delegacias Especializadas em Investigação de Crimes Cibernéticos, Digitais ou Eletrônicos, que se espalham por todo o país, tendo em vista a multiplicação de crimes cometidos nos meios eletrônicos.

Para dinamização do setor e mais eficiência em sua ação, foram criadas, em São Paulo e no Rio de Janeiro, delegacias especializadas em crimes contra a propriedade intelectual, com pessoal preparado, respondendo à antiga reivindicação do setor, em face de discussões e de dificuldades que a polícia comum sempre enfrentou nesse campo, inclusive a respeito da competência para agir.

A apreensão de exemplares contrafeitos, para fins de produção de prova, tem sido a mais eficiente ação na esfera policial, em consonância, aliás, com o sistema convencional de Berna. O grande desafio do setor atualmente é o enfrentamento da associação entre tráfico e pirataria, mercado que gira bilhões de dólares por ano, globalmente, e as dificuldades de rastreamento com a virtualização de crimes contra a propriedade intelectual.

XIII
A TUTELA

134. As violações aos direitos autorais e a respectiva proteção

A Revolução Digital ampliou as formas, os meios, os mecanismos e os instrumentos de violação dos Direitos Autorais. A *criptodimensão*, os *bites*, os dados, as imagens em circulação nas redes sociais, os arquivos digitais, os *blogs*, os conteúdos de *e-books* etc. tornaram a circulação de bens autorais muito mais vulnerável e passível de sofrer *violações digitais, invisíveis e impassíveis* de controle efetivo. O Direito de Autor tem de se repensar, à luz destes desafios, mas também se valer dos instrumentos *digitais* e processuais (por exemplo, os arts. 439 a 441 da Lei 13.105/2015 e o valor probante dos documentos digitais) à disposição na inovação mais ampla do ordenamento jurídico brasileiro, no sentido de garantir efetividade ao exercício dos direitos autorais, morais e patrimoniais.

Via de regra, no entanto, os direitos autorais podem ser protegidos sob os aspectos administrativo, civil e penal – cumulada, sucessiva ou independentemente –, contando, em cada qual, com variado conjunto sancionatório, constituído por medidas próprias, engendradas, ao longo dos tempos, para propiciar aos titulares tutela adequada contra os atentados possíveis, que nascem, tanto em relações contratuais como em extracontratuais, incluídos nesse contexto os direitos conexos.

Com efeito, dada a multifária gama de ações violadoras possíveis, diante, especialmente, da fertilidade da imaginação humana e da infinita possibilidade de multiplicação das obras intelectuais, extenso é o rol de providências assecuratórias próprias que o Direito põe à disposição dos autores, nos níveis referidos, com efeitos diversos e em função dos objetivos visados pelos interessados.

Pode-se, no entanto, resumir as violações a ações refratárias a direitos do titular em relações de ordem contratual, ou a normas que as protegem, como as consistentes no descumprimento total ou parcial da avença (falta de remuneração; ausência de prestação de contas; extrapolação dos limites de exemplares permitidos; falta de numeração de exemplares editados), ou nas relações extracontratuais, encontráveis basicamente no uso indevido de obra alheia (ações que ferem a exclusividade do titular, ou seja, de reprodução ou representação de obra, sem autorização do autor, pelas diferentes modalidades possíveis). Além disso, no âmbito contratual, as lesões podem ocorrer desde a prática de atos preparatórios para o ajuste até depois de exaurida a respectiva execução (nas edições ou tiragens clandestinas, realizadas depois de esgotado o estoque convencionado).

Ora, a tríplice proteção recebida por esses direitos conforma-se à respectiva índole e, na prática, a resposta do ordenamento jurídico à violação depende do mecanismo acionado pelo lesado, que pode, conforme o caso, estender sua reação por uma, por algumas ou por todas as veredas citadas, em face da independência que impera entre as modalidades de tutela reconhecidas.

O princípio básico, aliás, é o da mais ampla proteção aos direitos do autor, proporcionando-lhe, em face das permissivas já antes assentadas, ou a garantia, ou a defesa, ou a reparação devida, perante ameaças ou lesões sofridas.

Daí, se uma determinada ação for suscetível de capitulação, nos planos citados, em cada qual sofrerá o agente – se assim em concreto se puser e se provar – o sancionamento correspondente, dentro da tese do enquadramento múltiplo que prospera nesse campo.

135. As formas de reação possíveis

Diferentes são as formas de reação possíveis em tema de tutela de direitos autorais e conexos, em função de reflexos variados e tendentes fundamentalmente a obter: a) abstenção de continuação de atos violadores (ou inibição prática de ação violadora); b) apreensão de coisas nascidas do ilícito (retirada de circulação do material); c) reparação de prejuízos de ordem moral e patrimonial (com danos emergentes e lucros cessantes); e d) apenação do agente (com cominações de ordem pecuniária, privativa de liberdade ou mista), conforme dispõe o art. 101 da lei.

Esses resultados podem ser obtidos, sucessiva ou simultaneamente, tendo em vista a atuação do lesado adiante da possibilidade de cumulação.

Não se deve descartar, outrossim, a solução de pendência por meio de compromissos, com a instituição de juízo arbitral, perfeitamente admissível para questões de ordem patrimonial compatíveis.

Basicamente, as medidas de amparo ao setor, de caráter administrativo e civil, espraiam-se pela lei de direitos autorais, enquanto as de cunho penal se acham no estatuto repressivo. Contudo, em outros diplomas específicos – como os de regulamentação de certos meios de comunicação, os de disciplinação da censura e das diversões públicas e os de regulação dos direitos conexos –, encontram-se normas tutelares de diversa natureza, a par da existência de apoio aos titulares em princípio e em regras do Direito Comum aplicáveis aos direitos de índole privada (v.g., no âmbito dos direitos de personalidade; no da obrigação de fazer; no da defesa da posse; no da reparação do dano e em tantos outros).

Criticadas, ou pela generalização (medidas penais), ou pela relativa brandura (sanções civis), vêm, no entanto, proporcionando o necessário respaldo técnico ao uso e ao gozo da obra pelo titular, em especial diante das respostas positivas que, tanto no plano judicial como administrativo, vêm os órgãos e os tribunais competentes, na aplicação da lei, conferindo aos lesados, nos casos submetidos à sua apreciação.

136. Tutela no plano administrativo

No plano administrativo – portanto, perante organismos da estrutura do Poder Executivo Federal –, as providências mais comuns, situadas no plano assecuratório, são o registro da obra, a menção de reserva e o depósito de exemplares, que, consoante o sistema legislativo em que se inscrevem, podem ou não ter caráter obrigatório e condicionante da proteção, como assinalamos, ou seja, servir à aquisição de direitos, ou, simplesmente, auxiliar em seu exercício.

Em nosso Direito, o registro e a menção de reserva são medidas de cunho facultativo, existentes para proporcionar maior segurança ao titular. Já o depósito de exemplares, obrigatório para obras publicadas – nos termos que serão expostos –, tem, em verdade, caráter estatístico, de controle e, ainda, de preservação da memória nacional.

Completam esse rol a prévia aprovação de programas; a autorização para uso, mais como elementos de garantia de efetiva realização dos direitos na prática – já discutidas –; e, de outro lado, a ação da fiscalização, como atividade de preservação, de prevenção e de saneamento, conforme o caso.

137. O registro da obra

O registro da obra é, entre nós, meramente facultativo (art. 18), instituído pela lei para efeito de segurança de direitos ao autor, efetivando-se nas entidades previstas em seu contexto, conforme a respectiva natureza, e, em outras, previstas na regulamentação especial editada para certas criações.

O registro depende, pois, do interesse do autor, não se constituindo em requisito para a proteção da obra, no plano do Direito de Autor, que, entre nós, como temos realçado, se ajusta às diretrizes de Berna (enquanto nos países de orientação anglo-saxônica é obrigatória, ao lado das formalidades, a menção de reserva e sua simbologia). No entanto, na prática, cumpre seja sempre realizado, para evitar dúvidas e incertezas na posterior circulação jurídica da obra, em questões sobre autoria, anterioridade e outras. Em especial, o ambiente digital e a vulgarização da cópia de ideias e criações alheias vêm recomendando o recurso ao registro da obra.

A realização do registro perfaz-se mediante requerimento do interessado, com a sua qualificação e a indicação dos dados de identificação da obra, em livro próprio, mantido pelo órgão correspondente.

O ato do registro fica sujeito à cobrança de retribuição, cujo valor e processo de recolhimento serão estabelecidos por ato do titular do órgão da administração pública federal a que estiver vinculado o registro das obras intelectuais.

Dos registros especiais, previstos na regulamentação do Executivo, o da área musical foi instituído para obras gravadas ou fixadas em qualquer tipo de suporte material, com fim de comércio, deferida a sua manutenção ao CNDA e podendo ser requerido pelo autor, pelo intérprete ou pelo produtor fonográfico. Ao efetuar o registro, o Conselho atribuía código de identificação para cada obra contida no suporte (Decreto 78.965, de 16.12.1976, art. 1.º e parágrafos), obrigatoriamente incluído na etiqueta do suporte, ao lado do título da obra (art. 3.º).

O segundo foi criado para as obras cinematográficas e as produzidas por qualquer processo análogo ao da cinematografia (inclusive televisão e videofonografia), perfazendo-se no extinto CONCINE, a requerimento do interessado e instruído com os documentos necessários, com limitações para títulos decorrentes de expressões de uso comum e de termos técnicos (Resolução CNDA 38, de 18.06.1986, em que se previu o depósito de cópia para registro na Cinemateca Brasileira, como garantia de preservação da memória da produção cinematográfica e televisiva do País).

Registro especial também foi criado para o *software*, na lei própria (Lei 9.609, de 19.02.1998), em face das peculiaridades desse tipo de obra, tendo sido designado o INPI (Instituto Nacional da Propriedade Industrial) (arts. 3.º e 11). O registro faz-se com base nos elementos e nas informações oferecidas pelo titular, de modo a permitir a individualização da criação, guardado, no entanto, o respectivo segredo, seguindo-se ademais o que preveem os incisos I a III do art. 3.º.

138. O depósito de exemplares e a menção de reserva

O depósito de exemplares foi previsto, entre nós, para efeito de controle de publicações feitas no País, exigindo-se às editoras e gráficas a remessa de cada obra impressa em dez dias após o seu lançamento (Decreto-lei 824, de 05.09.1969), incluídos, nesse contexto, os livros, obras musicais, mapas, planos, plantas, estampas, revistas, jornais, plaquetas e folhetos, bem como reimpressões, novas edições e traduções de obras estrangeiras (tendo o controle sido então deferido ao Instituto Nacional do Livro e sujeitando-se os infratores a rígido sancionamento, consistente em aplicação de multa e apreensão de exemplares).

Também nos referidos registros especiais está presente o espírito de preservação da memória cultural do País, como se declarou, aliás, expressamente, na regulamentação citada.

A menção de reserva consiste na aposição de indicação no suporte da obra, de expressão equivalente a "direitos reservados" ou *copyright by*, ou apenas o símbolo universal "C" (este utilizado, principalmente, em discos e em fitas gravadas).

Essa providência objetiva cientificar a coletividade, na preservação dos direitos do autor e conexos, da existência da garantia autoral, a demonstrar que o titular tomou todas as providências asseguratórias necessárias.

Cap. XIII • A TUTELA | 157

A efetivação em concreto também é medida que, na prática, se impõe, elidindo-se problemas na circulação jurídica da obra, em especial em países onde seja obrigatória providência, pois a inexistência pode conduzir à consideração de que se trata de obra de domínio comum.

139. Os procedimentos administrativos para defesa dos direitos autorais

No plano administrativo, contam-se, outrossim, procedimentos próprios de preservação e de defesa de direitos, perante os órgãos que compõem a respectiva administração e nos termos da legislação correspondente. Assim, pela lei pode o interessado obter a formalização de operações, a resposta a indagações, e soluções de litígios, conforme o caso, perante os órgãos de registro, o ECAD, as associações e a autoridade policial.

Era no âmbito do CNDA, na vigência da Lei 5.988/1973, como órgão máximo do sistema, que se podia alcançar, administrativamente, satisfação mais cabal dos interesses dos titulares, em face da extensão da respectiva competência.

Pela lei, cabia-lhe solucionar pendências e litígios, responder a consultas, prestar informações, defender obras caídas em domínio público, enfim, atuar como entidade julgadora e consultiva, prosperando suas decisões, quando definitivas, no âmbito administrativo, pois, tomadas sob aspecto governamental, representam a palavra final da administração pública na matéria. Ficava ressalvado, no entanto, o acesso ao Judiciário, a critério do interessado, diante do sistema constitucional vigente.

Aos demais órgãos e entidades, nos limites das respectivas atribuições, as instâncias administrativas existentes são também vias por onde os interessados podem obter pronunciamentos do Executivo sobre matéria autoral, mas de âmbito restrito à competência própria (assim, perante o registro, podem ser debatidas questões relacionadas, por exemplo, à anterioridade na criação, ou no uso público; perante o ECAD, problemas referentes a formas de utilização da obra, e assim por diante).

O acionamento depende do interessado, titular ou pessoa com ele relacionada, havendo casos de atuação *ex officio*, no cumprimento de determinações legais, desenvolvendo-se os processos consoante normas regulamentadoras em cada caso enunciadas, observadas sempre as regras gerais da administração pública.

Anote-se, outrossim, que, salvo quanto à hierarquização existente entre ECAD e associações, impera a autonomia entre as entidades referidas, em consonância com as regras administrativas próprias, de que resulta a independência entre as respectivas instâncias. Mesmo assim, o titular do direito de autor (ou conexo) pode agir isoladamente na defesa de seus direitos.

Outro importante canal de ação do autor é o acionamento à fiscalização, que, a par de exercer por si, pode requerer aos órgãos da administração, do setor, ou à sua própria associação. Compreendendo a atuação em todas as entidades existentes, ganhavam relevo as então exercidas sobre as próprias associações e o ECAD, pelo CNDA.

No nível em debate, é variado o sancionamento, que poderia consistir, conforme o caso, em aplicação de multas administrativas; na não concessão de autorização; na suspensão ou interdição de espetáculos; na suspensão de divulgação de espetáculo e até na suspensão de empresas ou na discutível cassação de licença para atuação (na legislação de diversões públicas) (efeitos que podem, ademais, ser obtidos por via judicial).

Na legislação correspondente, mecanismos próprios de execução são previstos, a fim de viabilizar a concretização das sanções nesse plano, inclusive com ações coativas outras, ou, mesmo, posteriormente, em juízo.

140. Tutela no plano civil

No plano civil, a par de providências previstas no Direito Comum, compatíveis com a natureza dos direitos autorais – de direitos personalíssimos, de um lado, e patrimoniais, de outro –, existem medidas próprias estabelecidas na lei autoral e na regulamentação das comunicações e das diversões públicas.

De difícil classificação, consoante a própria doutrina, em face do amplo espectro da matéria, pode-se, no entanto, para fins didáticos, distribuí-las por entre certas categorias, à luz dos respectivos efeitos, a saber, de prevenção, de garantia, de preservação e de reparação, com as cominações possíveis.

Portanto, desde medidas acautelatórias de direitos a providências reparatórias – algumas identificáveis ao longo da própria textura da lei –, os mecanismos de proteção civil se desdobram, em função dos objetivos do titular, que se podem cingir, de um modo geral, a: garantia de direitos, elisão de eventuais atentados, conservação de direitos e cessação de atentados, com a reparação, em qualquer caso, de lesões sofridas. Exemplificando: a) para garantia de direitos, pode o interessado valer-se do registro e das medidas que comportam efetivação compulsória, se negada em concreto declaração de existência ou de anterioridade, contestação de pedido que o contrarie, anulação de registro por vício; b) para elisão de eventuais atentados, pode o titular servir-se, entre outros, dos instrumentos de defesa de posse, como o interdito proibitório; c) para a conservação de direitos, tem a faculdade de obter exames e vistorias, ou a abstenção, ou a proibição, de práticas contrárias a seus direitos; d) para a cessação de atentados, tem o direito de obter a apreensão de material contrafeito ou de conseguir a cominação de sanção pecuniária; e) para a reparação, pode auferir indenização por prejuízos materiais e morais, entre outras ações compatíveis (de que falaremos adiante).

Têm legitimidade para as ações, no juízo cível, o autor e os demais titulares reconhecidos, ou seus representantes, dentre os quais se incluem as associações de titulares (e, na área musical, o ECAD), que podem, em nome próprio, pleitear direitos de seus membros, como tem assentado jurisprudência iterativa.

O processamento das ações obedece às normas do estatuto processual, produzindo-se, em cada qual, os efeitos próprios. Anote-se que pode haver cumulação de pedidos, quando compatíveis, observando-se, no mais, as formalidades legais próprias, quanto a ajuizamento e a acompanhamento das ações.

141. Os mecanismos civis de defesa dos direitos autorais

Encontram-se, assim, ao dispor do lesado, diferentes mecanismos de ação, seja, de um lado, para prevenir-se ou para resguardar-se contra lesões, iminentes ou potencialmente possíveis, seja, de outro, para fazer cessar a violação, evitando o prolongamento do dano, seja para reposição das coisas no estado anterior, com a necessária composição de danos. Endereçando-se, pois, a atos de ameaça ou de preparação, ou, de outra parte, a violações concretizadas, as medidas de defesa dos interesses dos autores buscam no plano civil, basicamente, a elisão de atentado, potencial ou concreto, e, no último caso, a cessação da prática e a eliminação do estado de fato lesivo, com a restituição, ao patrimônio do ofendido, das perdas havidas, em nível moral ou pecuniário (como nas ações específicas de busca e apreensão; destruição ou adjudicação, ao autor, de exemplares contrafeitos; divulgação compulsória de nome; indenização por danos morais e patrimoniais e outras).

Podem essas ações ser concentradas nos planos normais do processo civil, ou seja, cautelar, ordinário ou executório, encartando-se os respectivos procedimentos às normas do estatuto correspondente, observadas as regras materiais básicas definidas na legislação autoral e as regras próprias do Código de Processo Civil (Lei 13.105/2015).

142. O elenco da lei autoral

A lei autoral – que prevê diferentes sancionamentos em nível civil e administrativo – declara, de pronto, que as cominações civis se aplicam sem prejuízo das penas cabíveis (art. 101), objeto do Direito Penal, tendo optado pela tipificação de algumas situações que a nossa tradição legislativa detectara.

Ainda mais aperfeiçoado vem o rol das sanções previstas na Lei 9.610, de 19.02.1998, no tocante à Lei 5.988/1973, pois se preocupou o legislador com a efetividade processual.

Portanto, o "titular cuja obra seja fraudulentamente reproduzida, divulgada ou de qualquer forma utilizada, poderá requerer a busca e apreensão dos exemplares reproduzidos ou a suspensão da divulgação, sem prejuízo da indenização cabível" (art. 102), algo que pode ser requerido processualmente pelo litigante no caso concreto, especialmente se concreta a presença de provas materiais do ilícito (cível e criminal).

Ademais, a lei estipula que aquele que "editar obra literária, artística ou científica, sem autorização do titular, perderá para este os exemplares que se apreenderem, e pagar-lhe-á o preço dos que tiver vendido" (art. 103, *caput*), forma de inibir o abuso sobre o direito moral do autor sobre a própria obra, uma vez que não esteja no domínio público.

A solidariedade é a regra, no momento de apuração da autoria da contrafação ou violação do direito autoral, o que desincumbe o autor de ser rastreador do movimento da pirataria ou da infração ao direito de autor, conforme dispõe o art. 104:

> Quem vender, expuser a venda, ocultar, adquirir, distribuir, tiver em depósito ou utilizar obra ou fonograma reproduzidos com fraude, com a finalidade de vender, obter ganho, vantagem, proveito, lucro direto ou indireto, para si ou para outrem, será solidariamente responsável com o contrafator, nos termos dos artigos precedentes, respondendo como contrafatores o importador e o distribuidor em caso de reprodução no exterior.

Ainda, deve-se ressaltar que, conforme dispõe o art. 105,

> A transmissão e a retransmissão, por qualquer meio ou processo, e a comunicação ao público de obras artísticas, literárias e científicas, de interpretações e de fonogramas, realizadas mediante violação aos direitos de seus titulares, deverão ser imediatamente suspensas ou interrompidas pela autoridade judicial competente, sem prejuízo da multa diária pelo descumprimento e das demais indenizações cabíveis, independentemente das sanções penais aplicáveis; caso se comprove que o infrator é reincidente na violação aos direitos dos titulares de direitos de autor e conexos, o valor da multa poderá ser aumentado até o dobro.

Do ponto de vista processual, o mecanismo criado pelo art. 106 permite ao juiz, por meio de sentença condenatória, determinar a destruição de todos os exemplares ilícitos, e também das matrizes, moldes, negativos, a fim de inibir o reinício da cadeia de violações e contrafações. Ainda, ao reprimir fortemente as iniciativas ilegais, a lei prevê, no art. 107, o seguinte:

> Independentemente da perda dos equipamentos utilizados, responderá por perdas e danos, nunca inferiores ao valor que resultaria da aplicação do disposto no art. 103 e seu parágrafo único, quem: I – alterar, suprimir, modificar ou inutilizar, de qualquer maneira, dispositivos técnicos introduzidos nos exemplares das obras e produções protegidas para evitar ou restringir sua cópia; II – alterar, suprimir ou inutilizar, de qualquer maneira, os sinais codificados destinados a restringir a comunicação ao público de obras, produções ou emissões

protegidas ou a evitar a sua cópia; III – suprimir ou alterar, sem autorização, qualquer informação sobre a gestão de direitos; IV – distribuir, importar para distribuição, emitir, comunicar ou puser à disposição do público, sem autorização, obras, interpretações ou execuções, exemplares de interpretações fixadas em fonogramas e emissões, sabendo que a informação sobre a gestão de direitos, sinais codificados e dispositivos técnicos foram suprimidos ou alterados sem autorização.

A previsão de danos morais, como reparação civil para os casos de privação e esquecimento de menção do nome, pseudônimo ou sinal convencional do autor e do intérprete, se cumula com as seguintes iniciativas legais, dispostas nos incisos do art. 108: I – tratando-se de empresa de radiodifusão, no mesmo horário em que tiver ocorrido a infração, por três dias consecutivos; II – tratando-se de publicação gráfica ou fonográfica, mediante inclusão de errata nos exemplares ainda não distribuídos, sem prejuízo de comunicação, com destaque, por três vezes consecutivas em jornal de grande circulação, dos domicílios do autor, do intérprete e do editor ou produtor; III – tratando-se de outra forma de utilização, por intermédio da imprensa, na forma a que se refere o inciso anterior.

143. As medidas concretas possíveis: as ações cautelares comuns

No âmbito das medidas concretas de defesa de direitos, e destacando as de maior uso, cumpre lembrar-se, de início, as acautelatórias, situadas no domínio processual comum, com os diferentes efeitos possíveis (de prevenção, de preparação e de conservação, ou combinados), dedutíveis a critério do interessado e à luz das circunstâncias do caso.

As medidas cautelares, que podem ser requeridas com pedido liminar, ou não, também a juízo do titular do direito e observados os pressupostos legais, encontram-se nas codificações, dentro do poder cautelar do juiz (cautelares inominadas), eis que de difícil enunciação as diversas modalidades possíveis.

Entretanto, algumas são nominadas (como a busca e apreensão, prevista nos §§ 1.º e 2.º do art. 536 do CPC/2015, aliás, a mais importante medida cautelar no plano autoral) e outras, como vimos, encontram previsão ou tipificação na própria lei autoral (como o exame de escrituração, a suspensão ou a interdição de espetáculo).

Sujeitam-se essas medidas às normas processuais próprias (CPC/1973, arts. 796 e seguintes – CPC/2015, arts. 536 e ss.), sendo de anotar, referentemente à busca e apreensão, que o estatuto vigente confere, em face do respectivo vulto, disciplinação especial à espécie, determinando que, em matéria de direito autoral ou conexo, o juiz deve designar, para acompanharem os oficiais de justiça, dois peritos, aos quais incumbirá confirmar a ocorrência da violação, antes de ser efetivada a apreensão (art. 846, §§ 1.º a 4.º, CPC/2015).

Dada a força de obstar a sequência do ilícito, tolhendo os seus efeitos e permitindo a delimitação do dano havido, a medida compreende, no plano civil, todos os bens que estampem o ilícito (no que se difere da concebida no nível penal, em que a preocupação é, apenas, de formação do elemento material do delito).

Outras medidas comuns nominadas cabem nesse campo, como o sequestro (CPC/1973, arts. 822 e seguintes – sem correspondente no CPC/2015); a exibição (CPC/1973, arts. 844 e seguintes – sem correspondente no CPC/2015); os protestos, as interpelações e as notificações (CPC/1973, arts. 867 e seguintes – CPC/2015, art. 726, *caput* e § 1º).

144. Outras medidas desse jaez

Do contexto da lei, outrossim, decorrem providências específicas, sem prejuízo do reconhecimento de medidas de Direito Comum – como a reparação de danos (em alguns textos referidas, como no art. 102) – a saber: a adjudicação compulsória de exemplares contrafeitos (art. 102); a destruição de exemplares viciados, e, de caráter moral, a divulgação compulsória da identidade do autor (art. 108).

Também no plano das ações de procedimentos especiais se encontram medidas de grande alcance prático, como o interdito proibitório (CPC/1973, art. 932 – CPC/2015, art. 567), perfeitamente compatível com os direitos autorais, em sua faceta patrimonial, como tem reiteradamente assentado a jurisprudência, para fins de elisão de práticas ameaçadoras a esses direitos.

Anote-se, ainda, a existência da ação de prestação de contas (CPC/1973, art. 914 – sem correspondente no CPC/2015), cabível nas diferentes relações possíveis e com efeitos também nesse campo.

145. As ações de caráter cominatório e declaratório

De uso frequente, ainda, é a ação de cunho cominatório que se tem mostrado de grande valia na defesa de direitos autorais, destinando-se à abstenção da prática de determinado ato, sob pena de sancionamento pecuniário próprio, ou seja, multa diária pela inobservância do preceito, na ação que o Código denomina execução da obrigação de fazer ou de não fazer (CPC/1973, arts. 461, 632 a 641 e 642 a 643 – CPC/2015, arts. 536 e ss.).

São compatíveis, outrossim, com os direitos em causa as ações de caráter declaratório, para efeito de obter o autor reconhecimento da existência ou da inexistência de relação jurídica; ou da autenticidade ou falsidade de documento, que o estatuto vigente admite mesmo quando violado o direito (art. 4.º, parágrafo único) (assim, pode o autor obter pronunciamento judicial que reconheça a sua relação jurídica, como titular de obra, com terceiro que não a divulgue; com respeito a registro, quanto à anterioridade na criação ou na utilização e em outras tantas situações).

146. A ação de reparação de danos

No entanto, a ação de maior espectro é a de reparação de danos, normalmente o objetivo último em todas as medidas expostas, eis que representa a resposta que o ordenamento jurídico arquitetou, para a recomposição do patrimônio, moral ou pecuniário, do lesado.

A ação de responsabilidade civil assume, em verdade, nessa área, extraordinário relevo quando perpetrada a violação, intentando repor, para o lesado, as perdas sofridas, tanto no plano patrimonial quanto moral, como, aliás, pacificamente se reconhece em doutrina e em jurisprudência.

Na reparação de danos, em que devem ser observados todos os princípios próprios, em que se destaca o da responsabilidade integral, ou seja, que impõe o total ressarcimento do lesado, para propiciar-lhe plena satisfação de seus interesses, devem ser enunciadas, com clareza, as ofensas havidas, de índole moral ou patrimonial, ou ambas, fundando-se a ação, conforme o caso, em relação contratual ou extracontratual (Código Civil de 2002, arts. 186 e 389, ademais do art. 927 e ss.).

O pedido deve ser formulado com a definição da indenização pretendida, mas também são admitidos, nos termos do estatuto vigente, pleitos de caráter geral, quando dependentes de posterior apuração.

Por vezes, assume papel fundamental nessa ação a perícia, que deve ser realizada por *experts*, ou seja, técnicos ou profissionais especializados na matéria, em função das especificidades da obra envolvida (assim, em debate sobre *software*, deve estar presente perito especializado em informática; sobre obra arquitetônica, o arquiteto; sobre obra de psiquiatria, o médico especializado ou o professor da matéria, e assim por diante).

O valor da indenização deve corresponder à reposição, no patrimônio do lesado, do prejuízo experimentado, revertendo-se, a seu favor, o resultado indevido obtido pelo agente, a par dos lucros cessantes, dentro da técnica tradicional da responsabilidade civil. Na satisfação de interesses morais, a gravidade da infração e as circunstâncias do caso é que oferecerão os elementos necessários para a sua dosagem e a fixação final do *quantum* devido, levando-se em conta, sempre, que o valor final de indenização deve ser tal que desestimule a prática de futura lesão e possa, em consonância com a teoria da responsabilidade e a índole dos direitos autorais, propiciar ao lesado compensação adequada pelo interesse ferido.

Impõe-se, na prática, o rigor na definição do *quantum* ou do *quid*, a fim de que o sancionamento venha a constituir-se, como se deve, em fator de inibição de ações vedadas pelo ordenamento jurídico, na defesa dos transcendentes valores da pessoa humana aqui acobertados. Nesse sentido, aliás, vem caminhando a jurisprudência (v. nosso *Reparação civil por danos morais*, editado em 1993).

147. As ações de concorrência desleal

Em ações deduzidas no âmbito da concorrência desleal podem, ainda, estar envolvidas questões referentes a direitos autorais, sempre que abrangerem debate a respeito de obra intelectual estética utilizada no meio empresarial comum (indústria, comércio ou prestação geral de serviços) (como bonecos estampados em tecidos ou em embalagens, figuras estéticas em cintos, bolsas e aparatos de vestuário; desenhos inseridos em tênis ou calçado; figuras usadas em publicidade; letras ou desenhos estéticos inseridos em marcas ou em produtos).

Frequentes no foro comum, dada a crescente utilização dessas criações pelas empresas, na busca de ampliação de mercados, dentro do sistema de atração do consumidor pela beleza estética, encontram as ações de concorrência desleal, nas diferentes figuras possíveis (como na confusão entre produtor, ou entre estabelecimentos, ou entre marcas, ou, ainda, entre publicidades), fértil plano de concretização prática de direitos violados.

Nesse caso, protege-se o interessado (geralmente, empresa comercial, industrial, ou de prestação de serviços) contra ação parasitária de concorrentes, sempre que estes usarem indevidamente criação intelectual de que aquele detenha a titularidade, por qualquer dos modos possíveis (desenhos, anúncios publicitários, embalagens, símbolos).

Do gênero da responsabilidade civil, porque envolve abuso de direito, importa em verter, para o patrimônio do lesado, o produto obtido pelo agente, com a satisfação do dano emergente (prejuízo efetivo, por exemplo, vendas não realizadas, apuráveis pelo movimento normal) e lucros cessantes (aquilo que deixou de ganhar, como as vendas captadas ilicitamente e as inversões financeiras e patrimoniais correspondentes).

Nesse campo, são admitidas também medidas cautelares, sendo a de maior vulto a busca e apreensão, com os efeitos citados, as ações de declaração, de cominação e demais compatíveis (referidas).

148. A orientação protetiva da jurisprudência

Observe-se, por fim, que, em todas essas ações, doutrina e jurisprudência têm se mostrado francamente protetivas do autor, respondendo esta, positivamente, na concretização dos interesses dos titulares, em várias situações submetidas à sua apreciação; a) contrafações; b) reimpressões clandestinas; c) modificações não consentidas em obras entregues; d) usos posteriores não ajustados; e) não inclusão de nome na divulgação; f) extrapolação de limites contratuais, no curso ou mesmo depois de cessada a relação; g) captação irregular, por terceiro, de obra comunicada; h) reprodução não autorizada de obra publicada, e outras tantas.

São comuns as ordens de apreensão de material, para cessação da violação e a delimitação do alcance do ilícito, a reparação de danos nos dois aspectos citados e as cominações de sanções, que vêm contribuindo, decisivamente, para a contínua afirmação dos direitos em causa.

Anote-se, por fim, que, quanto ao autor, no descumprimento de obrigações assumidas, pode também vir a sofrer o sancionamento próprio, à luz das normas dos contratos firmados e das disposições legais aplicáveis, tanto da legislação autoral como do Direito Comum.

149. Tutela no plano penal

Sob o aspecto penal – e desde a previsão legal do direito de contrafação nos primeiros Códigos – têm guarida especial os direitos autorais, por meio da definição de crimes por violação contra eles perpetrados, incluídos também os direitos de natureza conexa.

Assim, no Brasil, já no Código Criminal do Império existia o delito em questão. No Código vigente, há um capítulo próprio para os crimes contra a "propriedade intelectual", cuja redação foi posteriormente alterada por lei especial, para a inclusão de novas figuras, por exigência da evolução tecnológica havida no plano da reprodução de obras intelectuais (Lei 6.895, de 17.12.1980, e Lei 8.635, de 16.03.1993).

Com isso, em nosso sistema, a tutela penal dos direitos autorais obedece aos princípios e às regras definidas no estatuto repressivo, constituindo os delitos previstos (arts. 184 e 185) figuras criminais *sui generis*, ou seja, de natureza própria.

Com efeito, tendo em vista a condição do bem jurídico protegido – os direitos autorais, em suas duas facetas –, a lesão a qualquer de seus diferentes componentes atinge o patrimônio do autor; daí por que intitulados os atos violadores como crimes contra a "propriedade intelectual" (conceituação coerente, pois, com a linguagem da codificação penal, embora preferíssemos a denominação crimes contra os "direitos autorais", pelas razões já antes expostas).

Entretanto, não só nesse âmbito se reflete a ação contrária a esses direitos, eis que, mesmo quando no domínio público a obra, podem ocorrer delitos sancionáveis, com a infringência, pois, do patrimônio cultural da coletividade, que ao Estado cabe defender.

Com efeito, nesses delitos, há que ressaltar, de um lado, a proteção da personalidade do autor realizada por meio dos direitos morais, e, de outro, a da obra em si, como entidade autônoma e integrante do acervo da coletividade; daí o tratamento especial recebido na esfera penal, pois, no domínio comum, protegem--se a integridade e a genuinidade da criação, como anotamos. É que a violação a direitos autorais transcende os limites meramente pessoais, para atingir a própria sociedade como um conjunto, na proteção dos valores maiores de sua expressão artística, literária ou científica.

150. Os mecanismos penais de defesa dos direitos autorais

Com isso, foram edificados, ao longo dos tempos, certos delitos nessa área, dotados de especificidade própria, diante da evolução doutrinária, que, reconhecendo a respectiva tipicidade, afastou as diferentes teorias que, no curso da afirmação do Direito de Autor, foram apresentadas para explicar o seu contexto, à luz de elementos do Direito Comum, a saber: a) a teoria da falsificação (cronologicamente, a primeira manifestação na doutrina, contemporânea à instituição do delito autônomo de contratação em estatutos repressivos); b) a da defraudação (relacionada à noção de propriedade que se emprestava aos direitos em causa, quando de seu reconhecimento); c) a do furto (próprio e impróprio, também ligada à mesma ideia); e d) a da usurpação (referente à noção de apoderamento de direitos reservados).

No entanto, da análise dessas teorias e ante o estágio atual do Direito de Autor, constata-se que não correspondem mais à natureza dos direitos envolvidos, nem às ações delituosas possíveis. Com efeito, além da insuficiência conceitual, como tem a doutrina mostrado, nem sempre há falsificação nos delitos contra esses direitos (apenas em alguns casos: como na falsa declaração de exemplares produzidos, ou de bilhetes emitidos ou vendidos); outrossim, não pode cogitar de defraudação apenas, pois em seu contexto ingressam outras e múltiplas ações refratárias (e a noção é típica de Direito de Propriedade, ficando, pois, sem explicação os inúmeros delitos contra os direitos morais, como o de usurpação de nome, não inclusão, ou não divulgação e outros); falar em furto também não se pode, pois a ideia de apoderamento não é compatível com manifestações de pensamento ou da arte; e, por fim, a inadequação da noção de usurpação evidencia-se pela constatação de que nem sempre se procura substituir o autor nos delitos contra seus direitos.

Com isso, nos delitos desse setor podem ingressar ações várias – de falso, de usurpação –, reduzidas à ideia central de atentados contra os direitos autorais, como, aliás, se cristalizou em nosso Código Penal (Decreto-lei 2.848/1940, devendo-se mencionar que o Título III do Código Penal recebeu nova redação nos arts. 184, 185 (revogado) e 186 pela Lei 10.695/2003), incluídos os direitos conexos.

151. Caracterização dos delitos nesse campo

Na caracterização dos delitos, seus pontos básicos têm sido identificados pela doutrina. Assim, são comissivos os modelos próprios de ação (adulteração da obra; usurpação; falta de autorização autoral para espetáculo, ou para reprodução); não se cogita, de regra, do emprego de violência; há sempre desconexão de vontades, ou porque não foi ouvido o titular, ou porque os limites foram ultrapassados; a obra encontra-se comunicada, retirando-se, de qualquer sorte, ao titular, o uso de prerrogativas exclusivas; a ação refratária atinge, algumas vezes, a personalidade do autor (no plágio, na usurpação, ou na não divulgação de nome); o prejuízo não é componente essencial do delito, mas secundário; o núcleo da lesão repousa, exatamente, no exercício ilegítimo de direitos exclusivos.

Sujeito passivo, nesses crimes, é o titular dos direitos, ou seja, o autor da obra ou as pessoas reconhecidas como tal (e, no caso de obra caída no domínio público, a coletividade). Sujeito ativo é a pessoa que atenta contra os direitos em causa, por qualquer forma possível.

O elemento subjetivo exigido é o dolo genérico (ou seja, a ciência e a consciência de, com o próprio fato, violar o direito de outrem), mas, em algumas hipóteses, cogita-se de dolo específico (em reproduções e em representações com intuito de lucro).

Analisando-se, outrossim, a respectiva estruturação das ações possíveis, verifica-se que podem ocorrer, conforme a situação, casos de crime único, continuado ou permanente. Tem-se crime único quando a ação se esgota em um mesmo momento, mesmo que resulte multiplicidade de exemplares (assim, a reprodução indevida de obra em centenas de exemplares). Continuado é o delito, quando se estende a ação em sucessivas manifestações (como em reproduções ou em representações que se perfazem em momentos, períodos ou sequências diferentes; exemplo, na sucessiva utilização indevida de um mesmo projeto, ou de uma obra). Permanente é a infração que, exaurida em um ato, prossegue seus efeitos no tempo (como na exposição de exemplares fraudulentamente reproduzidos).

152. A enumeração legal dos delitos

Quanto à respectiva enunciação legislativa, observa-se que se adotou a fórmula de descrição de certas figuras básicas, desde que se têm conscientizado os legisladores da dificuldade de cabal extrinsecação de todas as hipóteses possíveis, diante dos fatores já expostos.

Assim, o regime de nosso Direito, com crimes previstos no Código, a partir da enunciação de disposição central genérica, sob a epígrafe "violar direitos de autor e os que lhe são conexos" (art. 184), prevendo-se três meses a um ano de detenção, ou multa.

Abre-se, assim, ante a instituição de norma penal em branco, a possibilidade de inserção de várias ações, identificáveis em função do Direito próprio, em especial ante as tipificações da lei autoral. No entanto, em contrapartida, não se distinguem as diferentes situações para efeito de apenação, dificultando-se a respectiva graduação, pois são tão díspares as condutas reprimíveis que não se encartam, com tranquilidade, nos limites fixados na codificação.

Das penas previstas há algumas de maior alcance, constituindo-se em sanções privativas de liberdade, ou apenas pecuniárias, ou mesmo em cumulações, como em nosso Direito se adotou.

Por fim, diante do sistema de nosso Código, os crimes em questão podem comportar tentativa, com as consequências próprias.

153. Os delitos em nossa legislação

De acordo com a sistematização vigente, o delito-matriz consiste em "violar direitos de autor e os que lhe são conexos", e suas penas são de detenção, de três meses a um ano, ou multa (art. 184), inserindo-se, em seu contexto, as situações cujos contornos, na prática, se encontram definidos, à luz da evolução do Direito de Autor e na técnica apontada (com a redação da Lei 10.695/2003).

Ademais, o art. 186 dispõe sobre as modalidades de ação penal cabíveis, conforme a hipótese (incisos I a IV).

Ademais, ainda se pode considerar a eventual incidência do Direito Digital,[1] em conexão com o Direito de Autor, se o delito tiver sido praticado pelos mecanismos digitais de forma invasiva (com o furto digital de obra, por exemplo), quando a Lei de Crimes Digitais (que modifica o Código Penal), a Lei 12.737/2012, que acrescenta os arts. 154-A e 154-B ao Código Penal brasileiro, passa a ganhar alguma relevância, especialmente considerando situações de furto de dados de Autoria.

154. As figuras mais comuns: o plágio e a contrafação

Com referência ao delito-base, deve-se atentar para a extensão do elenco de violações possíveis, inclusive sob a tipificação da lei civil.

As figuras mais comuns são as do plágio e as da contrafação, reconhecidas internacionalmente e, de longa data, elaboradas na doutrina, quanto aos respectivos contornos.

Assim, define-se plágio como imitação servil ou fraudulenta de obra alheia, mesmo quando dissimulada por artifício, que, no entanto, não elide o intuito malicioso. Afasta-se de seu contexto o aproveitamento denominado remoto ou fluido, ou seja, de pequeno vulto.

Tem-se, outrossim, por contrafação, a publicação ou reprodução abusivas de obra alheia. O pressuposto é o da falta de consentimento do autor, não importando

---

[1] Nessa matéria, vale destacar, como afirma Patrícia Peck: "Logo, o legislador também está estudando e aplicando o direito digital na formação de marcos legais mais específicos, tais como a Lei do Processo Eletrônico (2006), a Lei da Pornografia Infantil na Internet (2008), a Lei do Teletrabalho (2011), a Lei de Acesso a Informação (2011), a Lei de Crimes Eletrônicos (2012), a Lei de Digitalização (2012), o Decreto do Comércio Eletrônico (2013), a Lei de Obtenção de Provas Eletrônicas no Processo Penal (2013), a Lei do Marco Civil da Internet (2014) e as discussões dos anteprojetos de Proteção de Dados Pessoais (2015) e de Direitos Autorais (2015)" (Pinheiro, O Direito Digital como paradigma de uma nova era. In: (WOLKMER, Antonio Carlos; LEITE, José Rubens Morato (orgs.). *Os novos direitos no Brasil*: natureza e perspectivas – uma visão básica das novas conflituosidades jurídicas. 3. ed., 2016, p. 413).

Cap. XIII • A TUTELA | 169

a forma extrínseca (a modificação de formato em livro), o destino, ou a finalidade da ação violadora.

Separando-se as figuras em causa, observa-se que, no plágio, a obra alheia é, simplesmente, apresentada pelo imitador como própria, ou sob graus diferentes de dissimulação. Há absorção de elementos fundamentais da estrutura da obra, atentando-se, pois, contra a personalidade do autor (frustração da paternidade). Na contrafação, há representação ou reprodução de obra alheia sem autorização autoral, podendo ser total ou parcial. Inclui-se, em seu âmbito, a derivação sem consentimento (a adaptação, ou a tradução, ou a variação de tema), eis que sempre se visa ao aproveitamento econômico indevido da obra (atentado contra o aspecto patrimonial, ou contra a obra em si).

A caracterização das figuras em apreço – como, ademais, quanto a outros delitos – depende, sempre, de análise em concreto, quando, por via de comparação, preventiva ou judicialmente, se pode obter a exata definição do alcance do aproveitamento havido (se tolerável, ou não), em face de desdobramentos outros que a ação ilícita pode oferecer.

A propósito, a doutrina tem apresentado subsídios para a compreensão do espectro dos delitos, em especial quanto ao plágio, levando em conta, inclusive, o limite correspondente ao uso livre (como quanto ao direito de citação, ao direito de reprodução em obra maior e outras hipóteses já discutidas).

A configuração do plágio ocorre com a absorção do núcleo da representatividade da obra, ou seja, daquilo que a individualiza e corresponde à emanação do intelecto do autor. Diz-se então que, com a imitação dos elementos elaborativos, uma obra se identifica com outra, em face da identidade de traços essenciais e característicos (quanto a tema, a fatos, a comentários, a estilo, a forma, a método, a arte, a expressão, na denominada *substantial identity*), encontrando-se aí o fundamento para a existência do delito.

Não se admite a absorção do complexo de elementos que conferem à sua individualidade, cabendo, por meio de confronto direto, fazer a verificação, pois inexistem parâmetros fixos e certa zona de tolerância quanto a aproveitamento de obra alheia e que permite e justifica, inclusive, as derivações, na cessão do direito de elaboração, desde que dotada de autonomia a nova forma (conforme discutimos).

Já na contrafação, total ou parcial, existe o uso indevido da obra, que é tomada em sua integridade, ou em parte, tornando-se, muitas vezes, diante das evidências, de fácil percepção concreta (como também ocorre, quanto a plágio em música, em que se conhece como tal a coincidência em oito compassos ou notas combinadas).

155. Outras figuras possíveis

Entretanto, a par das citadas e das elencadas na lei autoral, violações outras podem existir com ingresso no contexto repressivo como: a tradução ou a adaptação abusiva da obra alheia; a modificação de obra alheia sem consentimento; a captação indevida de obra alheia comunicada e outras.

Na jurisprudência, têm sido reprimidos, com maior frequência, casos de contrafação (tradução de gramática japonesa, com modificação do título; reproduções indevidas de originais) e também de plágio (em obras científicas, literárias ou artísticas).

XIV
OS DIREITOS CONEXOS

156. Noção e disciplina jurídica dos direitos conexos ao de autor

Direitos conexos são os direitos reconhecidos, no plano do autor, a determinadas categorias que auxiliam na criação ou na produção ou, ainda, na difusão da obra intelectual. Antigas formas de se reportar a esses direitos permitiam que fossem vistos como direitos "análogos" aos direitos de autor, "afins", "vizinhos", ou ainda, "para-autorais", também consagrados universalmente. A legislação não se refere a estes termos, que certamente teriam cunho pejorativo, diminuindo a posição dos direitos conexos, em face do direito de autor. Por isso, a lei dispõe sobre os direitos conexos com a mesma ênfase dada aos direitos de autor. Afinal, a qualidade daquilo que é conexo é a de estar conectada à dimensão do direito de autor, e esta conexão às vezes é a própria forma de concretização e realização do direito de autor. O que orbita em torno do direito de autor é tão significativo a ele, que recebe o mesmo tratamento e a mesma equivalência legal ao direito de autor.

Se os direitos conexos possuem suas particularidades, isto não faz com que não dividam grandes características com os direitos de autor. Por isso, os direitos conexos aos do autor não são meros direitos coadjuvantes aos direitos de autor. Estes direitos têm o mesmo estatuto e as mesmas garantias do direito de autor, pois, na verdade, muitas vezes, o que realiza o direito de autor é a atividade de um intérprete. Imagine-se uma telenovela sem atores! A telenovela não existiria... Por isso, a disciplina legal atual na Lei Autoral, logo no art. 1.º, já identifica que "regula os direitos autorais, entendendo-se sob esta denominação os direitos de autor *e os que lhes são conexos*" (grifo nosso). São paritariamente tratados, portanto. Dessa forma, os direitos conexos aos do autor são, para todos os efeitos, bens móveis, seguindo a orientação geral do art. 3.º da Lei Autoral.

Ademais, como se verá, o amplo leque de profissionais envolvidos com os direitos conexos de autor impede a lei de tratá-los a todos. Também, há que se distinguir novas profissões decorrentes dos avanços do setor, e, também, saber diferenciar o técnico do artista, bem como as relações embutidas em contrato de trabalho e as relações autorais. No entanto, fica claro que orbita em torno dela uma série de documentos normativos, que dão especificidades aos direitos de cada categoria profissional. Se visitarmos o "Quadro Anexo" ao Decreto 82.385/1978, que regulamenta a Lei 6.533, de 24.05.1978, que dispõe sobre a profissão de artista e técnico em espetáculos de diversões, perceber-se-á a diversidade de funções envolvendo espetáculos, *shows* e apresentações artísticas, e suas definições, que são dadas pelo texto. Apenas para que se perceba a amplitude deste rol, citam-se as funções de: I. **Artes Cênicas**: acrobata; aderecista; amestrador; assistente de coreógrafo; assistente de direção; ator; bailarino ou dançarino; barreira; cabeleireiro de espetáculos; camarada; camareira; capataz; caracterizador; cenógrafo; cenotécnico; comedor de fogo; contorcionista; contrarre-gra; coreógrafo; cortineiro; costura de espetáculos; diretor; diretor circense; diretor de cena; diretor de produção; domador; eletricista de circo; eletricista de espetáculos; ensaiador circense; ensaiador de dança; equilibrista; excêntrico musical; figurante; figurinista; homem-bala; homem do globo da morte; icarista; iluminador; mágico; *maître de ballet*; malabarista; manequim; maquilador de espetáculo; maquinista; maquinista auxiliar; mestre de pista; operador de luz; operador de som; palhaço; secretário de frente; secretária teatral; sonoplasta; *strip-tease*; técnico de som; II. **Cinema**: aderecista; animador; arquivista de filmes; assistente de animação; assistente de animador; assistente de câmera de cinema; assistente de cenografia; assistente de diretor cinematográfico; assistente de montador cinematográfico; assistente de montador de negativo; assistente de operador de câmera de animação; assistente de produtor cinematográfico; assistente de revisor e limpador; assistente de trucador; ator; auxiliar de tráfego; cenarista de animação; cenógrafo; cenotécnico; chefe de arte de animação; colador-marcador de sincronismo; colorista de animação; conferente de animação; continuísta de cinema; contrarregra de cena; cortador-colador de anéis; diretor de animação; diretor de arte; diretor de arte de animação; diretor cinemato-gráfico; diretor de dublagem; diretor de fotografia; diretor de produção cinematográ-fica; editor de áudio; eletricista de cinema; figurante; figurinista; fotógrafo de cena; guarda-roupeiro; letrista de animação; maquilador de cinema; maquinista de cinema; marcador de anéis; microfonista; montador do filme cinematográfico; montador de negativo; operador de câmera; operador de câmera de animação; operador de gerador; pesquisador cinematográfico; projecionista de laboratório; revisor de filme; roteirista de animação; técnico em efeitos especiais cênicos; técnico em efeitos especiais óticos; técnico de finalização cinematográfica; técnico de manutenção eletrônica; gráfico; técnico-operador de mixagem; técnico de som; técnico em tomada de som; técnico em transferência sonora; trucador cinematográfico; III. **Fotonovela**: arte-finalista de fotonovela; assistente de fotografia de fotonovela; continuísta de fotonovela; co-ordenador de elenco; diagramador de fotonovela; diretor de fotonovela; diretor de produção de fotonovela; redator final de fotonovela; IV. **Radiodifusão**: ator; figurante.

No tocante ao tratamento do trabalho exercido pelos artistas e técnicos de espetáculos de diversões, deve-se considerar a especial atenção que o tema assume, na medida da tramitação junto ao Congresso Nacional do Projeto de Lei 3022/2021, cuja proposta é a alteração da Lei 6.533/1978. Nessa proposta, ainda em curso, pretende-se acrescentar dispositivos de lei que gerem o fomento, por parte do poder público, à preservação da memória das técnicas da cultura e do entretenimento, uma forma também de valorização dos profissionais que atuam no eixo da cultura. Aqui, são reproduzidos os dispositivos, ainda carentes de aprovação, para a sua inserção na nova redação da Lei: "Art. 35-A: O poder público deverá estimular ações que contemplem a produção de projetos de acervo e memória das técnicas e tecnologias da cultura e do entretenimento, bem como que incentivem a coleta de materiais, história oral para fins de construção de acervo e pesquisa"; "Art. 36-B: O poder público deverá, quando da elaboração de políticas públicas para a cultura, incluir a categoria de técnico em Espetáculos de Diversões, com a finalidade de valorizar e incentivar o conhecimento e as práticas desses trabalhadores".

157. Alcance

Discute-se a respeito de seu alcance na doutrina, inserindo-se, nesse conceito, ora uns, ora outros auxiliares da produção e da divulgação da obra intelectual. As legislações costumam também incluir, em seu rol, diferentes categorias como titulares de direitos conexos.

Pacífica, no entanto, é a compreensão dos artistas, intérpretes (cantores), executantes (músicos), organismos de radiodifusão (inclusive televisão) e produtores de fonogramas no âmbito desses direitos.

Cada uma dessas categorias encontra definição própria na disciplinação legal existente, não só nas leis básicas, como também na respectiva regulamentação (em termos gerais, *Decreto 61.123, de 02.08.1967*; especificamente para os artistas, na *Lei 6.533, de 28.05.1978*, art. 2.º, e seu regulamento, *Decreto 82.385, de 05.10.1978*). Nesses textos e em quadros anexos (legislação de artistas) são, pois, conceituados todos os integrantes da categoria reconhecidos, no teatro, no cinema, em difusão pelo rádio, pela televisão, em fotonovelas e meios próprios, apartados os exercentes de funções meramente técnicas.

158. Disciplinação legal

A lei nacional contempla, sob a rubrica "direitos conexos", os artistas, intérpretes, produtores de fonogramas, empresas de radiodifusão, alinhando muitas disposições já antes inseridas na legislação específica (arts. 89 e 96). Inovação, propriamente, foi a exclusão do direito das entidades do desporto (no denominado "direito de arena", art. 100 da Lei 5.988/1973).

Verifica-se, pois, que a previsão legal desses direitos ocorreu bem posteriormente à edificação do regime autoral, exatamente quando a consciência das nações, reunidas em conclave internacional, se voltou para a necessidade de proteção a direitos decorrentes de criações nascidas no âmbito de atividades de vivificação de

174 | DIREITO DE AUTOR – *Carlos Alberto Bittar*

obras intelectuais já materializadas, a saber: a radiodifusão, a produção de fonogramas e, de outro lado, as interpretações artísticas, as vocalizações e as execuções.

Com efeito, esses direitos foram assentados em convenções internacionais próprias: a de Roma, de 26.10.1961, e a de Genebra, de 29.10.1971, ambas aprovadas entre nós (Decreto 57.125, de 19.10.1965, e Decreto 76.906, de 24.12.1975), lembrando-se também da convenção especial para proteção dos sinais portadores de programas transmitidos por satélites de comunicação, realizada em Bruxelas, em 21.05.1974, contra o parasitismo por essa via perpetrado, cujo texto (art. 6.º) resguardou os direitos reconhecidos nas convenções próprias de direitos autorais (também internada em nosso país, Decreto 74.130, de 28.05.1974).

Nesses conclaves sempre se teve presente o extraordinário vulto dos capitais empregados nos meios de comunicação, que fazem circular lazer, diversão e cultura, por públicos infinitamente distantes e distintos e, como temos realçado, sob a ação de fantásticos mecanismos de reprodução e de representação de sons, imagens e palavras, que a técnica vem introduzindo continuadamente e, nos dias presentes, sob a ação do raio *laser* (que nos oferece, entre outras formas, os videodiscos) e de mecanismos vários da telemática (que, com o uso multifário de computadores, tem revolucionado a própria concepção de criação, introduzindo, frequentemente, novas modalidades de comunicação de expressões intelectuais).

159. Natureza

São esses direitos reconhecidos em função da premissa de que o Direito de Autor protege a forma concebida pelo autor e do entendimento de que a sua efetivação em nada mais interfere com os direitos do autor da obra original ou da referência. Com o mesmo raciocínio, aliás, se justificam as derivações de obras primígenas, como anotamos.

Amparam, pois, de um lado, criações intelectuais no plano artístico (as dos artistas, intérpretes e executantes, que inserem elementos pessoais em suas apresentações) e que auxiliam na divulgação da obra interpretada, em seu contexto, reproduções ou utilizações não autorizadas. De outro lado, resguardam interesses econômicos de categorias que atuam na fixação e na colocação de obras intelectuais ao público, empregando enormes capitais ao mesmo tempo em que também contribuem para a difusão dessas obras. O reconhecimento desses direitos visa, nesses casos, a evitar a captação e a reprodução não autorizadas de programas, fonogramas, cassetes e demais formas de apresentação e de fixação de obras, que prejuízos sensíveis causam ao respectivo sistema.

Compreendem-se, no âmbito artístico, as pessoas que representam, recitam, cantam, declamam, interpretam e executam obras intelectuais, nos termos da Convenção de Roma, e no plano empresarial, basicamente, as realizações de irradiações,

Cap. XIV • OS DIREITOS CONEXOS | 175

emissões, fixações e produções de discos e de fitas (ou seja, entidades que realizam fixações efêmeras ou indeléveis de outras criações, sonoras ou audiovisuais).

160. Regime jurídico

O regime jurídico desses direitos obedece à esquematização dos direitos autorais, com certas peculiaridades ditadas pela especificidade das formas em questão.

Assim, de um modo geral, se encartam nas disposições da lei autoral, em todos os países, editando-se, outrossim, em alguns dilemas especiais para esse campo, ou mesmo para regência destacada de certas categorias, como acontece entre nós, em que existe a referida legislação apartada para artistas. Embora seja de cunho trabalhista, foi expedida para a instituição de regime coerente com as necessidades desses criadores intelectuais, inclusive com contratos padronizados, mas que contêm disposições sobre direitos autorais e conexos, bem como normas sobre contratos para publicidade (em especial, arts. 13 e 14 da *Lei 6.533/1978*, que discutiremos adiante).

A par disso – e como sói acontecer em nosso Direito –, normas esparsas na legislação sobre diversões públicas e diferentes meios de comunicação vêm completar o conjunto legislado do setor.

Na interpretação de tão complexo conjunto normativo, cumpre assentar-se que, como texto-base, se encontra a lei autoral (que o declara em dois momentos, *arts. 1.º e 89*), respeitadas, portanto, as peculiaridades de seu próprio contexto (*arts. 90 a 96*) e aquelas da legislação especial da categoria (assim, nas questões sobre direitos conexos de autores, como o de interpretação, deve-se atentar para a regra específica da lei própria, que proíbe a cessão, ou a promessa de cessão respectiva, a qual elide, como consequência, a celebração de avença dessa natureza, comum, ao contrário, para as demais categorias de titulares).

161. Obras protegidas

As obras protegidas nesse campo são, de um lado, as interpretações artísticas (caracterizações de personagens, vivificação de papéis); as interpretações musicais (vocalizações); as execuções (instrumentalizações, orquestrações), contemplando-se, pois, artistas, cantores e músicos (incluídos as orquestras e os conjuntos).

De outro lado, são as emissões de sons, ou de combinações de sons e imagens (transmissões e retransmissões), produções sonoras (de discos e de fitas), realizadas por organismos de radiodifusão (rádio, televisão e equiparados) e por produtores de fonogramas.

Entende-se que, na conexão, há criações de espírito sobre outras já existentes, materializadas, ou mesmo fixadas, por meio de formas novas próprias, em que aquelas ganham vida autônoma e personalizada, seja pelo trabalho de arte (nas primeiras), seja pela coordenação e pela direção da criação (nas segundas).

162. A textura da lei autoral

A lei deixa explícito, por orientação específica, ao abrir o **Título V**, logo no **Capítulo I**, em seu art. 89, que "as normas relativas aos direitos de autor aplicam--se, no que couber, aos direitos dos artistas intérpretes ou executantes, dos produtores e das empresas de radiodifusão". Avança no parágrafo único, para afirmar: "A proteção desta Lei aos direitos previstos neste artigo deixa intactas e não afeta as garantias asseguradas aos autores das obras literárias, artísticas ou científicas". Outro exemplo de equivalência entre os direitos de autor e os direitos conexos aos de autor é o prazo de duração, que recebe o mesmo tratamento legal, para ambos, conforme se pode depreender do art. 96: "É de 70 anos o prazo de proteção aos direitos conexos, contados a partir de 1.º de janeiro do ano subsequente à fixação, para os fonogramas; à transmissão, para as emissões das empresas de radiodifusão; e à execução e representação pública, para os demais casos".

Portanto, a Lei disciplina, neste Título V, por meio de Capítulos específicos, os seguintes direitos como conexos: 1) dos direitos dos artistas intérpretes ou executantes; 2) dos direitos dos produtores; 3) dos direitos das empresas de radiodifusão.

Relativamente a 1), pode-se dizer, a partir do art. 90, que o artista tem o direito exclusivo de (a título oneroso ou gratuito) autorizar ou proibir: a) a fixação de suas interpretações ou execuções; b) a reprodução, a execução ou exibição públicas e a locação das suas interpretações ou execuções fixadas; c) a radiodifusão das suas interpretações ou execuções, fixadas ou não; d) a colocação à disposição do público de suas interpretações ou execuções, de maneira que qualquer pessoa a elas possa ter acesso, no tempo e no lugar que individualmente escolherem; e) qualquer outra modalidade de utilização de suas interpretações ou execuções. E esse poder de controle sobre sua representação, ou execução, se deve ao fato de o artista ser detentor de um direito moral sobre a sua figuração, em cena teatral, em filme, em telenovela etc. Afinal, ao incorporar um personagem, de forma personalíssima e única, o artista carrega consigo sua formação artística, seu poder de persuasão, suas habilidades artísticas, sua personalidade, seu talento, seu nome, seu prestígio social e perante o público etc. Muitas vezes, determinadas obras são garantia de sucesso, a partir do desempenho de um artista, ou de um elenco talentoso de artistas. Por isso, o art. 90 trata do direito conexo do intérprete ou executante, de forma generosa. Ressalve-se, ainda, que, nos parágrafos do art. 90, se podem observar as seguintes regras: quando na interpretação ou na execução participarem vários artistas, seus direitos serão exercidos pelo diretor do conjunto (§ 1.º); a proteção aos artistas intérpretes ou executantes estende-se à reprodução da voz e da imagem, quando associadas às suas atuações (§ 2.º). Por fim, pela regra do art. 92, aos intérpretes cabem os direitos morais de integridade e paternidade de suas interpretações, mesmo após a cessão dos direitos patrimoniais (sem prejuízo da redução, compactação, edição ou dublagem da obra de que tenham participado, sob a responsabilidade do produtor), e a interpretação do artista não poderá jamais, mesmo com interferências da tecnologia, ser desfigurada, sem seu prévio consentimento.

No que tange a 2), em se tratando dos direitos dos produtores de fonogramas, o art. 93 deixa claro que possuem o direito exclusivo de, a título oneroso ou gratuito, autorizar-lhes ou proibir-lhes: I – a reprodução direta ou indireta, total ou parcial; II – a distribuição por meio da venda ou locação de exemplares da reprodução; III – a comunicação ao público por meio da execução pública, inclusive pela radiodifusão; IV – (vetado); V – quaisquer outras modalidades de utilização, existentes ou que venham a ser inventadas. O produtor fonográfico realiza sua atividade econômica, percebendo dos usuários os resultados econômicos de sua atividade, e, por isso, tem direito a eles, devendo "reparti-los com os artistas, na forma convencionada entre eles ou suas associações" (art. 94). No tocante a 3), o art. 95 diz que "cabe às empresas de radiodifusão o direito exclusivo de autorizar ou proibir a retransmissão, fixação e reprodução de suas emissões, bem como a comunicação ao público, pela televisão, em locais de frequência coletiva, sem prejuízo dos direitos dos titulares de bens intelectuais incluídos na programação".

Da mesma forma como ocorre com os direitos de autor, é interessante que os detentores de direitos conexos se organizem em forma de associações, que podem com mais facilidade perceber os direitos patrimoniais e administrar as negociações dos interesses envolvidos na negociação jurídica e econômica das obras em questão. Por isso, a Lei 12.853/2013 alterou o art. 99 da Lei 9.610/1998, ao dispor que "a arrecadação e distribuição dos direitos relativos à execução pública de obras musicais e literomusicais e de fonogramas será feita por meio das associações de gestão coletiva criadas para este fim por seus titulares, as quais deverão unificar a cobrança em um único escritório central para arrecadação e distribuição".

O direito de arena, direito conexo ao do autor atribuído à empresa (clube, associação) que propicie espetáculos desportivos públicos com entrada paga, assim como furtivamente apareceu no contexto da Lei 5.988, de 14.12.1973, em que constava dos arts. 100 e 101, também furtivamente desapareceu do cenário legal pátrio com o sancionamento do texto novel sobre direitos autorais (Lei 9.610, de 19.02.1998). De fato, não contempla a lei explícita referência a este direito conexo, pelo que, tacitamente, uma vez que a lei exaure a matéria, se pode considerá-lo suprimido, abolido do contexto da matéria. Ora, este direito vem tratado em legislação específica (*Lei 9.615, de 24.03.1998*).

163. A situação da legislação especial anterior

As disposições da nova lei abrangem os direitos de autor e os direitos conexos aos do autor (*art. 1.º*), disciplina o conceito e abrangência das obras protegidas (*art. 7.º*), confere proteção ao autor que se identifica como tal por nome, pseudônimo ou sinal convencional (*arts. 12 e 13*), relaciona os direitos morais do autor

178 | DIREITO DE AUTOR – *Carlos Alberto Bittar*

(*art. 24*), disciplina a utilização das obras e detalha normas a respeito dos direitos patrimoniais do autor (*arts. 28 a 45*), também descrevendo quais condutas não se constituem em ofensa a direitos autorais (*arts. 46 a 48*). Os direitos conexos em espécie vêm versados no Título V, bem como o associativismo e a proteção contra as violações de direitos autorais e conexos vêm dados nos Títulos VI e VII. Com previsão de vigência para 120 dias após sua publicação (art. 114), revoga, a Lei 9.610, de 19.02.1998, expressamente, os arts. 649 a 673 e 1.346 a 1.362 do Código Civil, terminando com algumas querelas doutrinárias a respeito do Direito de Autor como Direito de Propriedade, o que de fato já vinha dado pelo texto do art. 134 da Lei 5.988, de 14.12.1973, e as Leis 4.944, de 06.04.1966 (que dispunha sobre a proteção a artistas, produtores de fonogramas e organismos de radiodifusão), excetuado o art. 17 e seus §§ 1.º e 2.º, 6.800, de 25.06.1980 (que dispunha sobre alteração da Lei 5.988, de 1973, quanto a dados em fonogramas e a competência do CNDA), 7.123, de 12.09.1983 (que dispunha sobre a extinção do denominado "domínio público remunerado", da Lei 5.988, de 1973), 9.045, de 18.05.1995 (que dispunha sobre a autorização do MED e do MC a disciplinarem a obrigatoriedade de reprodução, pelas editoras de todo o País, em regime de proporcionalidade de obras em caracteres braile, e a permitir a reprodução, sem finalidade lucrativa, de obras já divulgadas, para uso exclusivo de cegos), e, tacitamente, demais disposições em contrário, mantidas em vigor as Leis 6.533, de 24.05.1978 (que dispõe sobre os direitos dos artistas), e 6.615, de 16.12.1978 (que dispõe sobre os direitos dos radialistas).

Aplicam-se, pois, em toda a sua plenitude, aos direitos conexos, as observações quanto à produção, comunicação, realização, administração e tutela dos direitos de autor, em face ainda do sistema integrado vigente, obedecidas apenas as peculiaridades, de que as de maior expressão anotaremos adiante.

164. A estruturação dos direitos conexos

Na estruturação dos direitos conexos, como decorrentes de direitos anteriores de autor – pois incidem sobre criações existentes e comunicadas, ao menos, ao interessado –, há que se atentar, de início, para a necessidade de autorização autoral para a nova forma, sempre que relacionada à utilização econômica (assim, a empresa deve ter a autorização do autor para a irradiação da música, ou do programa; o intérprete, a do autor do texto, ou da música, ou, de ambos, para a sua interpretação ou vocalização), seja por contato direto, seja indireto (por exemplo, por associação, por representação ou por cessão à empresa produtora do espetáculo).

Guiado por esse princípio basilar, o universo do direito conexo apresenta, em relação ao do direito autoral, as limitações consequentes, ficando, portanto, a criação desse nível sempre adstrita à original, no respeito à sua textura e à sua integridade, e aos contornos balizados dos negócios jurídicos com que a obra primígena se coloca em cena, no ar, ou em suporte material, conforme o caso.

Nesse sentido, nas leis do setor se inserem normas para assegurar esse respeito, como em nosso país. De outro lado, a lei autoral particulariza a necessidade dessa conduta, em certas situações, como para os artigos em atuação nos palcos (que não podem modificar o texto, suprimir ou acrescentar palavras ou frases, ou cenas, sem autorização, por escrito, do autor).

Outrossim, existem, na legislação própria, normas especiais sobre partilha de direitos, entre as diferentes categorias de titulares (cantores, arranjadores, regentes, produtores de fonograma).

No que tange à sua duração, estabelece a lei autoral que é de 70 anos o prazo de proteção, contado de 1.º de janeiro do ano subsequente à fixação, para os fonogramas; à transmissão, para as emissões das empresas de radiodifusão; e à realização do espetáculo, para os demais casos (art. 96).

165. Direitos reconhecidos aos titulares e sua realização

No mais, em termos legislativos, os direitos conexos situam-se em plano equivalente aos de autor, gozando, pois, das prerrogativas correspondentes.

Assim, os titulares de direitos conexos desfrutam tanto de direitos morais como patrimoniais, incluindo-se, dentre os de caráter descritos na lei, faculdades positivas e negativas: a) a menção do nome, em qualquer interpretação ou execução; b) o impedimento a gravações, reproduções ou transmissões ao produtor de fonogramas; c) a realização de fixações na radiodifusão (*art. 91*); d) a autorização de emissões e a comunicação pela televisão (*art. 95*); e) a autorização de reproduções na radiodifusão, a par de outras de ordem geral, como o direito à integridade da interpretação; o direito de reivindicá-la; o de modificá-la, salvo restrições legais, e outros.

A realização perfaz-se por via institucional, nas áreas musical e teatral, e contratual, nas demais, a exemplo dos direitos de autor e consoante as observações feitas à ocasião própria.

O estatuto obrigacional segue as diretrizes apontadas para os direitos autorais e, em matéria contratual, respeitadas também as orientações definidas, as figuras mais comuns são: os contratos de produção (cinematográfica, televisiva), de cessão, de edição (especialmente de música em fonograma ou em videofonograma), representação (teatral) e execução (musical), todos subordinados aos regimes já expostos.

166. A posição dos organismos de radiodifusão e dos produtores de fonogramas

Das entidades contempladas com direitos, por via de conexão em matéria autoral, estão os organismos de radiodifusão (de rádio e de televisão ou de meios análogos, ou seja, empresas que transmitem, sem fio, programas ao público, *art.*

5.º, *inciso XII*) e os produtores de fonogramas (pessoas físicas ou jurídicas que produzem fonogramas: disco ou fita ou equivalentes – *art. 5.º, inciso IX*).

São titulares de direitos conexos, pois, sobre o programa (novela, *show*, variedades, espetáculos circenses), ou o produto final (disco ou fita gravados), conforme o caso, considerados esses elementos em si, ou seja, como conjunto criativo (dentro da noção, já vista, de obra coletiva), e sem prejuízo de direitos existentes sobre partes autônomas.

A proteção é conferida, pois, às irradiações, às sonorizações, às emissões, às fixações de imagens e de sons, às transmissões e às retransmissões (*arts. 93 a 95*).

Anote-se, a propósito, que, em outra lei especial – que regulamentou a situação dos radialistas (autores de textos, narradores, declamadores, dubladores e outros, *Lei 6.615, de 16.12.1978*, expressamente mantida em vigor pela *Lei 9.610, de 19.02.1998*) –, se encontra mais ampla conceituação dessas empresas, divididas em radiodifusão sonora (rádio), em sons e em imagens (televisão) (art. 3.º) e com a enumeração de inumeráveis modalidades equiparadas (parágrafo único, como a de exploração de música ambiental, a de circuito fechado, a de produção de programas para os veículos: rádio e televisão). Nessa lei houve a inserção noticiada dos radialistas no circuito autoral, quando, atuando na produção, venham a criar obras de engenho próprias da atividade (art. 4.º, § 2.º), tendo sido integrada a seu contexto norma protetiva da categoria, quanto a direitos autorais e conexos, idêntica à da lei dos artistas, ou seja, com a proibição de cessão, ou de promessa (art. 17, para que a remuneração seja devida em cada exibição da obra, parágrafo único) (aliás, essa lei foi moldada, integralmente, na dos artistas, que a seguir versaremos).

Diga-se, ademais, quanto aos direitos e aos deveres dos produtores de fonogramas e obras audiovisuais, que a legislação autoral procurou, o máximo possível, cercar de cuidados a circulação das obras criadas e produzidas nesse âmbito. Mostra disso é a previsão do art. 113 da Lei 9.610/1998, no qual se lê: "Os fonogramas, os livros e as obras audiovisuais sujeitar-se-ão a selos de identificação sob a responsabilidade do produtor, distribuidor ou importador, sem ônus para o consumidor, com o fim de atestar o cumprimento das normas legais vigentes, conforme dispuser o regulamento". Dando cumprimento a esta norma, adveio o Decreto 2.894, de 22.12.1998, que regula a emissão e fornecimento de selo de identificação de fonogramas e obras audiovisuais previstos no art. 113 da Lei 9.610/1998. No que se refere a fonogramas, a matéria é atualmente regulamentada pelo Decreto 9.574/2018, que revogou o Decreto 4.533/2002. Aqui, têm-se em vista a proteção do consumidor e a própria garantia de autenticidade das obras que circulam no setor, no combate à pirataria que avassala o mercado na atualidade.

167. A posição dos artistas

A posição dos artistas é singular no contexto dos direitos conexos, perante o regime instituído na lei própria mencionada, editada para proteger esses intelectuais em suas relações com as grandes empresas que atuam no setor (Lei 6.533, de 24.05.1978).

De sua textura, destaca-se a norma que veda a cessão e a promessa de cessão de direitos autorais e conexos decorrentes da prestação de serviços profissionais (*art. 13*), os quais são devidos em função de cada exibição da obra (*parágrafo único*).

Além disso, dispõe a lei que, nas mensagens publicitárias, feitas para cinema, televisão ou para divulgação por outros veículos, deverão constar, necessariamente, do contrato: "I – o nome do produtor, do anunciante e, se houver, da agência de publicidade para quem a mensagem é produzida; II – o tempo de exploração comercial da mensagem; III – o produto a ser promovido; IV – os veículos através dos quais a mensagem será exibida; V – as praças onde a mensagem será veiculada; e VI – o tempo de duração da mensagem e suas características" (art. 14).

Com isso, inúmeras discussões travaram-se quanto ao alcance das normas em questão, nos níveis administrativo e judicial, tendo afinal a jurisprudência concluído, em caso submetido à sua apreciação, que, pelo contrato de prestação de serviços firmado com o ator, adquire a empresa o direito de usá-la, na modalidade própria contratada, ou seja, que, nessa hipótese, fica compreendida na avença, em face da natureza da atividade, a primeira exibição da obra (aliás, finalidade precípua da contratação). As demais utilizações permanecem, no entanto, sob a reserva autoral, sujeitando-se ao pagamento dos direitos conexos, como efeito da encomenda, exatamente nos termos em que assentamos em nosso livro específico citado (daí por que, como propusemos à ocasião, reside a solução para o uso normal da interpretação artística na celebração de contrato de encomenda, com cláusula própria para as utilizações ulteriores à primeira exibição da obra).

Na regulamentação da lei, impôs-se a vinculação da liberação do espetáculo à aprovação do ajuste firmado pelo ator com a empresa, quanto ao valor e à forma de pagamento dos direitos conexos (*Decreto 82.385/1978, art. 35*), prevendo-se contrato direto (§ 1.º), ou por meio da associação de titulares da categoria (§ 2.º). Instituiu-se, ainda, o visto dos sindicatos para os contratos de trabalho celebrados pelos atores, integrando-os ao sistema (art. 20), com recurso, na negativa, ao Ministério do Trabalho,1 em 30 dias da ciência (art. 30).

Esse regime aplica-se à participação de artistas em programas, espetáculos, produções e em mensagens publicitárias (*Lei 6.533, de 1978, art. 3.º*), observan-

---

[1] O Ministério do Trabalho foi reintegrado às suas funções por meio da Lei 14.261/2021.

182 | DIREITO DE AUTOR – *Carlos Alberto Bittar*

do-se, quanto ao mais, as regras do sistema autoral e as peculiares aos direitos conexos.

Anote-se, ainda, quanto ao direito de participação dos artistas em obras coletivas, que se acha ora garantido constitucionalmente (art. 5.º, inciso XXVIII).

168. O direito de arena

Inovação da antiga Lei Autoral 5.988/1973, diante da projeção que o futebol encontra em nosso meio, esporte e espetáculo de grande apelo popular e midiático, é o direito de arena, previsto dentre os direitos conexos aos de autor, como incidente sobre gravações, transmissões e retransmissões de espetáculos desportivos (em televisão, cinema e outros veículos, arts. 100 e 101).

Estabelecia a lei que à entidade a que estivesse vinculado o atleta pertencia o direito de autorizar, ou proibir, a fixação, transmissão ou retransmissão, por quaisquer meios ou processos, de espetáculos desportivos, com entrada paga (art. 100). Dispunha, ainda, que, salvo convenção em contrário, 20% (vinte por cento) do preço da autorização seriam distribuídos, em partes iguais, para os atletas participantes do espetáculo (parágrafo único).

O direito de arena, como direito conexo ao do autor, foi suprimido da legislação autoral (Lei 9.610/1998), que revogou a Lei 5.988/1973, em face da não exibição de capítulo específico, no Título V, que trata dos direitos conexos, a este respeito. Entendeu o legislador ser impróprio o tratamento da questão no bojo da legislação autoral, por isso sua regulamentação, atualmente, é dada pela legislação desportiva.

O Capítulo V da Lei 9.615, de 24.03.1998 (*"Lei Pelé"*), que institui normas gerais sobre desporto e institui medidas para o setor, em seu art. 42 prevê o seguinte: "Pertence às entidades de prática desportiva o direito de arena, consistente na prerrogativa exclusiva de negociar, autorizar ou proibir a captação, a fixação, a emissão, a transmissão, a retransmissão ou a reprodução de imagens, por qualquer meio ou processo, de espetáculo desportivo de que participem". Trata-se do direito de arena, anteriormente previsto no § 1.º do art. 100 da revogada Lei 5.988/1973, porque considerado direito autoral. Ocorre que a Lei de Direitos Autorais (Lei 9.610/1998), por não prever disciplina alguma para o citado direito, revogando integralmente a antiga legislação específica, expurgou de sua estrutura, e de sua abrangência, importante setor negocial, ou seja, o setor do desporto. No entanto, este expurgo, nada acidental, revela o interesse legislativo de tratar do direito à imagem coletiva na prática desportiva de forma alheia à legislação autoral.

E, de fato, é isto o que ocorre, uma vez que o direito de arena não foi relegado no conjunto do ordenamento jurídico nacional, mas, sim, devidamente inserido no estatuto que protege o praticante profissional de desportos ("Lei Pelé"), garantindo-

-lhe, inclusive, participação nos proventos auferidos pela entidade desportiva na autorização para filmagem e transmissão de eventos desta natureza, como prevê o § 1.º do art. 42: "Salvo convenção coletiva de trabalho em contrário, 5% (cinco por cento) da receita proveniente da exploração de direitos desportivos audiovisuais serão repassados aos sindicatos de atletas profissionais, e estes distribuirão, em partes iguais, aos atletas profissionais participantes do espetáculo, como parcela de natureza civil".

Desta forma, antes de se considerar que o direito de arena se encontra ao desamparo no sistema jurídico nacional (especialmente, as alterações traçadas pela Lei 12.395/2011), deve-se levar em conta que sua disciplina jurídica passou a ser reputada questão de interesse desportivo, o que avoca a necessidade de previsão na legislação específica, e não na de interesse autoral.

XV
CASOS POLÊMICOS E ATUAIS

169. O caso das biografias não autorizadas

A polêmica que se acendeu no país, por ocasião do debate sobre as "biografias não autorizadas", expõe que o direito de autor possui interfaces complexas e desafiadoras, seja do ponto de vista teórico, seja do ponto de vista prático. Releva afirmar que os valores e bens envolvidos no debate são de diversas dimensões, tais como censura, memória, informação, liberdade, expressão, pesquisa, imagem, imprensa, autoria, interesses sociais, entre outros.

A princípio, seguindo o disposto na legislação em vigor, o biografado teria o direito de proibir a publicação de uma biografia, sendo prática corrente a "autorização prévia", para evitar a publicação de obra que contivesse, de alguma forma, impedimentos à sua divulgação. Porém, esse impedimento legal foi colocado em questionamento, seja do ponto de vista do debate, do ponto de vista da legislação ou do ponto de vista da doutrina especializada.[1]

Por isso, as biografias, "autorizadas" e "não autorizadas", são alvo de grande interesse e de grande apelo público, bem como fonte de ainda maior projeção de certas obras. Do ponto de vista legal, no país, a discussão sobre biografias autorizadas e não autorizadas nasce daí, considerando o teor do art. 20 do Código Civil, no qual se pode ler: "Salvo se autorizadas, ou se necessárias à administração da justiça ou à manutenção da ordem pública, a divulgação de escritos, a transmissão da palavra, ou a publicação, a exposição ou a utilização da imagem de uma pessoa poderão ser proibidas, a seu requerimento e sem prejuízo da indenização que couber, se lhe atingirem a honra, a boa fama ou a respeitabilidade, ou se se destinarem a fins comerciais". Em seguida, se pode ler no *parágrafo único* do mesmo artigo, o que

---

[1] "A exigência de autorização do biografado ou, caso de este ser pessoa falecida, dos respectivos familiares, ou titulares legítimos do seu patrimônio moral, configura uma clara violação da liberdade de expressão e de informação, incompatível com a especial sensibilidade jurídico-institucional dos princípios da liberdade e da democracia" (Canotilho; Machado; Gaio Júnior, *Biografia não autorizada* versus *liberdade de expressão*, 2014, p. 96).

segue: "Em se tratando de morto ou de ausente, são partes legítimas para requerer essa proteção o cônjuge, os ascendentes ou os descendentes".

Com posições muito divergentes, artistas, literatos, escritores, jornalistas, entidades de classe, associações, juristas e políticos manifestaram-se de modos muito diferentes e diversos, fazendo eclodir no debate público brasileiro a necessidade de discussão da inconstitucionalidade do referido art. 20, ao lado do art. 21 ("A vida privada da pessoa natural é inviolável, e o juiz, a requerimento do interessado, adotará as providências necessárias para impedir ou fazer cessar ato contrário a esta norma"), o que motivou a Ação Direta de Inconstitucionalidade (ADI 4.815/2013), junto ao STF.

A liberalização do campo das publicações biográficas é polêmica, na medida em que desprotege especialmente personalidades públicas, profissionais de projeção, esportistas famosos, celebridades, figuras sociais de projeção, artistas de ampla reputação. Nessa toada, é que também nasce o Projeto de Lei 393/2011, dispondo-se a alterar o art. 20 do Código Civil, com a finalidade de introduzir o § 2.º, visando garantir a liberdade de expressão, informação e acesso à cultura. Neste sentido, o PL mantém a redação do *caput*, mas, ao introduzir o § 2.º, equilibra e compensa a redação atual do Código Civil, para afirmar que: "A mera ausência de autorização não impede a divulgação de imagens, escritos e informações com finalidade biográfica de pessoa cuja trajetória pessoal, artística ou profissional tenha dimensão pública ou esteja inserida em acontecimentos de interesse da coletividade".

O que se percebe, a partir do PL, é que a divulgação vem franqueada pela reforma da Lei Civil, especialmente considerada a situação de "personalidades públicas". As esferas de preservação da privacidade se reduzem, na medida da importância (artística, política, social, cultural, científica, profissional, esportiva, pública) da pessoa, mas não pode alcançar a sufocante dimensão de sua anulação completa,[2] diante da espetacularização da vida privada, da intensa invasividade dos meios modernos de comunicação e da curiosidade exacerbada do olhar da opinião pública sobre tudo.

De fato, o poder da palavra (ou da imagem) é incontestavelmente amplo, no sentido de construir reputações ou destruí-las, a partir de justas ou injustas (exceção da verdade) afirmações e narrativas. Por isso, o terreno é tão complexo, na medida em que uma obra biográfica pode conter inverdades factuais, distorções narrativas, abusivas interpretações de dados e fatos, pesquisa precária, urgência na apresentação da biografia com baixo cuidado editorial, má-fé, interpretação falseada ou equivocada, descontextualização de imagens ou palavras, sede de

---

[2] "Isto, sem esquecer que, mesmo aí, existem esferas de privacidade reservadas" (Canotilho; Machado; Gaio Júnior, *Biografia não autorizada* versus *liberdade de expressão*, 2014, p. 68).

fama ou de lucro, uso político da biografia, intenção persecutória, entre outras hipóteses.[3]

O entendimento que veio se firmando no debate público nesta matéria aponta no sentido de que injúria, calúnia, difamação, intenção deliberada de trazer prejuízos a uma personalidade pública, revelação de dados e informações obtidas por meios ilícitos e invasão de privacidade tornam-se distorções do processo, e, por isso, exceções, para as quais cabem medidas judiciais, tais como a "retirada" de trecho específico da obra ou a responsabilidade civil por meio de ação judicial de indenização por danos materiais e morais, causados pelo autor de uma obra biográfica que viola os direitos da personalidade do(s) biografado(s). Por esse entendimento, a liberdade de expressão deve ser compatibilizada com as demais dimensões da pessoa, estas, protegidas pelos direitos da personalidade (físicos, morais e psíquicos).[4] Assim, fica claro, diante da polêmica, que a liberdade de expressão não é absoluta, pois encontra limites em outros direitos, cujas fronteiras devem ser respeitadas, especialmente considerando a interface entre o direito de autor de publicar e os direitos da personalidade, que contornam a pessoa em sua dignidade humana (art. 1.º, inc. III, da Constituição Federal de 1988).

O debate é privado e público, envolve interesses financeiros e morais, além de ser, ao mesmo tempo, de direito civil e de direito constitucional, ou ainda, de direito civil-constitucional, sabendo-se que a situação aponta, em primeiro lugar, para a não resolução no âmbito hipotético e abstrato, em função do fato de envolver colisão de direitos fundamentais;[5] em segundo lugar, fica claro que a exigência de autorização prévia fere o direito de liberdade, mas não exclui, em casos de judicialização, a possibilidade de medidas preventivas e assecuratórias de direitos, especialmente se considerados "danos irreversíveis" ou de "difícil reparação", quando a tutela antecipada pode exigir da atuação judiciária posturas

---

[3] "O mesmo se diga de alguém que quisesse invocar a liberdade de expressão para publicar uma biografia não autorizada de uma figura pública com base num diário que lhe houvesse furtado. Valem aqui os princípios geralmente aplicáveis à utilização de informações obtidas de forma ilegal" (Canotilho; Machado; Gaio Júnior, *Biografia não autorizada* versus *liberdade de expressão*, 2014, p. 37).

[4] "Um nível satisfatório de proteção dos direitos de personalidade pode inclusivamente encorajar uma maior participação na esfera pública, ao abrigo da liberdade de expressão, na medida em que confere aos indivíduos uma maior confiança na proteção da sua individualidade contra adulterações em vida ou depois da morte" (Canotilho; Machado; Gaio Júnior, *Biografia não autorizada* versus *liberdade de expressão*, 2014, p. 34).

[5] "A Constituição não resolveu, em abstracto, os inúmeros conflitos que podem surgir quando se confrontam as liberdades comunicativas com proteção da vida privada, a honra, a boa fama e a respeitabilidade" (Canotilho; Machado; Gaio Júnior, *Biografia não autorizada* versus *liberdade de expressão*, 2014, p. 21).

188 | DIREITO DE AUTOR – *Carlos Alberto Bittar*

preventivas;[6] em terceiro lugar, para a solicitação da atuação judiciária, por meio da ponderação, na avaliação dos elementos específicos que estejam presentes no caso concreto. Essa compreensão se traduz, na prática operatória do direito, por parte do juiz, de sopesar os bens em conflito,[7] na situação do caso concreto, para aferir, valorar, avaliar e ponderar, qual o maior prejuízo, qual o maior benefício, quais os valores em discussão, qual a situação das partes, conduzindo situações específicas a soluções encontradas caso a caso.[8]

---

[6] Nesse caso, atenta-se para o que dispõe o art. 19, § 4º, da Lei 12.965/2014: "O juiz, inclusive no procedimento previsto no § 3º, poderá antecipar, total ou parcialmente, os efeitos da tutela pretendida no pedido inicial, existindo prova inequívoca do fato e considerado o interesse da coletividade na disponibilização do conteúdo na internet, desde que presentes os requisitos de verossimilhança da alegação do autor e de fundado receio de dano irreparável ou de difícil reparação".

[7] Veja-se a opinião de Edson Fachin a este respeito: "Por todo o exposto, pode-se dizer sem hesitação que a exigibilidade de autorização prévia para a publicação de biografias é desproporcional e desarrazoada, configura verdadeira censura, e pior, censura determinada pelos entes privados, que buscam, a rigor, interesses próprios" (A liberdade e a intimidade: uma breve análise das biografias não autorizadas, p. 393).

[8] A posição sustentada por Silmara Juny de Abreu Chinellato, no dia 21.11.2013, a respeito da matéria, é de extrema relevância de ser ressaltada:
"17. Com tais considerações acerca da relevância da responsabilidade civil, no nosso modo de ver:
17.1. Não cabe a definição apriorística de dano não indenizável ao se interpretar a colisão entre liberdade de expressão e direitos da personalidade, à luz da Constituição e dos arts. 20 e 21 do CC.
Queremos enfatizar que
17.2. Não há relação de causa e efeito entre autorização para biografia e isenção de responsabilidade civil, bem como entre falta de autorização para biografia e existência de dano fundado em responsabilidade civil. Não há essa relação de causa e efeito.
17.3. Não pode a lei nem interpretação jurisprudencial consignar expressa ou implicitamente a inexistência de responsabilidade civil considerando a natureza da obra, como no caso das biografias.
17.4. Salvo na hipótese de concordância expressa do biografado ou retratado, à vista do inteiro teor da obra, a responsabilidade civil existirá sempre, em tese, com ou sem consentimento do biografado, por força dos arts. 186 e 187 do Código Civil que acolheu a responsabilidade civil subjetiva, fundada na culpa.
17.5. Quando se cuida de pessoas notórias cuja trajetória pessoal, artística ou profissional tenha dimensão pública ou estejam inseridas em acontecimentos de interesse da coletividade, da História, a interpretação dos arts. 20 e 21 do Código Civil à luz da Constituição da República, sopesados com a liberdade de expressão, dispensa a autorização prévia para biografias e obras similares, mas não afasta a responsabilidade civil, se houver dano patrimonial e/ou moral. Enfatiza-se, assim, a relevância do caso concreto e da apreciação pelo Poder Judiciário" (Chinellato, Silmara Juny de Abreu. ADIN 4815. *Migalhas*. p. 4. Disponível em: <http://www.migalhas.com.br>. Acesso em: 04.12.2014).

170. O caso do direito de autor na internet

Apesar da intensa sensação, na sociedade contemporânea, de liberdade irrestrita de tráfego de informações, de caos informacional, de anarquia no controle do uso de direitos, de expansão irrestrita das fronteiras digitais e da liberalização do uso de textos, nem os direitos morais do autor, nem os direitos patrimoniais do autor são revogados pelas novas dinâmicas da economia digital. Portanto, a Internet não revogou os direitos autorais. No entanto, há uma transformação da cultura, da forma como se lida com esses direitos, sem dúvida mais complexa, e um efetivo problema de controle do uso da informação e de proteção efetiva às criações autorais.[9]

São inúmeras as situações que geram dúvidas na aplicação do Direito de Autor, entre elas: a pirataria de conteúdos comercializados por Editoras; a disponibilização de obras de autoria sem o consentimento do(a)s Autor(a)es; a exposição de fotografias nas redes sociais; a manipulação de dados, imagens e conteúdos, violando-se direitos de imagem e direitos de autoria, simultaneamente; a divulgação de textos em *blogs;* a construção de plataformas virtuais que concedem espaço para a fixação e exposição de conteúdos de autoria massiva; a exposição de imagens retiradas de museus, sem a autorização da entidade que custodia a obra artística famosa. Todas essas situações vêm gerando, com o impacto das novas tecnologias, desafios e situações casuísticas que demandam e demandarão modificações e adaptações na legislação autoral, a despeito de grande número de questões ainda conseguirem encontrar tratamento suficiente, quando considerado o papel coadjuvante da Lei de Direito de Autor, ao lado do Marco Civil da Internet e do Código Civil de 2002 e, eventualmente, o cabimento do Crime de Violação de Direito de Autor (Código Penal), combinada com a Lei de Crimes Eletrônicos (2012).

Igualmente, a jurisprudência vem demarcando um campo de trabalho muito importante, na confirmação da proteção ao Direito de Autor, em várias de suas dimensões, podendo-se mencionar decisões judiciais que protegem a autoria e a criação, em tempos de imensas transformações digitais. Neste sentido, há casos ilustrativos, representativos e importantes, no interior destas complexas fronteiras (entre direitos), no enorme universo das práticas digitais. Aqui, pode-se mencionar a Apelação Cível junto ao Tribunal de Justiça do Estado de São Paulo (nº 1014183-81.2016.8.26.0071), da 6.ª Câmara de Direito Privado (Rel. Des. Ana Maria Baldy), publicada em 24.11.2027, cujo conteúdo envolve ação de obrigação de fazer (retirar

---

9 "Como combustível a todo esse fomento tecnológico, o ambiente digital propicia a propagação da reprodução e execução em massa, impossibilitando, ou ao menos dificultando, um controle efetivo da circulação de conteúdo, criando, assim, uma crise do sistema de proteção aos direitos autorais tal como o conhecemos" (Di Blasi, O direito de remuneração em decorrência do uso de direitos autorais, 2015, p. 333).

conteúdo da internet) cumulada com pedido de indenização por danos materiais (pagamento devido ao autor por danos decorrentes da divulgação de obra editada e publicada).[10] Também, pode-se mencionar o Recurso Especial junto ao Superior Tribunal de Justiça – STJ (nº 1.512.647/MG (2013/0162883-2), da 4.ª Turma (Rel. Min. Luis Felipe Salomão), no qual, sendo discutida matéria concernente à responsabilidade civil do provedor de serviços de internet (rede social Orkut), não foi reconhecida postura favorável à ilegalidade da violação de direitos autorais, não se reconhecendo como óbvio e direto o vínculo de responsabilização, no caso concreto.[11] Ainda, pode-se mencionar a Apelação Cível julgada pelo Tribunal de Justiça de Santa Catarina (nº 0000447-46.2016.8.24.0175, 4013653-02.2016.8.24.0000 e), pela 3.ª Câmara de Direito Civil (Rel. Des. Saul Steil), em que se discute o uso de "paródia" de obra no YouTube, dando-se pleno provimento e proteção à liberdade de expressão, não se encontrando (no caso) conteúdo depreciativo de obra alheia.[12]

De fato, entretanto, quando se têm presentes os desafios da Revolução Digital, do imenso fluxo digital, da velocidade das trocas de dados (inclusive, de dados pessoais), de perda de fronteiras de registro (dados constantes de provedores internacionais, que evocam situações que mobilizam até mesmo o Direito Internacional) e controle,[13] se percebe o quanto o *mundo digital* impõe novos desafios à gestão, ao controle e ao combate das formas pelas quais a violação de direitos pode se dar, nessa matéria. Um dos desafios passa a ser a *compatibilização* do Direito de Autor com as *novas tecnologias,* inclusive com o uso dos diversos recursos já disponíveis no ordenamento jurídico, que refletem a emergência do *Direito Digital.*[14]

Assim, mais e mais a interconexão desses dois campos de estudos haverá de promover a possibilidade de medidas efetivas e combate, especialmente, contando

---

[10] O inteiro teor da decisão se encontra disponibilizado no site do Observatório do Marco Civil da Internet (OMCI). Disponível em: http://www.omci.org.br/jurisprudencia/219/remocao-de-conteudo-e-direitos-autorais/. Acesso em 17.03.2022.

[11] O inteiro teor da decisão se encontra disponibilizado no site do Observatório do Marco Civil da Internet (OMCI). Disponível em: http://www.omci.org.br/jurisprudencia/128/violacao-autoral-em-redes-sociais/. Acesso em 17.03.2022.

[12] O inteiro teor da decisão se encontra disponibilizado no site do Observatório do Marco Civil da Internet (OMCI). http://www.omci.org.br/jurisprudencia/243/direitos-autorais--e-liberdade-de-expressao/. Acesso em 17.03.2022.

[13] "Uma geração inteira se acostumou com o fato de a música não ser um produto que se compra e sim que se baixa. Isto é fazer *download* grátis" (Portugal, A polêmica do *download* de músicas. In: SCHAAL, Flávia Mansur Murad (org.). *Propriedade intelectual, internet e o marco civil.* 2016, p. 72).

[14] A este respeito, *vide* Pinheiro, O Direito Digital como paradigma de uma nova era. In: WOLKMER, Antonio Carlos; LEITE, José Rubens Morato (orgs.). *Os novos direitos no Brasil*: natureza e perspectivas – uma visão básica das novas conflituosidades jurídicas. 3. ed., 2016, p. 401-433.

com a participação e colaboração dos provedores de serviços de *internet*, que têm papel decisivo e colaborativo na detecção de conteúdos que violam direitos, a partir de solicitações formuladas pelos requerentes. Um dos desafios na luta pela preservação dos direitos autorais se encontra na banalização da violação desses direitos, até mesmo ocorrida sob o manto da invocação do princípio da insignificância, sobre o qual a jurisprudência vem mantendo entendimento muito claro.[15] Mas, ainda, o outro desafio é, propriamente, a *compatibilização* do Direito de Autor com a dimensão da *preservação da memória digital*, do *patrimônio cultural digital*,[16] com a *acessibilidade cultural e ampla difusão do Direito à cultura*,[17] tarefas que devem ser prioritariamente conduzidas pelo Estado, mas em colaboração com a sociedade civil e com o mercado.

A recente edição do Marco Civil da Internet no país (Lei 12.965/2014), não somente vem dar uma resposta à anomia na área, como demarca uma das primeiras experiências mundiais de regulamentação democrática e de definição dos contornos dos deslimites no mundo virtual, consagrando direitos explicitamente vinculados à dinâmica da Internet. A normativa faz menção, em seu art. 2.º, ao conjunto dos direitos humanos ("A disciplina do uso da Internet no Brasil tem como fundamento o respeito à liberdade de expressão, bem como: (...) II – os direitos humanos, o desenvolvimento da personalidade e o exercício da cidadania em meios digitais"), devendo-se ressaltar a importância que os direitos autorais têm no conjunto dos direitos fundamentais da pessoa humana.

---

[15] STJ (5ª Turma), Agravo Regimental no Agravo de Recurso Especial 1.190.112-SP, afastando-se o princípio da insignificância com a violação de direitos autorais, no caso, a reprodução de CDs e DVDs em grande quantidade.

[16] A existência de plataformas digitais para a divulgação de conteúdos não significa uma derrocada do Direito de Autor, em favor da cultura digital, pois o Autor não somente preserva seu liame moral com a sua criação, mas também se vê lesionado no fato de ser violado o seu direito de controlar os destinos da obra, inclusive quando a violação parte de instituição de ensino que disponibiliza obra de docente, sem o seu expresso, livre e válido consentimento para esta finalidade, a exemplo do que se apurou no julgado do STJ REsp 1.201.340-DF, Rel. Min. Maria Isabel Gallotti, j. 3.11.2011 (consultado no site do STJ, Acesso em 14.01.2019).

[17] "Assim, pensar uma nova tutela jurídica para bens intelectuais implica, necessariamente, repensar elementos como: (i) O direito fundamental à cultura, e a importância da proteção da diversidade cultural para o desenvolvimento da sociedade; (ii) Os valores éticos inerentes à diversidade cultural para o desenvolvimento da sociedade; (iii) A tutela jurídica tradicional aplicada pelo direito internacional aos bens intelectuais dissociada da percepção de bens culturais; e (iv) A urgência de uma nova reflexão sobre a tutela jurídica dada pelo direito autoral brasileiro diante dos bens culturais dessa nova sociedade informacional" (Wachowicz, O Novo Direito Autoral na Sociedade Informacional. In: WOLKMER, Antonio Carlos; LEITE, José Rubens Morato (orgs.). *Os novos direitos no Brasil*: natureza e perspectivas – uma visão básica das novas conflituosidades jurídicas. 3. ed., 2016, p. 395).

Ainda de forma mais específica, como não poderia o Marco Civil da Internet tratar de forma especializada e exaustiva a matéria dos direitos autorais, o art. 19 dispõe: "Com o intuito de assegurar a liberdade de expressão e impedir a censura, o provedor de aplicações de Internet somente poderá ser responsabilizado civilmente por danos decorrentes de conteúdo gerado por terceiros se, após ordem judicial específica, não tomar as providências para, no âmbito e nos limites técnicos do seu serviço e dentro do prazo assinalado, tornar indisponível o conteúdo apontado como infringente, ressalvadas as disposições legais em contrário". Quer-se destacar, em especial, o disposto no § 2.º do art. 19, em que se pode ler: "A aplicação do disposto neste artigo para infrações a **direitos de autor** ou a **direitos conexos** depende de previsão legal específica, que deverá respeitar a liberdade de expressão e demais garantias previstas no art. 5.º da Constituição Federal" (grifos nossos).

Aqui, no entanto, deve-se anotar que as soluções mais rápidas e efetivas para a proteção de direitos autorais violados (ou, ameaçados de violação) têm sido tomadas no plano administrativo e no plano judicial. Nesse ponto, o Marco Civil da Internet trouxe grande avanço, especialmente ao delimitar de forma objetiva que o provedor de conexão à internet não será responsabilizado civilmente por danos gerados por atos e/ou postagens de terceiros que agem como geradores de conteúdo (art. 18). Ao delimitar que o provedor não é responsável, no entanto, fez a matéria avançar, para que os usuários não se escondam atrás da opacidade gerada pelas redes sociais. Isso permitiu, por outra via, no plano administrativo, caminhar no sentido de estabelecer uma tarefa importante aos provedores, a saber, a de colaborar com a redução das violações e, com isso, operar o *desligamento* de *sites* e *páginas* com conteúdo ofensivo a direitos autorais e a direitos da personalidade. Igualmente, as Associações representativas do setor têm tido papel de mobilizar o encaminhamento de demandas, da parte de detentores de direitos violados aos provedores, para providências administrativas. No plano judicial, entra a invocação regular das situações de violação de direitos, afastada a possibilidade da culpabilização absoluta dos provedores de serviços de conexão e de plataformas de internet (a exemplo do à época existente *Orkut*, administrado pela *Google*), quando os danos a Direito de Autor foram provocados por usuários, como vem reconhecendo a jurisprudência do STJ (1.512.647-MG, Rel. Min. Luiz Felipe Salomão, j. 13.05.2015),[18] e a judicialização se torna o meio necessário para possibilitar uma avaliação, cautelar e liminar (§ 4º do art. 19), do potencial ofensivo do conteúdo digital, avaliado com presteza considerada a velocidade e a circulação de dados na *internet* em tempos altamente velozes, e, também, em caso de não atendimento da solicitação judicial, o provedor se torna corresponsável ao lado do gerador de conteúdo (*caput* do art. 19).

---

[18] STJ. Disponível em: https://ww2.stj.jus.br/jurisprudência. Acesso em: 16.01.2019.

Pelo que se verifica, portanto, o próprio *Marco Civil da Internet* se reporta à tarefa a ser exercida pela Legislação Específica – no caso, a atualmente vigente Lei 9.610/1998, com as alterações introduzidas pela Lei 12.853/2013 – para o tratamento da matéria autoral. É certo que a jurisprudência ainda não está consolidada na matéria (STJ, REsp 1.406.448/RJ, 3ª Turma, j. 15.10.2013, *DJe* 21.10.2013), mas já existem decisões dos Tribunais sobre a importância da célere, imediata e da devida retirada de conteúdo ilícito por parte do provedor da *internet*,[19] quando apresentado requerimento administrativo, com base na Lei do Marco Civil da Internet (Lei n. 12.965/2014), sob pena de responsabilização. Não bastasse isso, as cláusulas da responsabilidade civil, constantes nos arts. 186, 187 e 927 do Código Civil, continuam a abastecer a prática da responsabilidade civil pelo dano causado, não se podendo olvidar o papel que o princípio geral do direito – "a ninguém lesar" – tem a desempenhar, de modo coadjuvante, nessa matéria.

171. O caso polêmico do art. 13 da Diretiva Europeia sobre Direitos Autorais

O *Conselho da União Europeia* aprovou, em 15 de abril de 2019, o texto da *Diretiva do Parlamento Europeu e do Conselho*, que é concernente aos direitos de autor no mercado único digital. De acordo com a justificativa do documento europeu, a diretiva está voltada para estabelecer "(...) normas que visam uma maior harmonização da legislação da União aplicável ao direito de autor e direitos conexos no mercado interno, tendo em conta, em especial, as utilizações digitais e transnacionais de conteúdos protegidos. Estabelece igualmente normas em matéria de exceções e limitações e de facilitação de licenças, bem como normas destinadas a garantir o bom funcionamento do mercado de exploração de obras e outro material protegido". A norma é um claro aceno à criação de novas disposições legais, por parte dos Estados-Membros (dentro de dois anos, após a sua edição), e um importante mecanismo de regulação da inovação tecnológica, servindo como paradigma regulatório para todo o mundo.

A *Diretiva* contou com 348 favoráveis e 278 votos contrários, e corresponde a uma forte resposta ao universo de franca digitalização do Bloco Europeu e de enormes transformações ocorridas no âmbito da economia digital, e busca a harmonização de entendimentos, legislação e cultura, entre os países membros. Ela contém importante inovação, no que tange à proteção dos Direitos de Autor, em ambiente virtual. Em particular, vem causando enorme impacto no debate,

---

[19] "A grande questão a ser, portanto, priorizada quando se trata de infração a direitos autorais na Internet é a celeridade" (CAPARELLI, ZINNI, O conteúdo ilícito na *internet* na prática. In: SCHAAL, Flávia Mansur Murad (org.). *Propriedade intelectual, internet e o marco civil.* 2016, p. 81).

194 | DIREITO DE AUTOR – *Carlos Alberto Bittar*

gerando polêmicas e a atitude de contestação de grandes empresas (*Facebook, Twitter, Youtube*), tendo-se em vista que a *Diretiva* – em seu Capítulo 2 (*Utilizações de conteúdos protegidos por serviços em linha*), art. 13 – exige a *"filtragem"* (*"upload filter"*) de conteúdos potencialmente danosos aos Direitos Autorais, antes mesmo que haja qualquer reclamação, antes que haja, sobretudo, a ampla divulgação de um determinado conteúdo. O inteiro teor do dispositivo do art. 13 dispõe que:

> Artigo 13. "1.Os prestadores de serviços da sociedade da informação que armazenam e facultam ao público acesso a grandes quantidades de obras ou outro material protegido carregados pelos seus utilizadores devem, em cooperação com os titulares de direitos, adotar medidas que assegurem o funcionamento dos acordos celebrados com os titulares de direitos relativos à utilização das suas obras ou outro material protegido ou que impeçam a colocação à disposição nos seus serviços de obras ou outro material protegido identificados pelos titulares de direitos através da cooperação com os prestadores de serviços. Essas medidas, tais como o uso de tecnologias efetivas de reconhecimento de conteúdos, devem ser adequadas e proporcionadas. Os prestadores de serviços devem facultar aos titulares de direitos informações adequadas sobre o funcionamento e a implantação das medidas, bem como, se for caso disso, sobre o reconhecimento e a utilização das obras e outro material protegido. 2. Os Estados-Membros devem assegurar que os prestadores de serviços a que se refere o n.º 1 estabelecem mecanismos de reclamação e recurso para os utilizadores, em caso de litígio sobre a aplicação das medidas previstas no n.º 1. 3. Os Estados-Membros devem favorecer, sempre que adequado, a cooperação entre os prestadores de serviços da sociedade da informação e os titulares de direitos através de diálogos entre as partes interessadas com vista a definir melhores práticas, tais como tecnologias adequadas e proporcionadas de reconhecimento de conteúdos, tendo em conta, entre outros, a natureza dos serviços, a disponibilidade das tecnologias e a sua eficácia à luz da evolução tecnológica".

Na prática, os serviços em linha (*on-line*) seriam dificultados na medida em que haveria uma transferência de responsabilidade, diante das violações em ambiente digital, do usuário ao provedor de serviços.[20] Isso implica a ampliação dos serviços

---

[20] "O polêmico artigo da Diretiva sobre Direito de Autor muda esse balanço ao estabelecer que são as plataformas mesmas que realizam um ato de comunicação ao público quando seus usuários sobem conteúdos protegidos por direitos autorais, e que elas devem empreender "melhores esforços" para licenciar todos os conteúdos com os detentores de direitos, e remover conteúdos protegidos mediante notificação. Já os serviços mais populares (que têm mais de 5 milhões de visitantes por mês) devem empregar seus "melhores esforços" em fazer com que esses conteúdos não possam ser novamente disponibilizados uma vez que tenham sido removidos, e serviços maiores (plataformas com mais de 3 anos de funcionamento e receitas maiores que 10 milhões de euros por ano) devem implementar os tais filtros de *upload*, para bloquear conteúdos não licenciados

digitais (de rastreamento), de prevenção em direitos (de setores especializados em direitos), de controle de conteúdo (envolvendo a tênue linha entre privacidade e liberdade de expressão), dificultando as tarefas das respectivas empresas que atuam no ramo do provimento de serviços digitais. Contudo, a implementação progressiva deste modelo pode ampliar a segurança, para obras protegidas, no ambiente virtual, especialmente se considerado o equilíbrio entre o uso da *inteligência artificial* combinada com a *inteligência humana,* na identificação e seleção de conteúdos que possuem potencial risco de violação a direitos autorais. Certamente, em futuro breve, este tipo de contribuição normativa terá recebido um tratamento tecnológico, econômico e jurídico, e poderá servir de importante precedente para a cultura do respeito aos Direitos Autorais, sem que a violação já ocorrida se torne (por si mesma) impossível de rastreamento e reparação.

172. O caso da Inteligência Artificial e da autoria robótica de obras artísticas, científicas e literárias

Quanto mais a tecnologia avança, novos desafios se impõem à área do Direito de Autor. E, provavelmente, a necessidade de atualização ou alteração ou adaptação da LDA reaparecerá. E, de fato, o surgimento da *Inteligência Artificial* (I.A.), ou ainda, na língua inglesa, a mais divulgada expressão *Artificial Intelligence* (A.I.), está entre estes fenômenos que vieram para apresentar desafios imensos à área. E isso porque as ferramentas de I.A. facultam o desenvolvimento de todo um aparato que veio para mudar as relações de trabalho – a digitalização e a plataformização das relações de trabalho –, a forma de lidar com o arquivamento e mobilização das informações (*Big Data*), e, também, para elaborar criações artísticas, científicas e literárias. É chegado o tempo em que a I.A. já é capaz de criar *obras de espírito,* com tanta precisão, criatividade e originalidade, como sequer se poderia imaginar há alguns anos, quando os principais marcos da área do Direito de Autor eram discutidos, forjados e normatizados.

Portanto, o Direito de Autor contemporâneo é colhido por este novo fenômeno de uma forma tal que se encontra desprovido de instrumentos claros, envolto em muitas dúvidas e chacoalhado por uma diversidade de opiniões contraditórias, até mesmo dentro da doutrina especializada. Há, portanto, iniciativas de estudos e pesquisas na área, mas, ainda há forte dissenso na doutrina, sobre as possíveis soluções. A legislação ainda é tímida, em todo o mundo, no estabelecimento de paradigmas, e tem variado em diversos países. A jurisprudência ainda inicia uma

---

no momento que o usuário quer subi-los" (Valente, A Diretiva sobre Direitos de Autor da União Europeia pode acabar com a internet?, Disponível em: https://internetlab. org.br/pt/conjuntura/a-diretiva-sobre-direitos-de-autor-da-uniao-europeia-pode-acabar--com-a-internet/. Acesso em 17.03.2022).

DIREITO DE AUTOR – *Carlos Alberto Bittar*

trajetória de julgamentos, e será defrontada com as dificuldades que daí decorrerão. E, nisto, é evidente que se deverá aguardar *inovatio legis,* ou ainda, soluções provenientes da interpretação dos casos que serão judicializados, a partir da formação de jurisprudência a respeito da matéria. Ainda assim, o tema da *tecnologia* já está incorporado à LDA (Lei 9.610/1998), que trata dos *programas de computador* como objetos de proteção autoral,[21] e, também, o tema da *tecnologia* é especificamente tratado pela *Lei de Software* (Lei 9.609/1998).

Mas, antes de se proceder à análise da situação concreta, é importante perceber alguns pontos relevantes, no tocante a este tipo de *inovação tecnológica.* Em primeiro lugar, é importante reconhecer que as máquinas se tornaram capazes de exercer tarefas de *sensibilidade.* Estas eram consideradas atividades do *espírito,* atributos exclusivos da *personalidade humana,* e, portanto, profundamente relacionadas com a capacidade espiritual de *criação humana,* algo que inspira a forma com a qual a legislação autoral costuma lidar com o tema. Em segundo lugar, é importante reconhecer que a I.A. faz parte de um conjunto maior de mudanças, que vieram operando profundas mudanças num capítulo central da *Teoria Geral do Direito,* o capítulo dos *Sujeitos de Direito*, chacoalhando a forma como tradicionalmente se cuidam dos temas concernentes aos titulares de direitos.[22] É nesse contexto de mudanças que nasce a categoria do *Sujeito Pós-Humano de Direito.*[23] E é a partir desta categoria que se torna possível articular e pensar o tratamento da matéria, reservando-se especial atenção ao caráter disruptivo da introdução das *tecnologias da criação.*

Um passo adiante para o futuro, e deveremos perceber que estaremos escutando e dançando *hits* musicais criados por potentes *softwares*. Estes se tornarão,

---

[21]   No art. 7.º da Lei 9.610/1998: "São obras intelectuais protegidas as criações do espírito, expressas por qualquer meio ou fixadas em qualquer suporte, tangível ou intangível, conhecido ou que se invente no futuro, tais como: (...) XII – os programas de computador; (...) § 1.º Os programas de computador são objeto de legislação específica, observadas as disposições desta Lei que lhes sejam aplicáveis".

[22]   "A noção de sujeito de direito é elástica e histórica, e se oferece a mudanças constantes. Diante da era digital, é normal imaginar que essa categoria volte a se reconfigurar, para abranger aí também o *homem-máquina*. É aqui que devem começar a aparecer os novos estatutos com os quais o Direito pode e deve começar a regular as novas fronteiras dos sujeitos pós-humanos de direito" (Bittar, *Introdução ao estudo do direito*: humanismo, democracia e justiça, 2019, p. 125).

[23]   "Ora, num contexto em que emerge o pós-humano, a robótica, a biotecnologia, a genética e a nanotecnologia serão investidas de um *poder técnico* de interferência crescente que *redefinirá as fronteiras do humano*. Portanto, este conceito, o *humano,* que não se encontra em estado de obsolescência, como querem algumas teorias, se tornará ainda mais amplo e problemático. A relação entre *animais, homens, meio ambiente e tecnologia* se darão de formas cada vez mais imbricadas, chegando-se à necessidade de regulação dos *limites da ciência e da tecnologia e da tutela jurídica dos entes cibernéticos*" (Bittar, *Introdução ao estudo do direito*: humanismo, democracia e justiça, 2019, p. 124).

até mesmo, famosos(as) e adorados(as) *stars*, reunindo milhares de seguidores e fãs, em todo o mundo. Então, se costumam fazer duas importantes perguntas.[24] De quem é a autoria da música, da tela, do texto jornalístico, do poema, do desenho? Daquele que cria a obra, ou seja, a autoria deve ser atribuída ao *robô* Watson, Ross, Sophia. Porém, a quem deve ser atribuída a titularidade do Direito de Autor? A titularidade deverá ser atribuída àquele que exerce os direitos autorais. No caso, à *pessoa jurídica* e/ou a *pessoa física* detentora do Watson, Ross, Sophia.

Isso significa que, uma possível solução para este cenário caminha no sentido de se reconhecer a extensão do conceito de Autor(a), no âmbito do Direito de Autor. Aqui, se passa a encampar o *Sujeito pós-Humano de Direitos.* Tradicionalmente, reconhece-se que a obra artística, científica e literária dotada de *originalidade* é fruto do vínculo moral estabelecido entre *autor-criador* e *obra-criada.* Proteger a relação de autoria é proteger a *personalidade humana,* capaz de criar com singularidade obras originais, e que são fruto dos investimentos em formação, cultura, estudo, pesquisa, dom, vocação, habilidades técnicas, dedicação, disciplina, empenho, destreza, tempo. A faceta moral do Direito de Autor (Direito Moral de Autor) se constrói, neste ponto, para proteger este vínculo.

Assim também ocorre, e se tornará recorrente, que obras originais sejam criadas por robôs. Mas, não se trata de equipar os robôs entre si, mas de verificar que cada *software,* uma vez que cada *algoritmo* tenha uma configuração específica, originada de uma *configuração de engenharia eletrônica* diferente, bem como alimentado com certos dados, informações e estímulos singulares, o que fará com que sejam capazes de desenvolver *conteúdos* diferentes.[25] Por isso, deve-se começar a reconhecer que assim como a *personalidade humana* é capaz de criações singulares, fruto do caráter único da pessoa humana, também os robôs de I.A. serão capazes de criar de forma *algorítmica,* com traçados únicos e distintos, podendo-se falar em *personalidade cibernética* de determinados programas de I.A. Nisso, Watson, Ross e Sophia serão diferentes, criando *objetos culturais* originais.

Considerando-se as atuais disposições da LDA, especificamente, no Capítulo II (*Da Autoria das Obras Intelectuais*), no art. 11, a disciplina a matéria reconhece

---

[24] "Nesse contexto, a criação de obras de artes por meio de I.A. é cada vez mais recorrente e gera uma instigante questão: a quem pertencem os direitos autorais que recaem sobre essas novas criações artísticas?" (Oliveira, Inteligência artificial cria novos desafios na área de direitos autorais, *Consultor Jurídico,* 2018, p. 1).

[25] "Argumenta-se nesse trabalho que os três elementos principais que viabilizam o bom funcionamento de uma aplicação de Inteligência Artificial são o seu algoritmo, o *hardware* em que ele é executado e a somatória dos dados e informações utilizadas nele" (Gonçalves, Lana, Autoria de obras tuteláveis pelo direito autoral por aplicações de inteligência artificial no direito brasileiro e português, 2019, p. 38).

198 | DIREITO DE AUTOR – *Carlos Alberto Bittar*

que autor é, via de regra, a *pessoa física*.[26] Mas, a regra vem excepcionada pelo parágrafo único do art. 11, que permite a mesma proteção da autoria a *pessoas jurídicas*.[27] Assim, quando a pergunta escorre para o campo do exercício dos Direitos de Autor, especialmente, para o campo dos Direitos Patrimoniais do Autor, há clareza em definir que à *pessoa física* ou à *pessoa jurídica*, detentora dos programas de I.A. Watson, Ross e Sophia, será atribuída o exercício prático e a titularidade dos direitos daí decorrentes.

Assim, considerando-se que Watson, Ross e Sophia pertencem a alguém (*pessoa física* ou *pessoa jurídica*),[28] será a esta pessoa que caberá a faculdade de exercer os direitos que daí decorrem, com isso, nos termos do art. 28 da LDA, podendo-se exercer o direito exclusivo de utilizar, fruir e dispor da obra literária, artística ou científica. No caso particular das criações feitas por Watson, Ross ou Sophia, a autoria sempre lhes será atribuída, e, nisto está o *vínculo moral* que funda o âmbito do Direito Moral de Autor, nos termos do art. 27 da LDA,[29] devendo-se lembrar que há restrições previstas na *Lei de Software* ao exercício de uma série de direitos morais do autor, nos termos do § 1º do art. 2.º da Lei 9.609/1998. Mesmo que um dos robôs seja comprado por outra *pessoa física* ou *pessoa jurídica*, será fácil identificar que a *criação* seguirá sendo, sempre, um fruto daquela atividade *programada* por *aquele robô* (Watson, Ross ou Sophia). A partir daí, seguindo-se o disposto no art. 49 da LDA,[30] o que se pode pensar é que a dimensão do Direito Patrimonial de Autor envolve coisas *in comercio*, e, por isso, a circulação se dará nos termos das atividades contratuais e negociais convencionais.[31]

---

[26] No art. 11 da Lei 9.610/1998: "Autor é a pessoa física criadora de obra literária, artística ou científica".

[27] No parágrafo único do art. 11 da Lei 9.610/1998: "Parágrafo único. A proteção concedida ao autor poderá aplicar-se às pessoas jurídicas nos casos previstos nesta Lei".

[28] Nisto, o registro do *software,* pode ter papel determinante, como disciplinado na Lei 9.609/1998, em seu art. 3.º: "Os programas de computador poderão, a critério do titular, ser registrados em órgão ou entidade a ser designado por ato do Poder Executivo, por iniciativa do Ministério responsável pela política de ciência e tecnologia. § 1.º O pedido de registro estabelecido neste artigo deverá conter, pelo menos, as seguintes informações: I – os dados referentes ao autor do programa de computador e ao titular, se distinto do autor, sejam pessoas físicas ou jurídicas".

[29] No art. 27 da LDA: "Os direitos morais do autor são inalienáveis e irrenunciáveis".

[30] No art. 49 da LDA: "Os direitos de autor poderão ser total ou parcialmente transferidos a terceiros, por ele ou por seus sucessores, a título universal ou singular, pessoalmente ou por meio de representantes com poderes especiais, por meio de licenciamento, concessão, cessão ou por outros meios admitidos em Direito, obedecidas as seguintes limitações (...)".

[31] Neste tocante: "Na circulação de negócios interessam os direitos patrimoniais por meio do qual são celebrados contratos para a exploração econômica da obra. Ao contrário dos direitos morais, os patrimoniais são alienáveis, cessíveis, sujeitam-se à penhora e

No entanto, é importante grifar que situações complexas e diversas são passíveis de serem antevistas, e deverão receber as respostas singulares e adequadas, respeitando-se a singularidade das situações concretas. Não é, neste sentido, simples a solução padronizada da matéria, que comporta diferentes saídas. Nesse diapasão, as possíveis soluções apontam para soluções diferentes, já no atual regime legal, considerando-se a peculiaridade de cada caso concreto:

i. nas situações em que o usuário do *software* criativo, no mero uso instrumental das ferramentas[32] e das tecnologias digitais,[33] criar obra original, a autoria da obra intelectual, artística ou científica será da *pessoa física*;

ii. nas situações em que o *software* de I.A. criar sem a interferência humana, há várias situações já previstas e tratadas em lei, de modo que:

ii.1. o programador de I.A., profissional liberal, ao definir o modo de trabalho do *algoritmo,* é também o autor de um programa independente, e não vinculado a nenhuma *pessoa jurídica,* de modo que será a ele atribuída a autoria e os direitos que daí decorrem;[34]

ii.2. o programador de I.A. cria dinâmicas ao *algoritmo,* que se somam a um trabalho coletivo – de forma a que da contribuição de cada um (operador; engenheiro; instrutor) é que torna o produto final possível – será atribuída *obra em coautoria* (profissionais liberais) ou *autoria coletiva* (condição de empregados), nos termos do art. 5.º, inciso VIII, letras a) e h);[35]

---

prescrevem, se não forem exercidos no tempo fixado pela lei de cada país" (Chinellato, Obras póstumas e Direito de Autor, 2015, p. 489).

[32] "Neste caso, o verdadeiro autor da obra é o ser humano, pois a máquina, mais precisamente o Sistema de Inteligência Artificial, atuaria apenas como um instrumento para o alcance do bem pretendido pelo autor intelectual" (Ramos, Silva, Prata, Inteligência artificial e a Lei de Direitos Autorais, 2018, p. 141).

[33] "Quando o artista fizer uso da IA unicamente como instrumento, sob a ótica dos direitos autorais, aplicar-se-á o consolidado entendimento que vem sendo aplicado em relação aos programas comuns" (Oliveira, Inteligência artificial cria novos desafios na área de direitos autorais, 2018, p. 1-2).

[34] "Nesse caso, o autor da obra parece ser quem programou e alimentou o sistema com o conteúdo que, uma vez processado, possibilitou a criação da obra artística" (Oliveira, Inteligência artificial cria novos desafios na área de direitos autorais, 2018, p. 3).

[35] Nos termos do art. 5.º, da Lei 9.610/1998: "Para os efeitos desta Lei, considera-se: (...) VIII – obra: a) em coautoria – quando é criada em comum, por dois ou mais autores; (...) h) coletiva – a criada por iniciativa, organização e responsabilidade de uma pessoa física ou jurídica, que a publica sob seu nome ou marca e que é constituída pela participação de diferentes autores, cujas contribuições se fundem numa criação autônoma".

200 | DIREITO DE AUTOR – *Carlos Alberto Bittar*

ii.3. o programador de I.A. cria dinâmicas ao *algoritmo*, mas na condição de empregado de uma *pessoa jurídica*, de modo que, nos termos do art. 4.º, e § 1.º, ambos da Lei 9.609/1998, a titularidade dos direitos é da *pessoa jurídica*,[36] que envidou esforços, contratou pessoas, investiu recursos para alcançar o resultado criativo obtido pela máquina;[37]

ii.4. o programador de I.A. cria, dentro do contexto de uma obra sob encomenda, e, nestes termos, seguir-se-á o regime estabelecido contratualmente para as obras criadas sob encomenda, a depender do papel que encomendante e programador tiverem em sua concepção;

ii.5. a *pessoa jurídica*, detentora dos direitos de I.A., sendo diferente da *pessoa física* que alimentou a máquina com dados e informações que permitiram a criação da obra original – mas, tudo mediante *contrato* e *regulamentação* específica que atribui claramente *direitos* a cada uma das partes envolvidas –, seguir-se-á o tratamento legal dispensado às situações de regime de trabalho e/ou de regime contratual específico de prestação de serviços por terceiros (art. 4.º, § 2.º, da Lei 9.609/1998);

ii.6. outras hipóteses.

A complexidade da matéria, que decorre de sua novidade, se tornará, cada vez mais, objeto de estudos, publicações e debates, e será, aos poucos, que a matéria haverá de se sedimentar, à luz dos esclarecimentos encontrados na doutrina, no direito comparado,[38] na legislação vindoura e nas soluções judiciais, a partir de quando se poderão traçar definições mais bem estabelecidas. Por hora, espanta-se a hipótese

---

[36] "Isso faz com que o *status quo* para esse tipo de criação tenda a que ela seja de titularidade de seu programador ou, de maneira mais recorrente, da empresa que comissiona a criação desse tipo de aplicação ou daquele que dá azo para a utilização do programa. Seria essa a solução que mais agradaria os agentes do mercado capazes de influenciar determinantemente o Judiciário, Executivo e Legislativo" (Gonçalves, Lana, Autoria de obras tuteláveis pelo direito autoral por aplicações de inteligência artificial no direito brasileiro e português, 2019, p. 57).

[37] "A passagem da autoria do produto da máquina para o desenvolvedor ou para a empresa resolve em definitivo a problemática das obras geradas autonomamente por Sistemas de Inteligência Artificial caírem no domínio público" (Ramos, Silva, Prata, Inteligência artificial e a Lei de Direitos Autorais, 2018, p. 143).

[38] Entre Direito Brasileiro e Direito Português, ainda é complexa a solução do problema: "Diante dos tópicos levantados durante o texto, tudo leva a concluir pela inexistência de propriedade intelectual imediata das aplicações de inteligência artificial. Não haveria fundamento suficiente no sistema jurídico brasileiro e português para que elas fossem autoras ou mesmo titulares de direitos das obras que produzam" (Gonçalves, Lana, Autoria de obras tuteláveis pelo direito autoral por aplicações de inteligência artificial no direito brasileiro e português, 2019, p. 56).

da obra criada por I.A. ser uma obra caída *ab origine* no *domínio público*,[39] assim como, espanta-se a ideia de que a legislação não oferece rudimentos de soluções, que, seja por analogia, seja por aplicação fiel do Direito existente,[40] não possam conduzir a soluções adequadas, justas e capazes de estimular a continuidade das atividades artísticas, literárias e científicas com os níveis de segurança e correção adequados. Isso não invalida a necessidade, evidente, de a legislação iniciar as tarefas de adaptação para situações idênticas a esta, ou ainda, mais complexas que esta, que haverão de se tornar a regra, num futuro breve.

---

[39] "Esse cenário gera o argumento de que obras criadas por inteligência artificial de forma automática e sem intervenção humana, já nasceriam em domínio público" (Oliveira, Inteligência artificial cria novos desafios na área de direitos autorais, 2018, p. 2).

[40] "A legislação, ainda que inadequada, já dispõe de elementos suficientes para dar algum grau de proteção jurídica para aqueles que busquem se aventurar na criação de obras por meio de I.A." (Gonçalves, *A tutela jurídica de trabalhos criativos feitos por aplicações de inteligência artificial no Brasil*, 2019, p. 136).

BIBLIOGRAFIA

ADORNO, Theodor W. *Minima moralia*. Tradução de Artur Morão. Lisboa: Edições 70, 2001.

ADORNO, Theodor W. *Teoria estética*. Tradução de Artur Morão. Lisboa: Edições 70, 2006.

ADORNO, Theodor W. *Indústria cultural*. Tradução de Julia Elisabeth Levy (*et al.*). São Paulo: Paz e Terra, 2002.

ADORNO, Theodor W. *Teoria estética*. Tradução de Artur Morão. Lisboa: Edições 70, 2006.

ADORNO, Theodor W. HORKHEIMER, Max. *Dialética do esclarecimento*. Tradução de Guido Antonio de Almeida. Rio de Janeiro: Jorge Zahar, 1985.

ALGARDI, Zara. *Il plagio letterario e il carattere creativo dell'opera*. Milano: Giuffrè, 1966.

AMAR, Moise. *Dei diritti degli autori di opere dell'ingegno*. Torino: Fratelli Bocca, 1874.

ARE, Mario. *L'oggetto del diritto di autore*. Milano: Giuffrè, 1963.

ASCARELLI, Tullio. *Teoría de la concurrencia y de los bienes inmateriales*. Tradução de E. Verdera y L. Suarez-Llanos. Barcelona: Bosch Casa Editorial, 1970.

ASCENSÃO, José de Oliveira. Direito da cultura e do patrimônio cultural. *Instituto de Ciências Jurídico-políticas*, Faculdade de Direito, Universidade de Lisboa, AAFDL, p. 289-316, 2011.

ASCENSÃO, José de Oliveira. O direito de autor no ciberespaço. *Revista Emerj*, Rio de Janeiro, v. 2, n. 7, p.

21-43, 1998.

BARBOTIN, E. La signification de l'oeuvre. *L'homme et ses oeuvres*: Actes du IX Congrès des Sociétés de Philosophie de Langue Française, Aix-en-Provence: PUF, n. 3, p. 144-148, 1957.

BARILLI, Renato. *Corso di estética*. Bologna: Il Mulino, 1989.

BASSO, Maristela. *O direito internacional da propriedade intelectual*. Porto Alegre: Livraria do Advogado, 2000.

BENJAMIN, Walter. Melancolia de esquerda. *Magia, técnica, arte e política*: ensaios sobre literatura e história da cultura. Tradução de Sergio Paulo Roaunet. 7. ed. São Paulo: Brasiliense, 1994. p. 71-77.

204 | DIREITO DE AUTOR – *Carlos Alberto Bittar*

BENUCCI, E. Bonasi. *Tutela della forma nel diritto industriale*. Milano: Giuffrè, 1963.

BITTAR, Carlos Alberto. *A Lei de Direitos Autorais na jurisprudência*. São Paulo: RT, 1988.

BITTAR, Carlos Alberto. *A Lei do software e seu regulamento*. Rio de Janeiro: Forense, 1988.

BITTAR, Carlos Alberto. *Contornos atuais do direito do autor*. 3. ed. rev. e ampl. por Eduardo C. B. Bittar. São Paulo: RT, 2003.

BITTAR, Carlos Alberto. *Curso de direito autoral*. Rio de Janeiro: Forense, 1988.

BITTAR, Carlos Alberto. Defesa do consumidor: reparação de danos morais em relações de consumo. *Revista do Advogado: Dano Moral*, São Paulo: AASP, p. 24-31, 1996.

BITTAR, Carlos Alberto. *Direito de autor na obra feita sob encomenda*. São Paulo: RT, 1977.

BITTAR, Carlos Alberto. *Direito de autor na obra publicitária*. São Paulo: RT, 1981.

BITTAR, Carlos Alberto. *Direito de autor nos meios modernos de comunicação*. São Paulo: RT, 1989.

BITTAR, Carlos Alberto. *Direitos do consumidor*: Código de Defesa do Consumidor. 3. ed. Rio de Janeiro: Forense Universitária, 1991.

BITTAR, Carlos Alberto. *Os direitos da personalidade*. Rio de Janeiro: Forense Universitária, 1989; 2. ed. 1995.

BITTAR, Carlos Alberto. Reprografia e direito de autor. *Revista de Informação Legislativa*, ano 20, n. 80, out.-dez. 1983.

BITTAR, Carlos Alberto. *Teoria e prática da concorrência desleal*. São Paulo: Saraiva, 1989.

BITTAR, Carlos Alberto; BITTAR FILHO, Carlos Alberto. *Tutela dos direitos da personalidade e dos direitos autorais nas atividades empresariais*. São Paulo: RT, 1993.

BITTAR FILHO, Carlos Alberto. Autonomia científica do direito de autor. *Revista da Faculdade de Direito da USP*, São Paulo, v. 89, p. 87-98, 1994.

BITTAR FILHO, Carlos Alberto. *Tutela dos direitos da personalidade e dos direitos autorais nas atividades empresariais*. São Paulo: RT, 1993.

BITTAR, Eduardo C. B. Direitos do consumidor e direitos da personalidade: limites, intersecções, relações. *Revista de Informação Legislativa*, Brasília: Senado Federal, ano 36, n. 143, p. 63-69, jul.-set. 1999.

BITTAR, Eduardo C. B. *Democracia, justiça e direitos humanos*: estudos de teoria crítica e filosofia do direito. São Paulo: Saraiva, 2012.

BITTAR, Eduardo C. B. Expressões contemporâneas e desafios do direito de autor na sociedade da informação. *Revista de Direito das Novas Tecnologias*, São Paulo: Síntese, IOB/IBDI, ano 6, n. 8, p. 47-63, jul. 2011-jun. 2012.

BITTAR, Eduardo C. B. *Linguagem jurídica*. 4. ed. São Paulo: Saraiva, 2009.

BITTAR, Eduardo C. B. *O direito na pós-modernidade*. 2. ed. Rio de Janeiro: Forense Universitária, 2009.

BITTAR, Eduardo C. B. *Democracia, justiça e direitos humanos*: estudos de Teoria Crítica e Filosofia do Direito. São Paulo: Saraiva, 2011.

BITTAR, Eduardo C. B. Internet, *cyberbullying* e lesão a direitos da personalidade: o alcance atual da Teoria da Reparação Civil por Danos Morais. Homenagem a José de Oliveira Ascensão. In: SIMÃO, José Fernando; BELTRÃO, Silvio Romero, (coords.). *Direito Civil*: estudos em homenagem a José de Oliveira Ascensão, v. 1: Teoria Geral do Direito, Bioética, Direito Intelectual e Sociedade da Informação, São Paulo, Atlas, 2015, p. 273-286.

BITTAR, Eduardo C. B. *Introdução ao estudo do direito*: humanismo, democracia e justiça. 2. ed. São Paulo: Saraiva, 2019.

BITTAR, Eduardo C. B. *Semiótica, Direito & Arte*: entre Teoria da Justiça e Teoria do Direito. São Paulo: Almedina, 2020.

BOBBIO, Pedro Vicente. *O direito de autor na criação musical*. São Paulo: Lex, 1951.

BOGSCH, Apard L.; ROACH, William S. *Diritto d'autore internazionale*. Milano: Giuffrè, 1956.

BORCHGRAVE, Jules de. *Évolution historique du droit d'auteur*. Bruxelles: F. Larcier, 1916.

BRITO, Eduardo Manuel de. Reflexões sobre a literatura e os direitos humanos. In: BITTAR, Eduardo C. B. (Org.). *Educação e metodologia para os direitos humanos*. São Paulo: Quartier Latin, 2008. p. 361-383.

BRUYERON, Roger. *La sensibilité*. Paris: Armand Colin, 2004.

BUCCI, Oddo. *Interesse publico e interesse privato*. Padova: Cedam, 1976.

CANDÉ, Roland de. *História universal da música*. Tradução de Eduardo Brandão. São Paulo: Martins Fontes, 1994. v. 1 e 2.

CÂNDIDO, Antonio. O direito à literatura. *Vários escritos*. 4. ed. São Paulo: Duas Cidades; Rio de Janeiro: Ouro sobre Azul, 2004. p. 169-191.

CÂNDIDO, Antonio. *Vários escritos*. São Paulo: Duas Cidades; Rio de Janeiro: Ouro Sobre Azul, 2004.

CANOTILHO, José Joaquim Gomes; MACHADO, Jônatas E.M.; GAIO JÚNIOR, Antônio Pereira. *Biografia não autorizada* versus *liberdade de expressão*. Curitiba: Juruá, 2014.

CAPARELLI, Maria de Souza Cruz; ZINNI, Aline Junqueira de Andrade Tucci. O conteúdo ilícito na *internet* na prática. In: SCHAAL, Flávia Mansur Murad, (org.). *Propriedade intelectual, internet e o marco civil*. 2016, p. 75-82.

CARBONI, Guilherme. *Função social do direito de autor*. Curitiba: Juruá, 2006.

CARVALHO, José Jorge de. *O olhar etnográfico e a voz subalterna*. Brasília: Departamento de Antropologia da UnB, 261, Série Antropologia, 1999.

CASELLI, Eduardo Piola. Diritti d'autore. *Novissimo digesto italiano*. [S.1.: s. n., s. d.]. v. 5, p. 676 e ss.

CASELLI, Eduardo Piola. *Trattato del diritto de autore e del contratto di edizione*. Torino: Torinese, 1927.

CAVENDISH, J. M. *A handbook of copyright in British publishing practice*. London: Casell, 1974.

206 | DIREITO DE AUTOR – *Carlos Alberto Bittar*

CERQUEIRA, João da Gama. *Tratado da propriedade industrial*. Rio de Janeiro: Forense, 1946.

CESNIK, Fábio de Sá. *Guia do incentivo à cultura*. Barueri: Manole, 2002.

CHAVES, Antonio. *Proteção internacional do direito autoral de radiodifusão*. São Paulo: Max Limonad, 1952.

CHINELLATO, Silmara Juny de Abreu. Biografias Não Autorizadas: Liberdade de Expressão, Outros Direitos da Personalidade e Direito de Autor. *Revista Jurídica Luso-Brasileira*. Disponível em: http://cidp.pt/revistas/rjlb/2015. Faculdade de Direito da Universidade de Lisboa, Ano 1, n. 1, 2015, 205-238.

CHINELLATO, Silmara Juny de Abreu, Obras póstumas e Direito de Autor. In: SIMÃO, José Fernando; BELTRÃO, Silvio Romero (coords.). *Direito Civil: estudos em homenagem a José de Oliveira Ascensão*. São Paulo: Atlas, 2015. V. 1.

CASELLI, Eduardo Piola. Direito de arena, direito de autor e direito à imagem. In: BITTAR, Eduardo Carlos Bianca; CHINELLATO, Silmara Juny de Abreu (Coord.). *Estudos de direito de autor, direitos da personalidade, direito do consumidor e danos morais*. Rio de Janeiro: Forense Universitária, 2002. p. 3-24.

CASELLI, Eduardo Piola. *Direito de autor e direitos da personalidade*: reflexões à luz do Código Civil. 2009. Tese (Doutorado) – Faculdade de Direito, USP.

CASELLI, Eduardo Piola. ADIN 4815. *Migalhas*. Disponível em: <http://www.migalhas.com.br>. Acesso em: 04.12.2014.

COLOMBET, Claude. *Propriété littéraire et artistique*. Paris: Dalloz, 1976.

COMPARATO, Fábio Konder. *A afirmação histórica dos direitos humanos*. São Paulo: Saraiva, 1999.

COSTA NETO, José Carlos. *Direito autoral no Brasil*. 2. ed. rev., ampl e atual. São Paulo: FTD, 2008.

CRISTOFARO, Carlo. *Trattato del diritto di autore e d'inventore*. Torino: Fratelli Bocca, 1931.

DARRAS, Alcide. *Du droit des auteurs & des artistes dans les rapports internationaux*. Paris: Arthur Rousseau, 1887.

D'AVILA, Sérgio. Ordem no caos. *Folha de S. Paulo*, Caderno Mais!, p. E 7, 14 dez. 2008.

DE CUPIS, Adriano. *Os direitos da personalidade*. Campinas: Romana, 2004.

DE LUCCA, Newton. *Direito do consumidor*. 2. ed. São Paulo: Quartier Latin, 2008.

DE MATTIA, Fábio Maria. Direito de autor constitucional. *Repertório IOB de Jurisprudência*, São Paulo: IOB, n. 15, p. 262-264, 1989.

DEBBASCH, Charles. *Traité du droit de la radiodiffusion*: radio et télévision. Paris: Librairie Générale, 1967.

DESBOIS, Henri. *Le droit d'auteur en France*. Paris: Dalloz, 1966.

DESBOIS, Henri; FRANÇON, André; JEREVER, André. *Les conventions internationaux du droit d'auteur et des droits voisins*. Paris: Dalloz, 1976.

DESJEUX, Xavier. *La Convention de Rome*. Paris: Librairie Générale, 1963.

DI BLASI, Gabriel, O direito de remuneração em decorrência do uso de direitos autorais. In: SIMÃO, José Fernando; BELTRÃO, Silvio Romero (coords.). *Direito Civil: estudos em homenagem a José de Oliveira Ascensão*. São Paulo: Atlas, 2015. V. 1.

DI FRANCO, Luigi. *Proprietà industriale, letteraria ed artistica*. Milano: Società Editrice Libraria, 1936.

DUBY, Georges; ARIÈS, Phillippe. *História da vida privada*. Tradução de Hildegard Feist. São Paulo: Companhia das Letras, 1992.

DUPAS, Gilberto. *Ética e poder na sociedade da informação*. 2. ed. rev. e ampl. São Paulo: UNESP, 2001.

DUVAL, Hermano. *Direitos autorais nas invenções modernas*. Rio de Janeiro: Andes, 1956.

ECO, Umberto. *Tratado geral de semiótica*. 2. ed. São Paulo: Perspectiva, 1991.

ECO, Umberto. *História da beleza*. Tradução de Eliana Aguiar. Rio de Janeiro: Record, 2007.

FABIANI, Mario. *Il diritto d'autore nella giurisprudenza*. Padova: Cedam, 1963.

FACHIN, Luiz Edson. A liberdade e a intimidade: uma breve análise das biografias não autorizadas. In: SIMÃO, José Fernando; BELTRÃO, Silvio Romero (coords.). *Direito Civil: estudos em homenagem a José de Oliveira Ascensão*. São Paulo: Atlas, 2015. V. 1.

FERRARA, Luigi. *L'esecuzione forzata nel diritto d'autore*. Napoli: Luigi Pierro, 1904.

FRAGOLA, Augusto. *La cinematografia nella giurisprudenza*. Padova: Cedam, 1966.

FRAGOSO, João Henrique da Rocha. *Direito autoral*. Da antiguidade à internet. São Paulo: Quartier Latin, 2009.

FRANÇON, André. *La propriété littéraire et artistique*. Paris: Presses Universitaires de France, 1970.

FROMM, Eric. *A arte de amar*. Tradução de Eduardo Brandão. São Paulo: Martins Fontes, 2006.

FROMM, Eric. *La revolución de la esperanza*. Tradução de Daniel Jiménez Catillejo. México: Fondo de Cultura Económica, 2003.

GÉRARD, Paul Daniel. *Los derechos de autor en la obra cinematográfica*. Tradução de Manuel Parés Maicas. Barcelona: Ariel, 1958.

GHIRON, Mario. *Diritto industriale*. Roma: Foro Italiano, 1935.

GONÇALVES, Lukas Ruthes. *A tutela jurídica de trabalhos criativos feitos por aplicações de inteligência artificial no Brasil*. Dissertação de Mestrado. Curitiba: UFPR, 2019.

GONÇALVES, Lukas Ruthes; LANA, Pedro de Perdigão. Autoria de obras tuteláveis pelo direito autoral por aplicações de inteligência artificial no direito brasileiro e português. In: PEREIRA, Alexandre Libório; WACHOWICZ, Marcos; LANA, Pedro de Perdigão (coords.). *Novos Direitos Intelectuais*: estudos luso-brasileiros sobre propriedade intelectual, inovação e tecnologia. Curitiba: UFPR; GEDAI, 2019.

GOZZO, Débora. *Informação e direitos fundamentais*: a eficácia horizontal das normas constitucionais. São Paulo: Saraiva, 2011.

GRECO, Paolo; VERCELLONE, Paolo. *I diritti sulle opere dell'ingegno*. Torino: Torinese, 1974.

208 | DIREITO DE AUTOR – *Carlos Alberto Bittar*

GREIMAS, Algirdas Julien. Sémantique, sémiotique et sémiologies. In: JAKOBSON, R.; GREIMAS, A. J. *Sign, language, culture*. Paris: The Hague/Mouton, 1970. p. 13-27.

GRINOVER, Ada Pellegrini; BENJAMIN, Antônio Herman de Vasconcellos e; FINK, Daniel Roberto; FILOMENO, José Geraldo Brito; WATANABE, Kazuo; NERY JUNIOR, Nelson; DENARI, Zelmo. *Código Brasileiro de Defesa do Consumidor comentado pelos autores do anteprojeto*. 5. ed. Rio de Janeiro: Forense Universitária, 1998.

GUÉRIN, Michel. *O que é uma obra*. Tradução de Cláudia Schilling. Rio de Janeiro: Paz e Terra, 1995.

GUINZBURG, Jaime. Literatura e direitos humanos. In: BITTAR, Eduardo C. B. (Org.). *Educação e metodologia para os direitos humanos*. São Paulo: Quartier Latin, 2008. p. 339-360.

HABERMAS, Jürgen. Caos na esfera pública. *Folha de S. Paulo*, Caderno Mais!, p. 4-5, 13 ago. 2006.

HOMBURG, R. *Le droit d'interprétation des auteurs et des artistes exécutants*. Paris: Sirey, 1930.

HUARD, Gustave. *Traité de la propriété intelectuelle*. Paris: Marchal et Billard, 1906. HUISMAN, Denis. *L'esthétique*. Paris: PUF, 1961.

INSTITUTE SUISSE DE DROIT COMPARÉ. *La révision du droit d'auteur*: expériences faites à l'étranger. Zurich: Schuthess, 1990.

JAKOBSON, Roman. *Linguística e comunicação*. Tradução de Izidoro Blikstein e José Paulo Paes. São Paulo: Cultrix, 1995.

JANSON, H. W. *História da arte*. 5. ed. Tradução de J. A. Ferreira de Almeida, Maria Manuela Rocheta Santos e Jacinta Maria Matos. São Paulo: Martins Fontes, 1992.

JARACH, Giorgio. *Manuale del diritto d'autore*. Milano: U. Mursia & Cia., 1968.

KRISTEVA, Julia. *Semiótica 1*. Tradução de José Martin Arancibia. 2. ed. Madrid: Fundamentos, 1981.

LADAS, Stephen. *The international protection of literary and artistic property*. New York: The Macmillan Co., 1938.

LAMY, Pierre. Signification métaphysique de notre activité créatrice. *L'homme et ses oeuvres*: Actes du IX Congrès des Sociétés de Philosophie de Langue Française. Aix-en-Provence: PUF, n. 3, juil.-sept. 1957.

LÉVI-STRAUSS, Claude. *Antropologia estrutural dois*. 4. ed. Tradução de Maria do Carmo Pandolfo. Rio de Janeiro: Tempo Brasileiro, 1993.LIMONGI FRANÇA, R. *Manual de direito civil*. 3. ed. São Paulo: RT, 1975. v. 1; 1969. v. 4.

LIPOVETSKY, Gilles. *Da leveza*: rumo a uma civilização sem peso. São Paulo: Manole, 2016.

LIPOVETSKY, Gilles; SERROY, Jean. *O capitalismo estético na era da globalização*. Lisboa: Almedina, 2014.

LYOTARD, Jean-François. *Heidegger e os judeus*. Tradução de Jorge Seixas e Souza. Lisboa: Instituto Piaget, 1999.

LYOTARD, Jean-François. *A condição pós-moderna*. 2. ed. Tradução de José Bragança de Miranda. Lisboa: Gradiva, 1989.

MAGALHÃES DIAS, Lucia Ancona Lopez. *Publicidade e direito*. São Paulo: RT, 2010.

MANNHEIM, Karl. O problema do intelectual. *Sociologia*. Tradução de Emilio Willems *et al.* São Paulo: Ática, 1982. p. 101-106.

MARCUSE, Herbert. *A dimensão estética*. Tradução de Maria Elisabete Costa. Lisboa: Edições 70, 2007.

MATOS, Eneas de Oliveira. *Dano moral e dano estético*. Rio de Janeiro: Renovar, 2008.

MELLO, José Barboza. *Síntese histórica do livro*. 2. ed. São Paulo: Ibrasa/Instituto Nacional do Livro, 1979.

MENEZES, Elisângela Dias. *Curso de direito autoral*. Belo Horizonte: Del Rey, 2007.

MORATO, Antonio Carlos. *Direito de autor na obra coletiva*. São Paulo: Saraiva, 2007.

MORATO, Antonio Carlos. Titularidade originária de direitos autorais sobre as aulas ministradas pelos Docentes. *Revista da Faculdade de Direito da Universidade de São Paulo*, v. 116, n. 2, p. 61-87, jul.-dez. 2021.

MOUCHET, Carlos; RADAELLI, Sigfrido A. *Derechos intelectuales sobre lãs obras literárias y artísticas*. Buenos Aires: Guillermo Kraft, 1948.

OLIVEIRA, Jaqueline Simas de. Inteligência artificial cria novos desafios na área de direitos autorais. *Consultor Jurídico*, 22 de fevereiro de 2018. Disponível em http://www.conjur.com.br. Acesso em 27.03.2020.

PADELLARO, Giuseppe. *Il diritto di autore* (La disciplina giuridica degli strumenti di comunicazione sociale). Milano: F. Vallardi, 1972.

PAIS, Cidmar Teodoro. Texto, discurso e universo de discurso. *Revista Brasileira de Linguística*, São Paulo, v. 8, p. 135-164, 1995.

PEIRCE, Charles Sanders. *Semiótica e filosofia*. Tradução de Octanny Silveira da Mota e Leonida Hegemberg. 2. ed. São Paulo: Cultrix, 1975.

PICARD, Edmond. *O direito puro*. Salvador: Livraria Progresso Editora, 1954.

PIGNATARI, Décio. *Semiótica da arte e da arquitetura*. São Paulo: Cultrix, 1995.

PIGNATARI, Décio; *Semiótica e literatura*. 3. ed. São Paulo: Cultriz, 1987.

PINHEIRO, Patrícia Peck, O Direito Digital como paradigma de uma nova era. In: WOLKMER, Antonio Carlos; LEITE, José Rubens Morato (orgs.). *Os novos direitos no Brasil*: natureza e perspectivas – uma visão básica das novas conflituosidades jurídicas. 3. ed., 2016, p. 401-433.

PLAISANT, Robert. *Le droit des auteurs et des artistes exécutants*. Paris: J. Delmas, 1970.

PORTUGAL, Henrique, A polêmica do *download* de músicas. In: SCHAAL, Flávia Mansur Murad (org.). *Propriedade intelectual, internet e o marco civil*. São Paulo: Edipro, 2016, p. 71-74.

RAMOS, Jefferson David Asevedo; SILVA, Leandro Gomes da; PRATA, David Nadler. Inteligência artificial e a Lei de Direitos Autorais. *Revista CEREUS*, 2018, v. 10, n. 4, p. 137-146.

ROUANET, Sergio Paulo. *Mal-estar na modernidade*. 2. ed. São Paulo: Companhia das Letras, 1993.

ROUBIER, Paul. *Le droit de la propriété industrielle*. Paris: Recueil Sirey, 1952.

ROUSSEAU, Jean-Jacques. *Discours sur les sciences et les arts:* discours sur l'origine de l'inégalité. Paris: Flammarion, 1992.

ROWLAND, Robert. *Antropologia, história e diferença:* alguns aspectos. 3. ed. Porto: Afrontamento, 1997.

SAFATLE, Vladimir. *Cinismo e falência da crítica*. São Paulo: Boitempo, 2008.

SAHM, Regina. *Direito à imagem no direito civil contemporâneo*. São Paulo: Atlas, 2002.

SANCTIS, Valerio de. Autore. *Enciclopedia del diritto*. [S. l.: s. n.], 1959. v. 4.

SANCTIS, Valerio de. *Contratto di edizione:* contratti di representatione e di esecuzione. Milano: Giuffrè, 1965.

SANCTIS, Vittorio M. de. *Il carattere creativo delle opere dell'ingegno*. Milano: Giuffrè, 1963.

SANTAELLA, Lucia. *Metodologia semiótica:* fundamentos. 1993. Tese (Livre-docência) – Pontifícia Universidade Católica de São Paulo, São Paulo.

SANTOS, Fernanda Freire dos. A tutela constitucional da liberdade de expressão, dein-formação e de pensamento *versus* a proteção conferida pela *lex mater* à imagem, à honra e à vida privada: os direitos da personalidade em conflito com o direito à libre (divulgação de) informação e a liberdade de expressão e de pensamento: a problemática das biografias não autorizadas. *Jus Navigandi*, Teresina, ano 19, n. 3.948, 23 abr. 2014. Disponível em: <http://jus.com.br/artigos/27802>. Acesso em: 04.12.2014.

SANTOS, Manuella. *Direito autoral*. Audiolivro. São Paulo: Saraiva, 2010.

SANTOS, Manuella. *Direito autoral na era digital:* impactos, controvérsias e possíveis soluções. São Paulo: Saraiva, 2009.

SATANOWSKY, Isidro. *Derecho intelectual*. Buenos Aires: Tipográfica Argentina, 1954.

SAVATIER, René. *Le droit de l'art et des lettres*. Paris: Librairie Générale, 1953.

SCHAAL, Flávia Mansur Murad. *Propriedade intelectual, internet e o marco civil*. São Paulo: Edipro, 2016.

SCHAAL, Flávia Mansur Murad; CAPARELLI, Mariana de Souza Cruz, Conteúdo ofensivo, liberdade de expressão e o mundo moderno digital. In: SCHAAL, Flávia Mansur Murad (org.). *Propriedade intelectual, internet e o marco civil*. 2016, p. 49-64.

SORDELLI, Luigi. *L'opera dell'ingegno*. Milano: Giuffrè, 1954.

STOLFI, Nicola. *Il diritto di autore*. Milano: Società Editrice Libraria, 1932.

STOYANOVITCH, K. *Le droit d'auteur dans les rapports entre la France et lês pays socia-listes*. Paris: Librairie Générale, 1959.

STRASCHNOV, Georges. *Le droit d'auteur et les droits connexes en radiodiffusion*. Bruxelles: Émile Bruyant, 1950.

STROMHOLM, Stig. *Le droit moral de l'auteur en droit Allemand, Français et Scandinave*. Stockholm: P. A. Norstedt & Söners, 1966.

BIBLIOGRAFIA | 211

TARNEC, Alain Le. *Manuel de la propriété littéraire et artistique*. Paris: Dalloz, 1966.

TRIDENTE, Alessandra. *Direito autoral*: paradoxos e contribuições para a revisão da tecnologia jurídica no século XXI. Rio de Janeiro: Elsevier, 2009.

VALENTE, Mariana G. A Diretiva sobre Direitos de Autor da União Europeia pode acabar com a internet? Disponível em: https://internetlab.org.br/pt/conjuntura/a--diretiva-sobre-direitos-de-autor-da-uniao-europeia-pode-acabar-com-a-internet/. Acesso em: 17.03.2022.

VALVERDE, J. Molas. *Normas procesales de especialización en propiedad intelectual*. Barcelona: Nauta, 1968.

VEGA, José Antonio. *Derecho de autor*. Madrid: Tecnos, 1990.

VIEIRA, Denis. *O direito de autor na sociedade da informação*. Dissertação (Mestrado) – UniFIEO, Osasco. 2012.

WACHOWICZ, Marcos, O Novo Direito Autoral na Sociedade Informacional. In: WOLKMER, Antonio Carlos; LEITE, José Rubens Morato (orgs.). *Os novos direitos no Brasil*: natureza e perspectivas – uma visão básica das novas conflituosidades jurídicas, 3.ed., 2016, p. 375-399.

WISTRAND, Hugo. *Les exceptions apportées aux droits do l'auteur sur ses oeuvres*. Paris: Montchréstien, 1968.

WOLKMER, Antonio Carlos; LEITE, José Rubens Morato (orgs.). *Os novos direitos no Brasil*: natureza e perspectivas – uma visão básica das novas conflituosidades jurídicas. 3.ed. São Paulo: Saraiva, 2016.

APÊNDICE

JURISPRUDÊNCIA TEMÁTICA

173. Obra artística

Informativo STJ 399

DIREITO AUTORAL – Obra Coletiva – TV – REsp 438.138-DF, Rel. Min. João Otávio de Noronha, 18.06.2009.

Informativo STJ 411

DIREITO AUTORAL – ECAD – Aplicação da Súmula 284-STF – REsp 681.847--RJ, Rel. Min. João Otávio de Noronha, 15.10.2009.

Informativo STJ 405

DIREITO AUTORAL – Radiodifusão – Música Ambiente – REsp 983.357-RJ, Rel. Min. Nancy Andrighi, 03.09.2009.

Informativo STJ 452

DIREITO AUTORAL – Reprodução de Escultura – REsp 1.1.23.456-RS, Min. Massami Uyeda, 19.10.2010.

RT 579/173

DIREITO AUTORAL – Fotonovela – Promoção indireta de obra cinematográfica – Obrigação de indenizar – Cálculo da indenização – Base no número de fotogramas reconhecidos (TJRJ).

RT 582/183

DIREITO AUTORAL – Execução de músicas em radioemissora – Interdito proibitório ajuizado pelo Escritório Central de Arrecadação e Distribuição (ECAD) – Admissibilidade – Embargos infringentes acolhidos (TAMG).

216 | DIREITO DE AUTOR – *Carlos Alberto Bittar*

RT 584/261

DIREITO AUTORAL – Fotografia sobre festa folclórica – Utilização desautorizada em revista – Alterações e omissão do nome do autor – Indenização devida – Ação procedente – Recurso extraordinário provido (STF).

RT 594/103

DIREITO AUTORAL – Contrafação – Desenho de artista renomado – Medida cautelar de busca e apreensão – Ação procedente (TJSP – Ement.).

RT 596/260

DIREITO AUTORAL – Artista – Reprodução de imagem – Falta de autorização – Indenização devida (STF).

RT 596/260

DIREITO AUTORAL – Artista – Reprodução de imagem – Autorização mediante pagamento – Publicação feita após o advento da Lei 6.533/1978 – Indenização pretendida – Inadmissibilidade – Inteligência do art. 153, § 3.º, da CF (STF).

RT 600/174

DIREITO AUTORAL – Produtor musical – Contrato que não prevê criação de obras musicais – Composição de canções em razão da necessidade de produção global do programa – Indenização devida (TJRJ).

RT 601/76

DIREITO AUTORAL – Música ambiental – Entidade assistencial – Aparelho radiorreceptor – Inocorrência de violação – Cobrança improcedente (TJSP).

RT 606/93

DIREITO AUTORAL – Cobrança – Execução de música em estabelecimento comercial – Mera retransmissão de programa radiofônico – Débito inexistente (TJSP).

RT 624/65

DIREITO AUTORAL – Violação – Direito de personalidade – Utilização indevida de fotografia – Publicações para fins comerciais sem autorização do fotografado – Inadmissibilidade – Indenização devida (TJSP).

RT 632/92

DIREITO AUTORAL – Contrafação – Reprodução e venda não autorizadas de filmes – Devolução das cópias determinada ou reembolso do valor recebido pela sua venda – Condenação ao pagamento de *royalties* excluída (TJSP).

JURISPRUDÊNCIA TEMÁTICA | 217

RT 656/85

DIREITO AUTORAL – Arquiteto – Projeto arquitetônico elaborado e não contratado – Utilização pela empresa construtora sem autorização do autor com pequenas alterações para adaptação à lei local de zoneamento – Fato que não desmerece a originalidade do trabalho intelectual prestado, assim também como o de ter o arquiteto seguido diretrizes enunciadas pelo proprietário da obra para elaboração do projeto – Indenização devida (TJSP).

RT 659/78

DIREITO AUTORAL – Violação – Espetáculos e audições públicas realizados sem prévia autorização – Irrelevância de não haver obtenção de lucro direto – Lucro indireto proporcionado tanto aos artistas, que foram remunerados para a apresentação, como ao público e à Administração Pública – Indenização devida (TJSP).

RT 677/98

DIREITO AUTORAL – Plágio de projeto arquitetônico – Lojas do mesmo ramo comercial – Irrelevância de estarem localizadas em centros comerciais diferentes – Similitude que leva o consumidor à confusão – Responsabilização da empresa uma vez que o plágio redunda em seu favor (TJSP).

RT 680/212

DIREITO AUTORAL – Música – Sonorização ambiental por Prefeitura – Execução, em via pública, durante os dias de carnaval – Inexistência de finalidade lucrativa – Cobrança indevida – Ação improcedente – Agravo regimental que se nega provimento – Voto vencido (STJ).

RT 689/209

DIREITO AUTORAL – Violação – Descaracterização – Aluguel não autorizado de videocassetes – Notas fiscais que contêm autorização para sua comercialização ou aluguel – Legalização pelo CONCINE comprovada – Indenização indevida – Recurso improvido (TJRJ).

RT 690/83

DIREITO AUTORAL – Percentual devido ao ECAD – Base de cálculo consubstanciada na renda bruta, isenta de qualquer dedução (TJSP).

RT 696/251

DIREITO AUTORAL – Retransmissão de sinal radiofônico em estabelecimento comercial – Lucro indireto evidenciado – Sujeição ao pagamento – Aplicação da Súmula 63 do STJ (STJ).

218 DIREITO DE AUTOR – *Carlos Alberto Bittar*

RT 697/57

DIREITO AUTORAL – Violação – Divulgação de desenho em campanha cívica, com adição do nome comercial da empresa – Aproveitamento mercadológico da obra evidenciado – Indenização devida – Voto vencido (TJSP).

RT 715/293

DIREITO AUTORAL – Retransmissão radiofônica em apartamentos de hotel – Cobrança devida – Aplicação da Súmula 63 do STJ – Voto vencido (STJ).

RT 722/254

DIREITO AUTORAL – Direito à própria imagem – Violação – Reprodução em obra cinematográfica e fitas de vídeo sem autorização do titular – Indenização pleiteada por descendentes – Inadmissibilidade – Características personalíssimas não extensivas a terceiros, ainda que filhos, não herdeiros, nem sucessores no ensejo da divulgação – Figura não focalizada diretamente, mas decorrente da atividade coletiva de natureza esportiva – Recurso provido (TJRJ).

RT 738/284

MINISTÉRIO PÚBLICO – Falta de sua participação durante processo em que fundação estatal era uma das partes – Ausência de prejuízos a esta – Nulidade do feito afastada. DIREITO AUTORAL – Utilização indevida de obra musical por fundação estatal – Contrato que não permitia alteração do conteúdo artístico e intelectual da referida obra – Inobservância da cláusula por parte da contratante – Dano moral caracterizado – Indenização devida. DIREITO AUTORAL – Utilização de obra musical por fundação estatal – Não pagamento em virtude de interesse público – Inadmissibilidade (TJSP).

RT 739/258

DIREITO AUTORAL – Indenização – Utilização indevida e sem autorização por aproveitamento, em *jingle*, de ideia ou motivo de obra literomusical – Irrelevância quanto à antiguidade ou desconhecimento da obra – Verba devida – Dano moral, porém, inocorrente (TJSP).

RT 740/260

DIREITO AUTORAL – Retransmissão de músicas – Cobrança – Legitimidade *ad causam* do ECAD – Desnecessidade de comprovação de filiação e autorização dos compositores para o seu ingresso em juízo (STJ).

RT 741/215

DIREITO AUTORAL – Retransmissão radiofônica – Hotel que propicia música ambiente em áreas comuns e de acesso público – Pagamento devido – Verba indevida, entretanto, quando a retransmissão se der dentro dos quartos (STJ).

LEX 137/108

DIREITO AUTORAL – Indenização – Obra literomusical – Hino "Campeão dos Campeões" – Utilização indevida em campanha à presidência de clube desportivo – Lucro indireto caracterizado – Candidata que, inclusive, veio a se eleger – Irrelevância quanto ao fato de o clube não ter fins lucrativos e o cargo não ser remunerado – Exercício deste que atribui enorme prestígio à presidência do clube, com os benefícios daí decorrentes – Verba devida – Ação procedente – Recurso provido – Voto vencido.

LEX 199/30

DIREITO AUTORAL – Indenização – Evento realizado por fundo social criado pela Municipalidade – Legitimidade passiva desta – Recursos não providos.

174. Obra literária

Civil – Processo civil – Direitos autorais – Plágio de obra literária – Livro flagrantemente reproduzido em obra publicada pela internet sem o consentimento dos autores – Distribuição não autorizada de folheto contendo trechos da obra sem mencionar a autoria – Ofensa aos DIREITOS AUTORAIS dos escritores – Danos morais caracterizados – Conhecimento e desprovimento do apelo (TJRN, AC 9247/RN 2009.009247-1).

Apelação cível – Propriedade intelectual – DIREITO AUTORAL – Obra literária – Danos morais – Reprodução de artigo jurídico – Ausência de autorização e identificação da autoria (TJRS, AC 70049899024/RS).

Processual e civil e civil – DIREITO AUTORAL – Alegação de reprodução de obra literária sem autorização em prova de concurso público sem autorização do autor da obra – Termos científicos e utilizados por vários autores do tema (TJDF, AC 125375920008070001).

RT 612/99

DIREITO AUTORAL – Violação – Edição e publicação de resumos e amostragens de obras literárias sem autorização dos autores – Alegado caráter didático da obra – Inexistência de qualquer conotação literodidática – Contrafação caracterizada – Indenização devida (1.º TACivSP).

RT 639/56

DIREITO AUTORAL – Violação – Reprodução desautorizada de trechos de obra literária – Contos de folclore compilados e adaptados por pesquisador – Obra concluída e publicada que merece proteção, ainda que não possam tais contos ser propriedade exclusiva de alguém – Desrespeito à integridade do texto original, sem citação correta da fonte – Indenização devida – Impossibilidade de participação no lucro obtido com a venda das publicações viciosas (TJSP).

175. Obra científica

DIREITO AUTORAL – Pedido de indenização por danos materiais e morais – Ação procedente em parte – Reprodução indevida de obra científica (curso apostilado de *telemarketing*) – Configuração de dano moral apenas – Pedido de aplicação da presunção prevista no parágrafo único, do art. 103, da Lei 9.610/1998 (indenização de 3.000 exemplares) – Norma especialíssima, reservada apenas aos casos de edição fraudulenta – Hipótese diversa da dos autos (reprodução) – Aplicação da regra genérica do art. 102 da Lei 9.610/1998 – *Quantum* fixado em R$ 9.000,00 (100 vezes o maior valor da única obra encontrada) – Valor que obedece aos critérios de razoabilidade e proporcionalidade – Sentença mantida – Sucumbência – Ônus carreado ao autor, que sucumbiu na maior parte do pedido – Sentença mantida. Apelação não provida (TJSP, APL 9098507672005826).

Cerceamento de defesa – Inocorrência – Ação declaratória de violação de direito autoral – Alegada necessidade de produção de prova oral – Hipótese, contudo, em que ela se mostra absolutamente desnecessária ao deslinde da causa – Prova, ademais, que se destina à formação de convicção do magistrado – Preliminar rejeitada – Direito autoral – Violação – Uso indevido de obra científica em *site* especializado – Caso de configuração de plágio – Culpa caracterizada – Dano existente – Ação procedente – Sentença mantida – Recurso improvido – Indenização – DIREITO AUTORAL – Dano moral – Fixação que atendeu os ditames legais – Danos materiais, todavia, que não restaram demonstrados – Hipótese em que não se pode aferir acerca de eventual prejuízo financeiro com a divulgação gratuita de conteúdo sem a especificação da fonte – Ação parcialmente procedente – Recurso parcialmente provido (TJSP, APL 9129811842005826).

Ação de reparação de danos – Plágio de obra científica – Material publicitário – Encarte fotográfico – Procedimento de rotina hospitalar – Como lavar as mãos – Divulgação na internet – Extinção do processo – Ilegitimidade ativa de parte – Contratos de edição limitada – Relativos apenas ao texto escrito – Não comprovação da titularidade do direito autoral arguido – Decisão mantida – Desprovimento do recurso (TJPR, AC 2787639).

RT 638/165

DIREITO AUTORAL – Violação – Descaracterização – Reprodução de operação matemática – Mera publicização de expressão científica acessível a qualquer pessoa – Criação intelectual inédita, portanto, inexistente – Indenização não devida (TJPR).

RT 696/96

DIREITO AUTORAL – Violação – Descaracterização – Médico que atua apenas como colaborador em obra científica – Utilização do trabalho em propaganda comercial – Necessidade de comprovação de igualdade de condições na produção da obra (TJSP).

176. Outros

Informativo STJ

DIREITO AUTORAL – Cópia ilícita – Indenização – *Software* – REsp 438.138--DF, Rel. Min. João Otávio de Noronha, 18.06.2009.

RT 616/182

DIREITO AUTORAL – Violação – Contrato de edição de obra – Prazo expirado – Nova edição lançada – Inadmissibilidade – Ressarcimento de danos patrimoniais devido (TAMG).

RT 622/201

DIREITO AUTORAL – Violação – Contrato de edição – Doações de livros pela editora acima do número previsto contratualmente – Indenização devida (TARJ).

RT 624/63

DIREITO AUTORAL – Violação – Descaracterização – Utilização de mesmo modelo de peça industrial em produto de concorrente – Hipótese em que não constitui privilégio de invenção, não se configurando como patente, modelo industrial ou modelo de utilidade – Artefato que não goza da proteção da lei – Indenização não devida (TJSP).

RT 633/71

DIREITO AUTORAL – Violação – Utilização indevida de obra intelectual – Indenização – Abrangência dos danos morais e patrimoniais – Inadmissibilidade – Exibição da obra para fins publicitários relacionados com a venda de produto, causando apenas prejuízo material ao autor – Inocorrência de contrafação grosseira que indicasse decadência daquele, ensejando dano moral – Verba excluída (TJSP).

RT 644/78

INDENIZAÇÃO – Violação de direito autoral – Impugnação ao valor da causa – Desacolhimento – Impugnante que não traz elementos outros predisponentes à sua fixação – Finalidade desta, ademais, em ações como a da espécie, que não vai além do caráter fiscal, visando tão só a nortear o recolhimento das custas iniciais – Irrelevância de adotado o procedimento ordinário em lugar do sumaríssimo, adequado à espécie em razão do valor estabelecido para o feito – Prejuízo às partes inexistente, permitida mais adequada análise dos dados probatórios – Cominação da verba honorária advinda da sucumbência que poderá ser feita na forma do art. 20, § 4.º, do CPC/1973 (TJSP).

RT 681/107

DIREITO AUTORAL – Ação de cobrança – Existência de medida cautelar e ação declaratória em outro juízo – Fato que não impede o julgamento da cobrança – Sociedades arrecadadoras estrangeiras – Representação destas, no Brasil, pelo ECAD – Função de simples arrecadador – Repasse posterior às sociedades de direitos autorais nacionais mandatárias das estrangeiras – Legitimidade – Ação procedente – Apelação para excluir uma das rés provida para esse fim (TJSP).

RT 698/81

DIREITO AUTORAL – Plágio de obra didática – Caracterização – Apresentação de textos com termos semelhantes e até iguais de outras obras – Hipótese em que para se mencionar trechos de outros autores devem-se utilizar dos sinais de pontuação (TJSP).

RT 711/215

DIREITO AUTORAL – Indenização por dano moral – Destruição de obra de arte pertencente ao patrimônio público – Verba devida – Voto vencido (STJ).

RT 715/285

DIREITO AUTORAL – Proteção possessória – Admissibilidade – Declarações de votos vencedor e vencidos (STJ).

RT 721/275

DIREITO AUTORAL – Obra produzida em cumprimento a dever funcional – Realização por diversas pessoas – Trabalho que pertence, em copropriedade, entre empregador e empregado – Condomínio que persiste mesmo após a extinção da relação laboral – Recurso extraordinário provido (STJ).

RT 726/179

DIREITO AUTORAL – Obra produzida por diversas pessoas durante relação de trabalho – Copropriedade dos empregados com o empregador caracterizada – Extinção da relação laboral – Irrelevância – Inexistência de convenção em contrário entre as partes (STJ).

RT 739/374

DIREITO AUTORAL – Interdito proibitório – Inadmissibilidade, eis que a posse jurídica pressupõe existência de uma coisa corpórea, sujeita à detenção física (TJMG).

RT 746/189

DIREITO AUTORAL – Logotipo – Sinal criado para ser o meio divulgador do produto, demandando esforço de imaginação, com criação de cores, formato e modo de veiculação – Caracterização como obra intelectual.

DIREITO AUTORAL – Indenização – Logotipo – Criação decorrente de obrigação vinculada a contrato de trabalho – Irrelevância – Verba devida (STJ).

177. Decisões do STF em matéria de direito de autor

Ementa: Agravo regimental no agravo de instrumento. Civil. Cobrança. Direitos autorais. Matéria de ordem infraconstitucional. Ofensa reflexa. Incidência da súmula 636/STF. Decisão que se mantém por seus próprios fundamentos. 1. A violação reflexa e oblíqua da Constituição Federal decorrente da necessidade de análise de malferimento de dispositivo infraconstitucional torna inadmissível o recurso extraordinário. Precedentes. 2. O princípio da legalidade e sua eventual ofensa não desafiam o recurso extraordinário quando sua verificação demanda a análise de normas de natureza infraconstitucional. 3. O Enunciado n.º 636 da Súmula do STF dispõe, *verbis*: Não cabe recurso extraordinário por contrariedade ao princípio constitucional da legalidade, quando a verificação pressuponha rever a interpretação dada a normas infraconstitucionais pela decisão recorrida. 4. Os princípios da legalidade, do devido processo legal, da ampla defesa e do contraditório, da motivação das decisões judiciais, dos limites da coisa julgada e da prestação jurisdicional, quando a verificação de sua ofensa dependa do reexame prévio de normas infraconstitucionais, revelam ofensa indireta ou reflexa à Constituição Federal, o que, por si só, não desafia a abertura da instância extraordinária. Precedentes: AI 804.854-AgR, 1.ª Turma, Rel. Min. Cármen Lúcia, *DJe* 24.11.2010, e AI 756.336-AgR, 2.ª Turma, Rel. Min. Ellen Gracie, *DJe* 22.10.2010. 5. *In casu*, o acórdão recorrido assentou: "Apelação cível. Ação de cobrança ajuizada pelo ECAD. Direitos autorais sobre as obras musicais, literomusicais e fonogramas inseridas em filmes e outras obras audiovisuais transmitidas por TV a cabo. Obrigação de pagamento devida. Artigo 86 da Lei 9.610/1998. Valores estipulados pelo próprio autor, segundo métodos próprios, dada a natureza essencialmente privada desses direitos. Pretensão procedente. Inclusão na condenação das prestações vincendas, uma vez que a obrigação é de trato sucessivo. Honorários de sucumbência melhor conformados. Art. 20, § 3.º, CPC. Apelação 1, proposta pelo autor, parcialmente provida. Apelação 2, proposta pela requerida, desprovida. 1. Os exibidores devem direitos autorais pelas obras musicais incluídas em trilhas sonoras de filmes e outras obras audiovisuais apresentados nos estabelecimentos a que alude o § 3.º do art. 68 desta Lei, em cinema ou emissoras de televisão. Precedentes do STJ e art. 86 da Lei 9.610/1998. 2. O direito autoral é devido ao compositor ou autor das músicas incluídas em filmes e outras obras audiovisuais, por força da sua exibição e não propriamente pela sua produção, sendo que "o ato do compositor de autorizar a inclusão da sua música nos filmes, mesmo a título oneroso, não importa em renúncia de receber ele do exibidor remuneração cabível pela reprodução musical, em cada projeção-execução do filme sonoro". 3. Dada a sua natureza essencialmente privada, cabe ao ECAD ou aos titulares dos direitos autorais a fixação dos valores reclamados, não sujeitos a tabelas impostas por lei ou regulamentos administrativos. 4. Hipótese em que a obrigação de pagamento imposta à Net Paraná se prolongará no tempo enquanto continuar a mesma utilizando na sua programação obras musicais, literomusicais e fonogramas protegidos pelo ECAD. Nesse caso, "sendo de trato sucessivo as prestações, enquanto durar a obrigação estão elas incluídas na sentença condenatória da ação de cobrança. Vencidas depois da condenação, liquidam-se. Novas, não precisam de nova sentença de condenação. As liquidadas por sentença formam título executivo judicial; executam-se. Após a sentença de liquidação, surgidas outras, novamente liquidam-se e se executam, sem necessidade de outra ação de cobrança com sentença condenatória" (*RT* 651/97). 5. Nas sentenças de mérito de natureza condenatória, os honorários de sucumbência devem ser fixados na forma do art. 20, § 3.º, do Código de Processo Civil, que prevê um mínimo de 10% e o máximo de 20% sobre o valor da condenação e não em valor equitativo. 6. Considerando, no particular, a pouca complexidade da causa, o seu julgamento prematuro, bem como o tempo despendido pelo causídico e o local de prestação do serviço, a verba honorária de sucumbência deve ser arbitrada em 10% (dez por cento) sobre o valor da condenação, aí incluídas as prestações vencidas e aquelas que vencerem até a data de liquidação da sentença." 6. Agravo regimental a que se nega provimento (STF, 1.ª Turma, AI 738720 AgR/PR, Rel. Min. Luiz Fux, j. 04.12.2012, *DJe* 022, divulg. 31.01.2013, public. 01.02.2013).

Ementa: Sociedade civil sem fins lucrativos. União Brasileira de Compositores. Exclusão de sócio sem garantia da ampla defesa e do contraditório. Eficácia dos direitos fundamentais nas relações privadas. Recurso desprovido. I. Eficácia dos direitos fundamentais nas relações privadas. As violações a direitos fundamentais não ocorrem somente no âmbito das relações entre o cidadão e o Estado, mas igualmente nas relações travadas entre pessoas físicas e jurídicas de direito privado. Assim, os direitos fundamentais assegurados pela Constituição vinculam diretamente não apenas os poderes públicos, estando direcionados também à proteção dos particulares em face dos poderes privados. II. Os princípios constitucionais como limites à autonomia privada das associações. A ordem jurídico-constitucional brasileira não conferiu a qualquer associação civil a possibilidade de agir à revelia dos princípios inscritos nas leis e, em especial, dos postulados que têm por fundamento direto o próprio texto da Constituição da República, notadamente em tema de proteção às liberdades e garantias fundamentais. O espaço de autonomia privada garantido pela Constituição às associações não está imune à incidência dos princípios constitucionais que asseguram o respeito aos direitos fundamentais de seus associados. A autonomia privada, que encontra claras limitações de ordem jurídica, não pode ser exercida em detrimento ou com desrespeito aos direitos e garantias de terceiros, especialmente aqueles positivados em sede constitucional, pois a autonomia da vontade não confere aos particulares, no domínio de sua incidência e atuação, o poder de transgredir ou de ignorar as restrições postas e definidas pela própria Constituição, cuja eficácia e força normativa também se impõem, aos particulares, no âmbito de suas relações privadas, em tema de liberdades fundamentais. III. Sociedade civil sem fins lucrativos. Entidade que integra espaço público, ainda que não estatal. Atividade de caráter público. Exclusão de sócio sem garantia do devido processo legal. Aplicação direta dos direitos fundamentais à ampla defesa e ao contraditório. As associações privadas que exercem função predominante em determinado âmbito econômico e/ou social, mantendo seus associados em relações de dependência econômica e/ou social, integram o que se pode denominar de espaço público, ainda que não estatal. A União Brasileira de Compositores – UBC, sociedade civil sem fins lucrativos, integra a estrutura do ECAD e, portanto, assume posição privilegiada para determinar a extensão do gozo e fruição dos direitos autorais de seus associados. A exclusão de sócio do quadro social da UBC, sem qualquer garantia de ampla defesa, do contraditório, ou do devido processo constitucional, onera consideravelmente o recorrido, o qual fica impossibilitado de perceber os direitos autorais relativos à execução de suas obras. A vedação das garantias constitucionais do devido processo legal acaba por restringir a própria liberdade de exercício profissional do sócio. O caráter público da atividade exercida pela sociedade e a dependência do vínculo associativo para o exercício profissional de seus sócios legitimam, no caso concreto, a aplicação direta dos direitos fundamentais concernentes ao devido processo legal, ao contraditório e à ampla defesa (art. 5.º, LIV e LV, CF/1988). IV. Recurso extraordinário desprovido (STF, 2.ª Turma, RE 201819/ RJ, Rel. Min. Ellen Gracie Rel. p/ Acórdão: Min. Gilmar Mendes, j. 11.10.2005, *DJ* 27.10.2006, p. 64, *Ementário* 2253-04/577, *RTJ* 209-02/821).

Ementa: I. Liberdade de associação. 1. Liberdade negativa de associação: sua existência, nos textos constitucionais anteriores, como corolário da liberdade positiva de associação e seu alcance e inteligência, na Constituição, quando se cuide de entidade destinada a viabilizar a gestão coletiva de arrecadação e distribuição de direitos autorais e conexos, cuja forma e organização se remeteram à lei. 2. Direitos autorais e conexos: sistema de gestão coletiva de arrecadação e distribuição por meio do ECAD (Lei 9.610/1998, art. 99), sem ofensa do art. 5.º, XVII e XX, da Constituição, cuja aplicação, na esfera dos direitos autorais e conexos, hão de conciliar-se com o disposto no art. 5.º, XXVIII, *b*, da própria Lei Fundamental. 3. Liberdade de associação: garantia constitucional de duvidosa extensão às pessoas jurídicas. II. Ação direta de inconstitucionalidade: não a inviabiliza que à lei anterior, pré-constitucional, se pudesse atribuir a mesma incompatibilidade com a Constituição, se a lei nova, parcialmente questionada, expressamente a revogou por dispositivo não impugnado. III. Ação direta de inconstitucionalidade: legitimação de partido político não afetada pela perda superveniente de sua representação parlamentar, quando já iniciado o julgamento

226 | DIREITO DE AUTOR – *Carlos Alberto Bittar*

(STF, Tribunal Pleno, ADI 2054/DF, Rel. Min. Ilmar Galvão, Rel. p/ Acórdão Min. Sepúlveda Pertence, j. 02.04.2003, *DJ* 17.10.2003, p. 13, *Ementário* 02128-01/97, *RTJ* 191-01/78).

Ementa: Direito autoral. Fixação, em videocassete e, depois, em videotape, por uma empresa de televisão, de programas de outra, para posterior utilização de pequenos trechos dessa fixação a título de ilustração em programa de crítica para premiação. Falta de prequestionamento da questão concernente a necessidade da autorização da emissora quanto a fixação de seu programa por outra. Tendo em vista a natureza do direito de autor, a interpretação extensiva da exceção em que se traduz o direito de citação e admitida pela doutrina. Essa admissão tanto mais se justifica quanto e certo que o inciso III do art. 49 da Lei 5.988/1973 e reprodução quase literal do inciso V do art. 666 do Código Civil, redigido este numa época em que não havia organismos de radiodifusão, e que, na atualidade, não tem sentido que o que é lícito, em matéria de citação para a imprensa escrita, não o seja para a falada ou televisionada. A mesma justificativa que existe para o direito de citação na obra (informativa ou critica) publicada em jornais ou revistas de feição gráfica se aplica, evidentemente, aos programas informativos, ilustrativos ou críticos do rádio e da televisão. Recurso extraordinário não conhecido (STF, 1.ª Turma RE 113505/RJ, Rel. Min. Moreira Alves, j. 28.02.1989, *DJ* 12.05.1989, p. 7.795, *Ementário* 1541-03/419).

Ementa: Autoral. Legitimação do escritório central de arrecadação e distribuição, para autorizar a execução pública de obras musicais, bem como arrecadar e distribuir as respectivas retribuições. Poderes para atuar judicial ou extrajudicialmente em nome próprio para consecução de suas finalidades. Lei 5.988, de 1973, arts. 104 e 115. Recurso não conhecido (STF, 2.ª Turma, RE 113471/SP, Rel. Min. Carlos Madeira, j. 05.06.1987, *DJ* 26.06.1987, p. 13.251, *Ementário* 1467-06/1068).

178. Decisões do STJ em matéria de direito de autor

Ementa: Agravo regimental nos embargos de declaração no recurso especial. Ação declaratória. Reconvenção. Direitos autorais. ECAD. Execuções públicas de trilhas sonoras de filmes. Tabela de preços. Legalidade. Legitimidade do ECAD para cobrança. 1. Segundo a jurisprudência desta Corte, são devidos direitos autorais pela exibição pública de trilhas sonoras de filmes. 2. Este Tribunal Superior já assentou ser válida a tabela de preços instituída pelo ECAD. 3. A remansosa a jurisprudência desta Corte reconhece a legitimidade do ECAD para a cobrança de direitos autorais independentemente da prova da filiação do titular da obra. 4. Agravo regimental não provido (STJ, 3.ª Turma, AgRg nos EDcl no REsp 885783/SP, Agravo Regimental nos Embargos de Declaração no Recurso Especial 2006/0145665-5, Rel. Min. Ricardo Villas Bôas Cueva (1147), j. 14.05.2013, *DJe* 22.05.2013).

Ementa: Direitos autorais. Agravo regimental no recurso especial. ECAD. Sonorização ambiental de quartos de hotel. Precedentes. 1. A Segunda Seção do STJ consolidou o entendimento de que são devidos direitos autorais pelo uso de aparelhos televisores ou radiofônicos em quartos de hotéis, motéis ou pousadas. 2. Agravo regimental desprovido (STJ, 4.ª Turma, AgRg no REsp 1310207/RS, Agravo Regimental no Recurso Especial 2012/0050321-2, Rel. Min. Antonio Carlos Ferreira (1146), j. 19.03.2013, *DJe* 22.03.2013).

Ementa: Agravos regimentais no agravo em recurso especial. Direito autoral. Indenização. Multa do art. 109 da Lei 9.610/1998. Decisão agravada. Manutenção. 1. Não pode o Poder Judiciário fixar o valor dos direitos autorais. Os titulares ou suas associações, que mantêm o ECAD, é que podem fixar os valores para a cobrança dos direitos patrimoniais decorrentes da utilização das obras intelectuais, como decorre da disciplina positiva. Precedentes. 2. A aplicação da elevada multa prevista no art. 109 da Lei 9.610/1998 demanda a existência de má-fé e intenção ilícita de usurpar os direitos autorais, o que não se pode extrair do acórdão recorrido, no caso dos autos. 3. Agravos regimentais improvidos (STJ, 3.ª Turma, AgRg no AREsp 233232/SC, Agravo Regimental no Agravo em Recurso Especial 2012/0200356-3, Rel. Min. Sidnei Beneti (1137), j. 18.12.2012, *DJe* 04.02.2013).

Ementa: Direito autoral e processual civil. Programa de computador (*software*). Contrafação. Fiscalização. Meio. Defesa do usuário. Limites. Medida cautelar de vistoria. Repetição. Condições. 1. Para que seja razoável o deferimento do pedido de repetição da prova pericial realizada no âmbito de medida cautelar de vistoria que aponta para a existência de contrafação, cabe ao usuário trazer indícios físicos de compra dos programas, ou seja, prova documental de que os *softwares* foram regularmente adquiridos, como contratos de licença ou notas fiscais. 2. Ausente qualquer indício de irregularidade na vistoria realizada na medida cautelar de vistoria – que apontou para a existência de contrafação – e não tendo a parte trazido nenhuma evidência documental de suas alegações quanto à licitude dos programas instalados em seus computadores, correta a decisão que indeferiu a repetição dessa prova. O indeferimento situou-se na esfera de discricionariedade e convencimento do julgador enquanto destinatário da prova, não podendo ser reputado de cerceamento de defesa, nem de violação do contraditório ou da ampla defesa. 3. O pleno exercício da faculdade contida no art. 13 da Lei 9.609/1998 pressupõe a existência de um meio efetivo e eficaz de fiscalização, tendo a norma eleito como medida adequada para esse fim a vistoria prévia, cuja natureza é claramente preparatória e preventiva, de modo a viabilizar a confirmação de suspeitas de violação de direito autoral. 4. Não se pode impor como requisito para utilização dessa medida a prova pré-constituída do dano, ou seja, certeza quanto à contrafação, sob pena de subverter o escopo fiscalizador da regra, tornando-a absolutamente inócua. 5. Em contrapartida, deve-se deferir ao usuário ampla oportunidade de prova, para que possa se defender dessas vistorias

228 | DIREITO DE AUTOR – *Carlos Alberto Bittar*

fiscalizatórias e demonstrar que os programas por ele utilizados são originais e registrados. 6. Assim como o vistoriando, o vistoriado deve exercer essa prerrogativa com boa-fé, sempre amparado na existência de indícios do bom direito e abstendo-se de pleitear a produção de provas inúteis, que possuam nítido caráter protelatório. 7. Como decorrência do princípio geral segundo o qual o juiz conhece o direito (*iura novit curia*) – que, a rigor, não depende de prova – não há imprescindibilidade de juntada da legislação local ou estrangeira pelas partes, tampouco de realização de perícia tendente à interpretação da norma alienígena, função compreendida na própria atividade jurisdicional. Recurso especial a que se nega provimento (STJ, 3.ª Turma, REsp 1278940/MG, Recurso Especial 2011/0158276-8, Rel. Min. Nancy Andrighi (1118), j. 04.09.2012, *DJe* 13.09.2012, *RSTJ* 228/416).

Ementa: Civil. Direitos autorais. Sonorização de quartos de hospital. Cobrança devida. Lei 9.106/1998. Precedentes. Agravo regimental. 1. A Segunda Seção deste Tribunal já decidiu serem devidos direitos autorais pela instalação de televisores dentro de quartos de hotéis ou motéis (REsp 556.340/MG, Rel. Min. Carlos Alberto Menezes Direito, *DJ* de 11.10.2004). 2. Deve ser estendido para os quartos de clínicas de saúde ou hospitais o mesmo raciocínio desenvolvido para a cobrança de direitos autorais de transmissões em quartos de hotéis ou motéis. Precedentes. 3. Estando o acórdão recorrido em conformidade com a jurisprudência deste Tribunal Superior, fica o recurso especial obstado pela incidência da Súmula 83 do STJ. 4. Agravo regimental a que se nega provimento (STJ, 4.ª Turma, AgRg no AgRg no Ag 1061962/MT, Agravo Regimental no Agravo Regimental no Agravo de Instrumento 2008/0128376-0, Rel. Min. Maria Isabel Gallotti (1145), j. 23.08.2011, *DJe* 31.08.2011).